AF570192

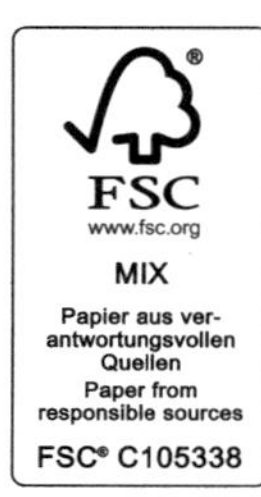

Originalausgabe 2020

Herausgeber & Research: Rüdiger Bloemeke
Lektorat: Jutta Bloemeke

Umschlagfoto: Rainer Fichel

Voodoo Verlag Sankt Dionys
www.voodoo-verlag.com

Hergestellt von Libri Books On Demand

ISBN 978-3-00-066151-8

Mark Bloemeke

Cool Cooler Cale

Die JJ-Cale-Story
– eine Biographie

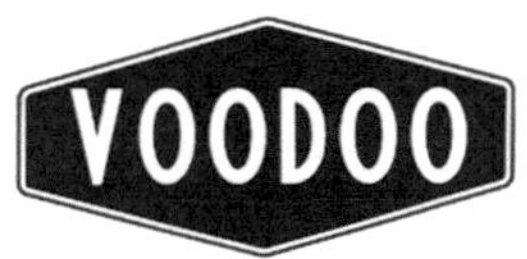

Inhalt

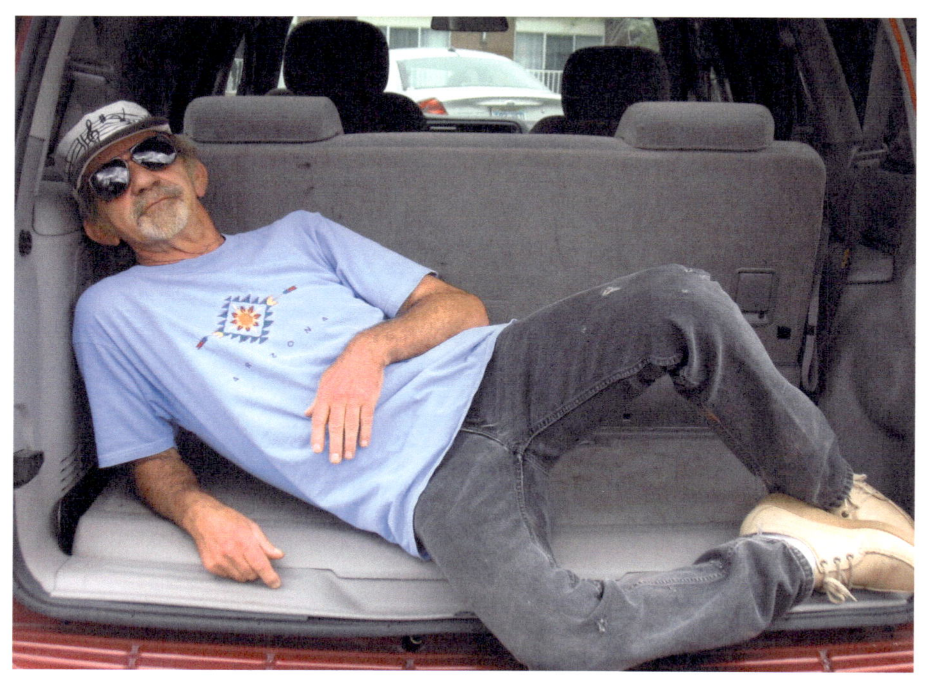

Bei den Dreharbeiten zum Dokumentarfilm „To Tulsa And Back“
(Copyright: J. Bundschuh)

Vorwort

John Weldon Cale blieb sich treu, als sein Name weltberühmt wurde, als „JJ Cale“ in der Musikwelt zum Markenzeichen wurde. Er verachtete dies „Micky-Maus-Geschäft“, und er wollte dabei nicht mitspielen. Ihm bedeutete sein Image nichts, und er hatte auch kein Interesse daran, sich in den Vordergrund zu spielen. Durch seine Zurückhaltung überließ er es anderen, sein Bild in der Öffentlichkeit zu prägen. Es entstand der Mythos JJ Cale, der sich bis heute gehalten hat. Mit jeder Veröffentlichung wurde an seinem Image gebastelt, das sich mehr und mehr von der Wirklichkeit entfernte. Das fing schon bei seinem Namen an.

Das Lexikon „The New Rolling Stone Album Guide“ listete ihn als Jean-Jacques Cale, der „New Musical Express“ nannte ihn John Jacques. In deutschen Medien wurde er – von „Sounds“ bis zu „Zeit“ – hartnäckig als „der große Schweiger von Tulsa“ bezeichnet. Auch „Rock Dreams“ stimmte 1973 mit ein und fabulierte, Cale gebe „hin und wieder einen Auftritt mit der Akustik-Gitarre“. Dazu passte die Behauptung, er sei 1959 in der Grand Ole Opry aufgetreten. Auch der „Spiegel“ schrieb in seinem Nachruf noch fälschlicherweise, er habe in der Opry gespielt. Im „Rock-Lexikon“ steht ebenfalls, dass er mit den Valentines in Nashville gespielt habe. Und weil alle Musiker eine große Familie sind, holte ihn angeblich Leon Russell zur Plattenfirma SHELTER („Rock-Lexikon“). Seit dem ersten Interview, das er dem „Rolling Stone“ gab, blieb die Bezeichnung „laid-back“ hängen, und seither saß er vermeintlich ständig mit seiner Gitarre auf der Veranda. Dieses Klischee übernahm auch das Label MERCURY noch für die Compilation „JJ Cale Strummin’ On The Porch… A Beer In Reach“.

JJ Cale tat nichts, um all diese Falschmeldungen zu dementieren. Er spielte sogar mit und ließ einen Reporter scherzhaft wissen, seine Mutter habe wohl Eric Clapton auf „After Midnight“ aufmerksam gemacht. Zu den Klischees gehört auch, dass er so gut wie keine Interviews gebe und absolut pressescheu sei. Richtig ist allerdings, dass er erst sehr spät die Bedeutung der Medien für seine Wahrnehmung als Künstler erkannt hat. Zwar ist das nur einer der Gründe, warum er in den USA ein großer Unbekannter geblieben ist, aber so erklärt sich, wieso der „Rolling Stone“ 1990 in seinem Rückblick-Heft „The Seventies“ kein Wort über ihn verlor. Dabei waren die 70er Jahre seine Blütezeit. Der virtuose Gitarrist aus Oklahoma blieb für die Amerikaner nur der Autor großer Hits für Eric Clapton. Und erst als beide gemeinsam ins Studio gingen, bekam er einen Grammy verliehen. Allerdings war JJ Cale der amerikanischen Gesellschaft auch schwer zu vermitteln.

Welcher Rock-Musiker mit Millioneneinnahmen kauft sich nicht eine Villa mit Pool, sondern zieht einen Trailer vor? Wie kann man einen Auftritt in der populären TV-Sendung „American Bandstand“ absagen, nur weil man da nicht live spielen darf? Bei Jay Leno in einer Talk Show aufzutreten kam für JJ Cale genauso wenig in Frage. In den Klatschspalten der Yellow Press tauchte er nicht auf. Er mied das Blitzlicht der Paparazzi und schraubte lieber zu Hause an seiner Studiotechnik. „Wenn die Leute nicht wissen, wie ich aussehe, kann ich zum Denny’s Restaurant gehen und mir ein Sandwich kaufen“, sagte er. Live-Auftritte mit dem Rücken zum Publikum zu beginnen entsprach auch nicht gerade den Vorstellungen von einer Show, nachdem andere schon Jahre zuvor ihre Gitarren auf der Bühne verbrannt oder zerstört hatten. Er wollte, wie er betonte, nicht selbst die Show sein, sondern nur ein Teil davon. Völlig unverständlich war seine Entscheidung, sich entgegen den Standards des amerikanischen Musikbusiness nicht auf der Vorderseite seiner Langspielplatten abbilden zu lassen. Geradezu fahrlässig äußerte er, dass seine Alben alle irgendwie gleich klängen: „Ich kann sie nicht voneinander unterscheiden.“ Seine Songs seien „Demos“, damit andere sie aufnehmen. Das machte ihn immerhin zu einem der meistgecoverten Autoren. Immer wieder beschrieb er seine Kunst als ein Handwerk – wie das von Klempnern. Er sei kein Poet. Obendrein verkündete er, er könne nicht singen und bestand darauf, seine Stimme im Studio hinter die Instrumente zu mischen. Das brachte ihm sogar eine Erwähnung in einem Waylon-Jennings-Song ein: „J. J. Cale's my hero, best I ever heard. But you gotta sing a little louder, hoss, 'cause I can't hear the words.“

Zurückhaltend war er nicht nur mit seiner Stimme. Fragen nach seinem Privatleben wich er grundsätzlich aus oder gab nichtssagende Antworten. Er schützte seine Privatsphäre und ließ nur wenige nah an sich heran. In einem Fragebogen der englischen Zeitung „The Guardian“ ließ er alle Fragen nach Persönlichem unbeantwortet – bis auf „Wie möchtest Du sterben?“, Antwort: „Als sehr alter Mann“. Am besten Bescheid über ihn wusste selbstverständlich Christine Lakeland: „Er war unheimlich süß. Eine der vielen Sachen, die ich an John mochte, war, dass er immer klipp und klar sagte, was er nicht wollte oder woran er kein Interesse hatte.“ Das erlebte auch sein Manager Mike Kappus: „Es stimmt, er konnte manchmal etwas stur sein, aber eigentlich war er ein wunderbarer Mensch, sehr nett und sehr großzügig. Ich habe nie mit ihm gestritten.“ Und Eric Clapton, der viel Zeit mit ihm verbrachte, korrigierte die landläufige Beurteilung: „Er hat einen großartigen Humor und wurde von den meisten missverstanden, die ihn für einen Einsiedler halten. Dabei ist er sehr gesellig, offen und charismatisch. Er zieht eben nur seine eigene Gesellschaft vor.“ Auch sein Produzent Audie Ashworth malte ein differenziertes Bild von Cale: „Er ist zurückhaltend, aber redet sehr gern in der richtigen Gesellschaft.“ Der angebliche Schweiger war wählerisch, mit wem er sprechen wollte.

Es reichte ihm, sich in seinen Songs auszudrücken. Was nicht unbedingt nötig war, überließ er anderen, vor allem, ihn und seine Musik zu verkaufen. Da war er einsilbig. Sein Label SHELTER pries 1974 die Alben „Naturally“, „Really“ und „Okie“ als „Juwelen“ an und versprach, dass seine Konzerte voller „Wärme“ und „Echtheit“ das Publikum gefangen nehmen würden. Frei von aller PR-Rethorik stellte es seinen Star als „bescheiden und still“ vor. Der Schwierigkeit, seine minimalistische Musik zu beschreiben, wich der Texter aus, indem er von „Rock’n’Roll über Country und sogar bis zu Jazz“ alles erwähnte. Treffender war schon das Urteil: „Er nimmt den Kitsch aus der Country-Musik, ohne dabei die Seele des Country zu verlieren.“ Noch zwanzig Jahre später fand sein 1994 aktuelles französisches Label DELABEL es leichter, ihn in einer Audiobiographie von „Hippie, Psychedelic, Protest, Country“ abzugrenzen, als seinen Stil zu definieren. Der analog zu „Philly Sound“, „Memphis Sound“ oder „Nashville Sound“ gebildete Begriff „Tulsa Sound“, der immer wieder auftaucht, war JJ Cale fremd. Seine Musik passte in keine der üblichen Schablonen. Wenn eine Beschreibung davon, wie er spielte, es trifft, dann ist es das Wort „cool“.

Er selbst sei überhaupt nicht laid-back, beteuerte er immer wieder in den vielen Interviews, die er vornehmlich Musikjournalisten von Fachzeitschriften oder Websites gab. 1996 erzählte er in der „Talkin’ Blues“-TV-Show: „Ich bin nicht laid-back…, weil meine Musik laid-back ist, denken die Leute, ich sei laid-back. In Wirklichkeit bin ich ein nervöser Trottel. Ich musste mich aufraffen und rumlaufen, um Leute dazu zu bringen, meine Songs aufzunehmen oder um Platten aufnehmen zu können.“ So erlebte ihn auch Mike Kappus: „Tatsächlich hat er sehr viel Zeit und Mühe investiert, um den richtigen Sound zu finden; manchmal hat er sich regelrecht damit gequält.“ Als Perfektionist suchte er immer noch nach dem besseren Sound, wenn andere längst von seinen Takes begeistert waren.

Für die Geduld seines Managers, war es eine harte Prüfung, dass JJ sechs Jahre lang keine Live-Buchungen annahm. Sobald er auf der Bühne stand, überwog aber seine Freude am Spiel mit seinen vertrauten Mitmusikern. Seine Frau Christine, Drummer Jim Karstein, Bassist Bill Raffensperger und Keyboarder Rocky Frisco bildeten die Band, mit der er auf Tour ging. Ausverkaufte Häuser hatte er vor allem im Ausland, wo er auch im Radio und im Fernsehen gefeatured wurde: in Kanada, in Australien, in England, in Frankreich und in Deutschland. Und nachdem sein Vertrag mit dem Label SHELTER ausgelaufen war, wurden all seine weiteren Platten von europäischen Firmen veröffentlicht. Bezeichnenderweise stammt die umfassendste Würdigung seines Werks, der Film „To Tulsa and Back“, von dem Deutschen Jörg Bundschuh. Und jetzt erscheint auch die erste Biographie über JJ Cale in Deutschland.

Rüdiger Bloemeke

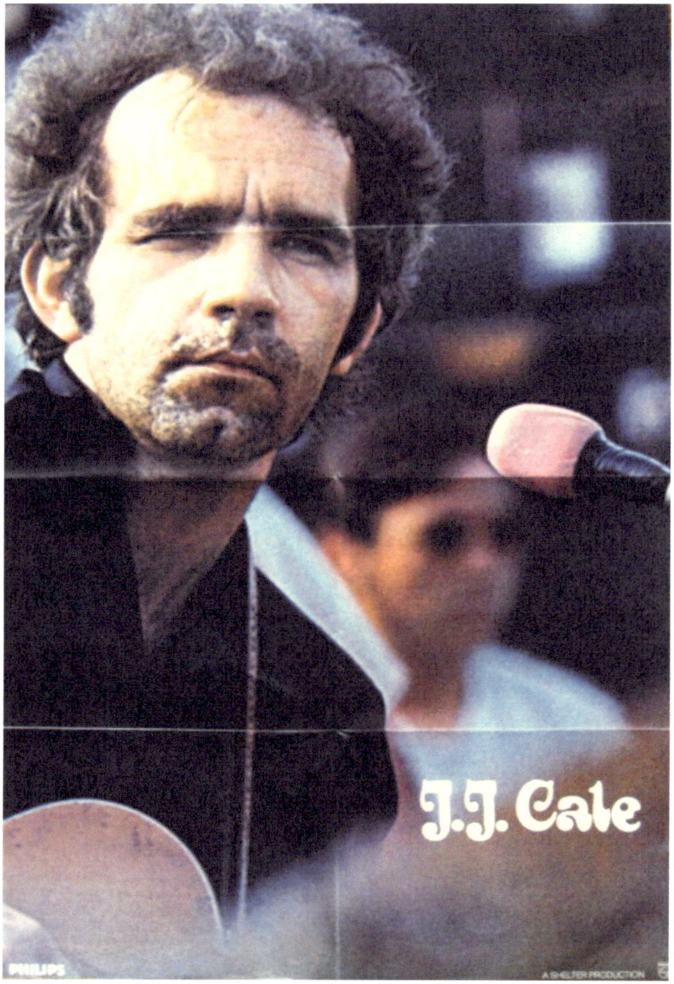

J.J. Cale

PHILIPS

A SHELTER PRODUCTION

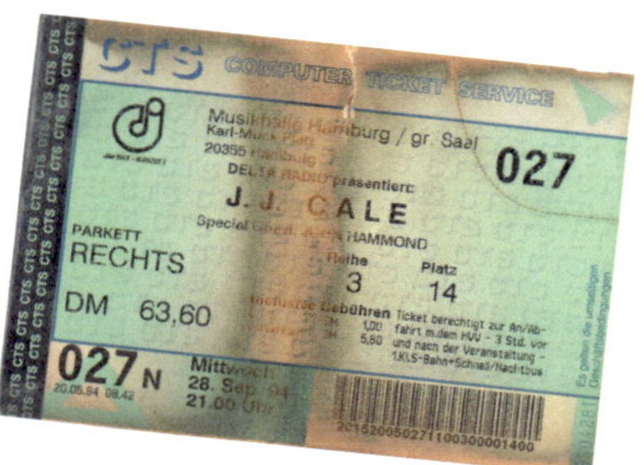

Star ohne Allüren

Auf den Gängen rund um den Großen Saal der Hamburger Musikhalle herrscht Gedränge. Das Konzert ist ausverkauft, und John Hammond, der solo das Vorprogramm bestritten hat, ist ohne bleibenden Eindruck zu hinterlassen, runter von der Bühne. Wie in einem Theater ertönt die Klingel zum dritten Mal. Auf der Bühne läuft schon seit ein paar Minuten ein Typ mit angegrauten Haaren umher und kontrolliert die Instrumente. Er nimmt eine hässliche, weiße Kopie einer Fender Stratocaster in die Hand. Noch strömt das Publikum in den Saal, langsam kehren die Besucher auf ihre Sitzplätze zurück, und der „Roadie" zupft ein bisschen auf den Saiten rum. Dann wendet er sich gemächlich dem Saal zu und nuschelt näselnd, leise ins Mikrofon: „Mama don't like no guitar playin' right here" und während er die Zeile wiederholt, kommt vom Publikum eine Mixtur aus Gelächter, Applaus und Rufen des Erstaunens. Der „Roadie" weicht nicht dem Star, nein, er ist der Star des Abends: JJ Cale!

Der Mann auf der Bühne verzieht keine Miene, schlägt die Gitarre ein bisschen lauter an, weil die Reaktion des Publikums den Vortrag stört, und singt weiter, „Mama don't like no bass in this place". Ein weiterer Kauz in Latzhose betritt die Bühne und spielt das Instrument, das die Mutter nicht hören mag. Wieder reagiert das Publikum amüsiert, und wieder verzieht Cale keine Miene. So steht er da, offenbar befreit von allen modischen Zwängen, in einer Hose, die stark nach Polyester aussieht und vom Grabbeltisch beim K-Mart stammen könnte. Aber Cale ist ja auch nicht hier, um an einem Schaulaufen der Eitelkeiten teilzunehmen. Er ist hier, um Musik zu machen, gute Musik, coole Musik, die coolste Musik – cool, cooler, Cale.

Sukzessive folgen weitere Musiker ohne jede eitle Attitüde, wann immer sie hören, dass Mama sie hier lieber nicht hätte. Schließlich heißt es, „Mama don't like no girl guitar players in here", und eine deutlich jüngere Frau gesellt sich zu den versammelten Musikern, Christine Lakeland, Cales Ehefrau. Alle spielen, alle spielen sparsame Einsätze, alle spielen jetzt gleichzeitig, Klavier, Gitarren, Bass, Schlagzeug, Percussion. Das Stück rollt, grooved und Cale besingt, was gerade geschieht: „Mama don't like all playing at the same time". Die Band wird darauf etwas lauter, und Cale und seine Frau singen unisono: „Mama, don't like no reefer smoking in here", und es wäre nicht erstaunlich, wenn ein riesiger Joint auf die Bühne getragen würde, doch da ist das Lied auch schon zu Ende.

Cale und seine fünf Mitmusiker sind angekommen, nach 18 Jahren wieder in Hamburg. Es ist der 28. September 1994. Schon in den ersten Minuten dieses Konzertes hat JJ Cale diverse Regeln des Showbusiness auf den Kopf gestellt. Nicht etwa wartet das Publikum auf den Star, nein er wartet auf das Publikum. Auch spielt die Band nicht erst mal ein paar Minuten, bevor die Attraktion des Abends die Bühne betritt, nein, Cale bittet die Musiker einzeln auf die Bühne. Und ein Stageoutfit wie man es bei fast allen seiner berühmten Kollegen sieht? Fehlanzeige. Cale geht es um die Musik, um das Zusammenspiel mit seinen Freunden und um den Groove.

„Ich war mein Leben lang mehr oder weniger Pensionär", zitiert „ME/ Sounds"-Mitarbeiter Mark Cooper 1989 JJ Cale. Da war John Weldon Cale gerade mal 51 Jahre alt und ein sehr erfolgreicher Musiker. Das Zitat kann als Beleg gesehen werden, wie bescheiden und uneitel dieser talentierte Songwriter und Gitarrist aus Tulsa, Oklahoma, war. Das Zitat kann auch als bewusste Lüge verstanden werden, denn Cale war als Engineer ein besessener Perfektionist, der das Perfekte im Imperfekten suchte und entsprechend arbeitete. Für wenig Faulheit spricht natürlich schon allein das zu Lebzeiten veröffentlichte Material, die 16 Solo-Alben, die Singles, die Tourneen. Und sechs Jahre nach seinem Tod erschien das erste posthume Album mit unveröffentlichtem Material aus seiner Feder, von ihm zu Lebzeiten abgemischt, viele Instrumente von ihm selbst eingespielt. Und es wird, so erklärte seine Witwe Christine Lakeland, nicht die letzte Veröffentlichung sein. Sein Einfluss auf große Stars wie Eric Clapton, Mark Knopfler, Neil Young oder Tom Petty ebenso wie auf zahlreiche wirtschaftlich weniger erfolgreiche Barbands zeigt, welchen Stellenwert der Musiker Cale unter Musikern hat. Immer wieder wurden ihm von der Musikpresse Titel wie „der Schweiger von Tulsa" oder „der einsame Wolf" verliehen, während seine Freunde ihn als fröhlichen, durchaus mitteilsamen Menschen wahrnahmen. Nur war er eben ein Star ohne Allüren, ein Star, der keiner sein wollte, einer der das Leben und den Erfolg still genoss und sich vor der Öffentlichkeit scheute.

Warum? Die Gründe für Cales Scheu waren vielfältig, seine Haltung vollkommen pragmatisch. Es ging ihm nicht wirklich um Ruhm. Er hatte für sich herausgefunden, dass es sicher schön wäre, von Zeit zu Zeit ein Star zu sein, aber es gab eben viel mehr Tage, an denen er keiner sein wollte. Er wollte nicht erkannt werden. Er wollte angeln, Songs schreiben oder den Rasen mähen. Als Cales Karriere endlich begann, wurde ihm bewusst, was manch großen Stars seiner Zeit widerfuhr, – die Flugzeugabstürze von Buddy Holly und Otis Redding oder der Unfall von Eddy Cochran. Und jetzt 1972 hatte die Musikszene gerade die tragischen Tode von Jim Morrison, Jimi Hendrix und Janis Joplin erlebt. Cale wollte ein Privatleben, sein Privatleben, und das schützte er mit allen Mitteln. Er legte sich das

Image des Schweigers zu, gab einsilbige oder am liebsten gar keine Interviews, sprach weder über seine Frauen, noch seine Kinder. Er hatte Glück gehabt und die wilde Phase der Hippiezeit in Los Angeles überlebt, die Drogen und den Alkohol, die langen Nächte und die wilden Partys.

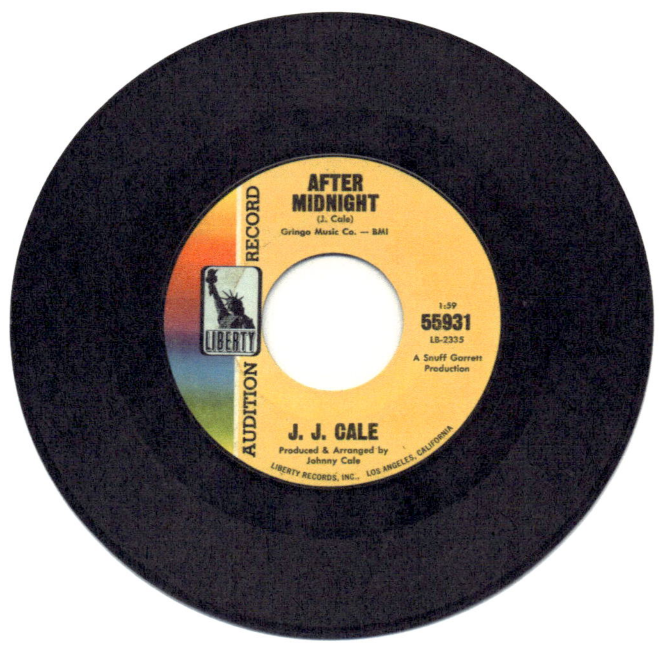

Die erste Aufnahme von „After Midnight“

„After Midnight“

Wenn es so etwas wie ein Pensionärsleben war, das Cale führte, dann begann es für ihn im Oktober 1970, als er seinen Song „After Midnight“ im Radio hörte. Eric Clapton hatte das Stück zu einem Zeitpunkt aufgenommen, als Cale resigniert auf seine Karriere im Musikbusiness verzichten wollte, um „Schuhverkäufer oder so“ zu werden. Claptons Version erreichte am 17. Oktober 1970 Rang 18 der Billboard-Charts. Zum ersten Mal sah JJ Cale nennenswerte Tantiemen für seine Arbeit, dabei lag seine eigene Aufnahme schon ein paar Jahre zurück, und das Stück hatte er sogar schon fünf Jahre zuvor geschrieben. 1965 und 1966 hatte er quasi als Nebenprodukt einer größeren Produktion des Produzenten Snuff Garrett drei Singles veröffentlicht. Auf einer B-Seite war „After Midnight“ gelandet. Garrett arbeitete damals als freier Produzent bei Liberty Records. Wie aber war der Engländer Clapton auf Cales „Demo“-Aufnahme aufmerksam geworden? Cale mutmaßte 1980 im „New Musical Express“ („NME“): „Ich weiß nicht genau, wer ihn damit in Verbindung gebracht hat; es war entweder Carl Radle oder Leon (Russell), oder vielleicht war es auch Jerry Allison, der bei den Crickets war; Delaney Bramlett... Sie hingen in der Zeit alle in L. A. rum; das war fünf Jahre, nachdem ich den Song aufgenommen hatte. Es muss einer von den Jungs gewesen sein, wenn es nicht Mutter war, die ihm eine Kopie geschickt hat, ich weiß es nicht...“ Dieses gespielte Desinteresse an den Zusammenhängen wie auch der Scherz mit der Mutter zeigt einmal mehr Cales Gleichgültigkeit. Eric Clapton hingegen war sich in einem Interview mit dem „Blues Music Magazine“ sicher: „Es war so 1968 oder 69. Delaney hat es mir vorgespielt. Er hat richtiggehend Werbung für John (Cale) gemacht.“

Delaney Bramlett vom später berühmten Duo Delaney and Bonnie hatte Cale zeitweise in Kalifornien als Gitarrist für Auftritte beschäftigt. Carl Radle war ein alter Freund aus Tulsa, und Jerry Allison gehörte zur Hausband von Liberty Records. Sowohl Bramlett als auch Radle und Allison wirkten an der LP „Eric Clapton" mit, auf der 1970 „After Midnight" veröffentlicht wurde. Auf der Rückseite des Covers sind sie alle zusammen abgebildet. Eigentlich fehlt nur Cale selbst.

Cale hatte eines Nachts durch einen Anruf von Bobby Keys, dem Saxophonisten der Rolling Stones, der bei Claptons Session dabei war, davon erfahren. Aber er vertraute dessen Worten nicht. „Ich sagte: Okay, Bobby, wie du weißt, haben wir hier drei Uhr morgens, also ruf mich später wieder an... Ich glaubte ihm erst, als ich das Stück ein halbes Jahr später im Radio hörte. Das war, als ob man eine Ölquelle im Garten findet." Erst jetzt dämmerte ihm sein Glück: „Das war groß. Es lief auf so einem Top-40-Sender, der zu einem Senderverbund gehörte. Ich habe mich dann nach einem neuen Auto umgesehen." Mit den Tantiemen von Claptons Aufnahme stellte sich ein geradezu amüsantes Problem ein. Cale hatte kein Konto, und so musste er sich die Tantiemen in bar abholen: „Also es war so: Die Plattenfirma ruft an: Mr. Cale wir haben hier Tantiemen für Sie, ein Haufen Geld, wenn Sie uns fragen. Ich: Fein, ihr lieben Freunde aus der Abteilung Erlöse und Gewinne, tut es in einen Koffer, ich hol ihn ab! Sagen die: Wir brauchen ein Konto wo wir's hin überweisen können. Also fahre ich zur nächsten Bank. Ich sage: Guten Tag, ich brauche ein Konto. Der Mann in der Bank schaut mich an: Ihr Wohnsitz? Ich sag' ihm, ich habe keinen Wohnsitz, ich leb' im Wohnwagen, immer auf Rädern, mein Freund... Sagt er: Kein Wohnsitz – kein Konto." Natürlich hätte Cale sein Elternhaus als Adresse angeben können, aber so war er eben nicht. Stattdessen stopfte er das Geld wie Füllmaterial in die Wände seines Trailers. Eric Clapton ergänzte: „Kein Dieb hätte das gefunden. Der Wohnwagen war eine einzige und immense Geldbombe, verstehen Sie?“

Er lebte in einem Zwiespalt –, so wähnte er sich zwar in einem Pensionärsdasein, aber verstand sich auch als Arbeiter, wenn er Songs schrieb oder „an Knöpfen drehte“. Zitat: „Als meine Songs anfingen, ein bisschen Tantiemen abzuwerfen, dachte ich, wozu die ganze Zeit arbeiten. Ich finde man sollte überhaupt nicht arbeiten, wenn man es sich leisten kann.“ Eigentlich lässt sich die Diskrepanz zwischen seinem angeblichen Leben als Rentner und seiner tatsächlichen Betriebsamkeit ganz leicht aufklären: JJ Cale sah seine Arbeit als Techniker, Soundbastler, Songwriter, Gitarrist, Sänger nicht wirklich als Arbeit an, weil er das alles aus Leidenschaft tat. In Gesprächen mit Gitarrenfachzeitschriften, ließ er sich dazu ausführlich aus, diskutierte über Gitarren, Effekte, Aufnahmetechnik, Mikrofonie. Hier war er in seinem Metier, hier war er zu Hause. Interessant ist, wie sehr es ihn beschäftigte, dass ihm mangelndes Arbeitsethos nachgesagt wurde. In fast jedem Interview erläuterte er seine Arbeit, rechtfertigte seine Tätigkeit. 1980, nach Erscheinen des Albums „5“, erklärte er: „Es macht mir nichts aus zu arbeiten, aber ich versuche auch, das Leben zu genießen. Die Leute sagen, die Abstände zwischen meinen Alben seien zu lang, es dauere drei Jahre, bis ich sie mache und all so’n Zeug. Aber wissen Sie, ich habe mit den Songs auf ’Naturally’ ein bisschen Geld verdient, und ich sehe keinen Sinn darin, Milliardär zu werden. Ich habe schon alles doppelt, und man kann das Zeug ja nicht mitnehmen.“ Anstatt in Studios zu gehen und eine Platte nach der anderen auf den Markt zu werfen, bastelte er lieber an der Perfektionierung von Studios. Er hätte mit seinem Geld phantastische Studios buchen können – aber so war JJ Cale eben nicht.

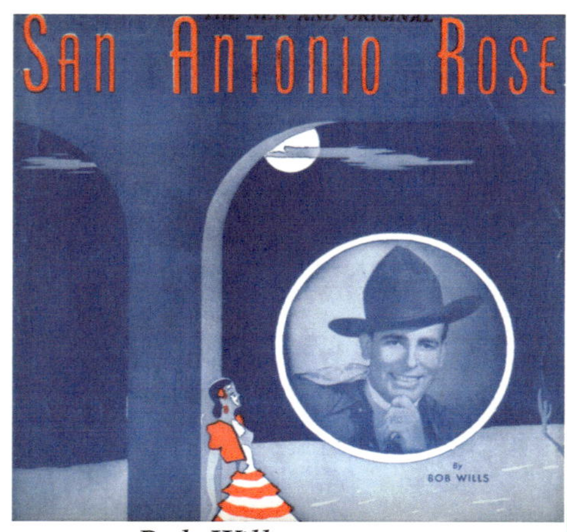

Bob Wills

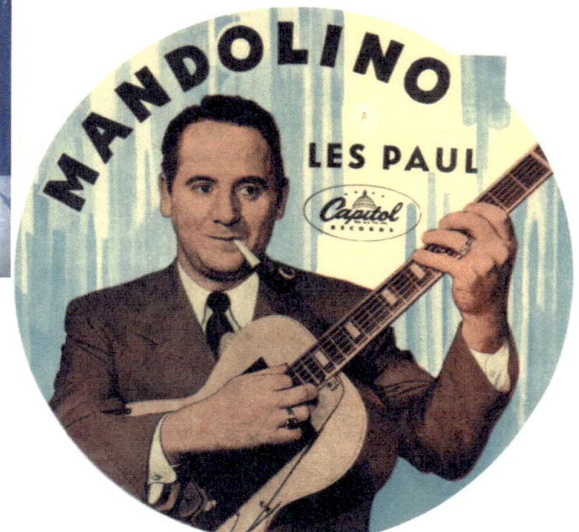

Les Paul

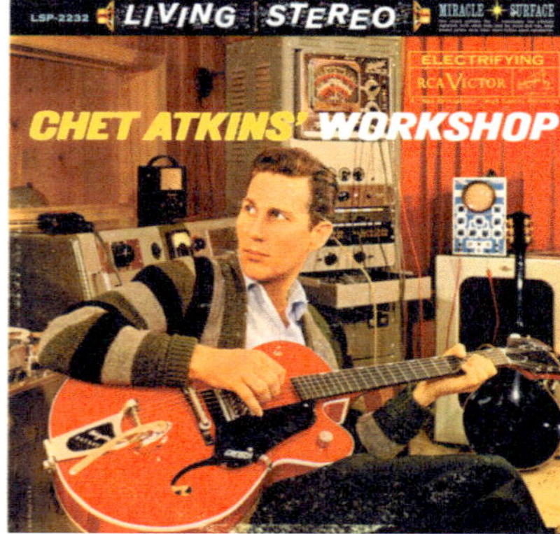

Chet Atkins

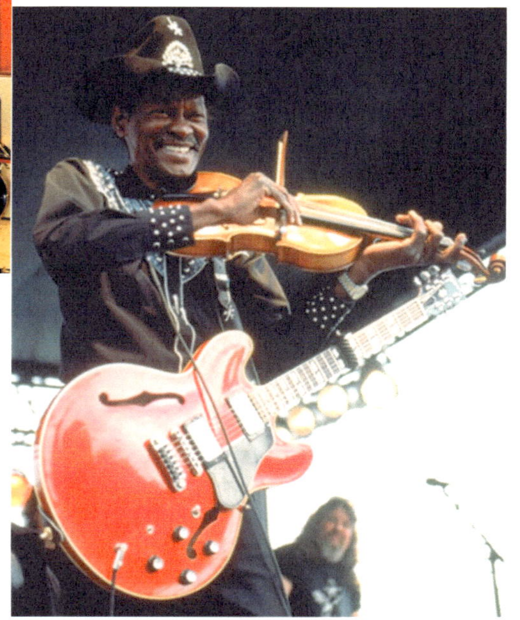

Clarence Gatemouth Brown

Jugend in Tulsa

Cale war der jüngste Sprössling einer Patchworkfamilie. Als John Weldon Cale am 5. Dezember 1938 in Oklahoma City zur Welt kam, hatte jeder seiner Eltern schon eine Ehe hinter sich. Zwar brachte sein Vater Elmer die drei Kinder aus erster Ehe nicht mit, doch Lois' Tochter Ada Rose lebte bei ihrer Mutter. Ada war zehn Jahre älter als John. Die lebenslange Bezugsperson für John Cale wurde aber seine Schwester Elnora Joan, die sechs Jahre vor ihm geboren war. Seine Erinnerungen an die ersten Lebensjahre waren trotz des Zweiten Weltkriegs unbeschwert. Er erlebte seine Jugend in einem friedlichen und liebevollen Zuhause mit vielen Freiheiten. Johns Schwester Joan: „Wir waren nicht reich, aber unsere Eltern gaben uns immer das Gefühl, dass es an nichts mangele."

Anfang der 1940er Jahre waren Lois Mae und Elmer Allison mit ihren Kindern Ada, Joan und John von Oklahoma City nach Tulsa umgezogen, wo sie zunächst im Norden der Stadt zur Miete wohnten, sich bald aber ein kleines Haus bauten. Tulsa, zweitgrößte Stadt in Oklahoma und Zentrum der Ölindustrie, wurde in den 50er Jahren vom „Time Magazine" als schönste Stadt Amerikas bezeichnet. Hier, 1612 North Atlanta Court im Stadtteil North Evanston, spielte der kleine John im großen Garten mit Kindern aus der neuen Nachbarschaft, besuchte ein paar Straßen weiter die Springdale Elementary Grundschule. An den Wochenenden ging er mit Elmer angeln, eine Leidenschaft, die er beibehalten sollte. Kaum acht Jahre alt, erlebte er, wie seine ältere Halbschwester flügge wurde und bereits mit 18 auszog und heiratete. Auch John hatte schon früh Interesse am anderen Geschlecht: „In der Highschool habe ich vor allem den Mädchen nachgestellt." Bei einem

Freund aus der Nachbarschaft entdeckte er eine Gitarre. Die Anfänge hatten noch nichts mit einem späteren Berufswunsch zu tun, entwickelten sich eher zufällig: „Ich war sehr jung. Da gab es einen Jungen in der Straße, der eine Gitarre bekommen hatte, und ich spielte darauf rum, bis ich schließlich genug Geld zusammen hatte, um mir eine eigene zu kaufen. Es war wie Sport oder zur Schule zu gehen – die normalen Dinge im Leben eines Kindes, nicht etwa: ‚Das ist es, was ich für den Rest meines Lebens machen möchte.' Ich rutschte eher so beiläufig in die professionelle Seite des Musikgeschäftes."

In den Familien gehörten damals Musikprogramme im Radio zur häufigsten Unterhaltung. Die bevorzugte Tanzmusik der 40er Jahre, die nicht nur in Oklahoma, sondern auch in Texas und anderen Südstaaten im Radio gespielt wurde, kam von einer Band, die in Tulsa ansässig war. Der Bandleader Bob Wills hatte in den 1930er Jahren mit seinem Bruder Johnny Lee und einigen texanischen Mitmusikern die Texas Playboys gegründet und schließlich nach Jahren in Texas seine Basis nach Tulsa verlegt. Bob Wills And His Texas Playboys waren eine große Bigband mit einem eigenen Bläsersatz. Sie verbanden die Country-Musik, die sie in den großen Tanzhallen spielten, mit Jazzeinflüssen zu einem neuen Stil: Western Swing. In Oklahoma und angrenzenden Staaten waren die Texas Playboys nicht zuletzt wegen einer täglichen Radiosendung große Stars. Jeden Wochentag übertrug ein Sender in Oklahoma City mit großer Leistung mittags von 12.30 Uhr bis 13.15 Uhr die Musik live aus „Cain's Ballroom" in Tulsa. Die Show hatte Kultstatus, und an den Abenden spielten die Texas Playboys zusätzlich zum Tanz auf. Mit „Take Me Back To Tulsa" (1941), „(New) San Antonio Rose" (1940) oder „Faded Love" (1950) hatte der Fiddle-Spieler Bob Wills einige stilprägende Hits. Die Schellackplatten mit seinen Songs standen damals in den Schränken der meisten Familien. Wenn es je so etwas wie den Tulsa-Sound gegeben hat, dann war es sicherlich Bob Wills mit seiner Fiddle und den Texas Playboys, die das Musikleben der Stadt lange bestimmt haben.

Wer in den 40er Jahren in Tulsa aufwuchs, kannte die Texas Playboys. JJ Cale: „Ja, ich kann mich erinnern, dass vorm Rock'n'Roll Western Swing angesagt war. Bob Wills war aus Texas, aber er hatte sein Hauptquartier in Tulsa. Meine Eltern … alle hörten das. Ich begann ein paar Jahre, bevor ich die High School verließ, professionell zu spielen. Na ja, nicht professionell, aber ich begann, für Geld zu spielen. Das muss so um 1954 gewesen sein. 1956 verließ ich die High School." Da war Cale 18 Jahre alt und verbrachte seine Zeit allabendlich in Bars, spielte für zehn Dollar am Abend und für alles Freibier, das er trinken konnte. Die Bands hatten mehrere Shows am Abend. Unter anderem wurde John für Fraternity Partys an der University Of Oklahoma in Norman, 20 Kilometer südlich von Oklahoma City, engagiert. Zwar war die Prohibition längst Geschichte, und doch gab es nach wie vor strenge Vorschriften, das heißt viele Razzien gegen Alkoholausschank und Glücksspiel: „Dadurch habe ich viele Jobs verloren", erinnerte sich Cale.

Tulsa stellte natürlich nicht gerade ein wesentliches Musikzentrum der USA dar. Damals bekamen ganz andere Städte eine magnetische Anziehungskraft für Musiker. New Orleans, Memphis, Los Angeles, Chicago und Nashville mit ihren Plattenfirmen und Szenevierteln lockten die Stars der Zeit an. Neben Bob Wills war damals Hank Williams, der 1952 in Nashville „Jambalaya (On The Bayou)" und „I'll Never Get Out Of This World Alive" aufnahm, einer der größten Popsänger im Süden. Bedeutung hatte Tulsa eher, weil es sich durch seine Lage im Zentrum vieler musikalischer Einflüsse befand. Cale beschrieb das 1996 in einem Interview mit Barney Hoskyns vom

„Independent“: „Die Geographie hat etwas mit meiner Musik zu tun. Da wo ich aufwuchs, in Tulsa, Oklahoma, war weder der Süd-Osten, noch der tiefe Süden, und es war auch nicht der Süd-Westen. Für viele Jahre war Amerika ständig in Bewegung: Menschen wurden entwurzelt und zogen weiter, und mit ihnen kam ihre musikalische Kultur, die sie mit der Kultur dort vermischten, wo immer sie landeten. Das ist sozusagen, was mir passiert ist: Ich hörte Jazz, Country, R & B, Rock’n’Roll. Und wenn ich mich hinsetzte, um einen Song zu schreiben, brachen sich all diese Einflüsse Bahn.“

Mike Kappus, Cales Manager, sieht darin auch die Rolle begründet, die Tulsa für Cales Entwicklung spielte: „Cale ist als Erfinder des Tulsa Sound bezeichnet worden. Das ist unfair, weil dann ja jeder in Tulsa den Tulsa-Sound hätte ... Es ist in Wirklichkeit Cales persönlicher Sound. Ich meine, er hat das mal sehr schön beschrieben. Er sprach von der geographischen Lage hier und davon, dass der Blues aus einer Richtung kam, Jazz aus einer anderen und Country auch. Und in der Mitte all dieser Einflüsse, hat er sie alle zusammengepackt und daraus seinen eigenen einzigartigen Sound entwickelt.“ Schon 1956 spielte Cale mit seiner High-School-Band „The Rockets“ Rhythm’n’Blues, als der Rock’n’Roll von Chuck Berry und Elvis Presley die USA überrollte. An seiner Seite bereits damals ein Wegbegleiter für viele Jahre: Russel Bridges, der schon bald ein sehr einflussreicher Produzent und Musiker werden sollte, bekannt als Leon Russell. Der Saxophonist Johnny Williams aus Tulsa erzählte 2002 in einem Interview mit dem Lokalblatt „Tulsa World“: „Johnny Cale wohnte am Ende der Straße, und ich stieg bei ihm für eine Weile in die Band ’Johnny Cale & The Valentines‘ ein. Dann startete ich eine Band ’Johnny Williams And The Starlighters‘ – das waren Cale, Russell, Chuck Blackwell und ich.“

1956, noch bevor er mit „Heartbreak Hotel“ seinen ersten Nummer-eins-Hit hatte, kam Elvis Presley für zwei Auftritte nach Tulsa und löste auf den Tulsa Fairgrounds Hysterie unter den jugendlichen Fans aus. Der Kritiker der „Tulsa World“, David Wood, war zwar nicht gerade ein Elvis-Fan, aber die Wirkung des Stars faszinierte ihn, und über die zweite Show schrieb er, dass das Publikum schon älter war als bei der Nachmittags-Show: „Das ganze ältere High-School-Kontingent war in voller Besetzung angetreten.“ Presleys Gitarrist Scotty Moore wurde einer der prägenden Einflüsse auf John, der in diesem Jahr an der Tulsa Central High School seinen Abschluss machte. „Im Rock’n’Roll waren meine ersten Einflüsse Scotty Moore und Elvis Presley. Scottys Zeug zu lernen war auch ein guter Unterricht. Ich habe mir ein paar Licks von den Breaks bei ‚Trying To Get To You’ geklaut.“ Sein Alltag sah zunächst nicht gerade vielversprechend aus. Anfangs schlug er sich mit Gelegenheitsjobs durch. Mit dem Moped fuhr er zu seinen Jobs als Liftboy oder als Burger-Bräter an Bierständen.

Für jeden jungen Mann stand damals nach der Schule der Militärdienst an. Hatten die USA sich in ihrer Geschichte bisher primär auf innenpolitische Entwicklung konzentriert, waren mit dem Zweiten Weltkrieg die Bedenken, sich extraterritorial zu engagieren, endgültig aufgegeben. Und war für die USA trotz aller Greuel die Invasion nach dem D-Day noch ein Erfolg gewesen, so brachte das militärische Eingreifen in den Koreakonflikt zwischen 1950 und 1953 keinen Sieg, sondern fast 40 000 tote GIs. Es gab allerdings in der Folge noch keine nennenswerte pazifistische Bewegung. 1957 musste John Cale sich eine Uniform anziehen. Er entschied sich, zur Air Force Reserve zu gehen. Sieben Monate dauerte sein Dienst. Zunächst verbrachte er drei Monate zur Grundausbildung in San Antonio (Texas) und wurde dann an die Air Force Base in Rantoul (Illinois) versetzt. Der Pazifist Cale hatte kein

Interesse am Dienst mit der Waffe, und so wurde er der Technik zugeteilt und dort ausgebildet. Ausgerechnet bei der Air Force entdeckte er eine Leidenschaft, die später maßgeblich zu seinem Sound beitragen sollte. Hier gab es für ihn eine neue Welt zu entdecken, Elektronik, Schaltkreise, Transistoren und jede Menge Regler.

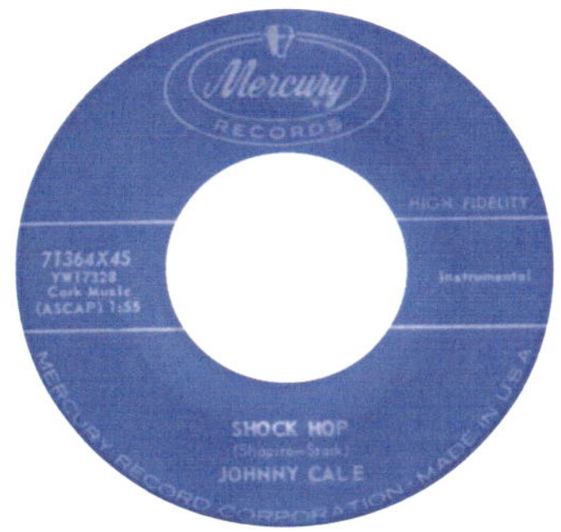

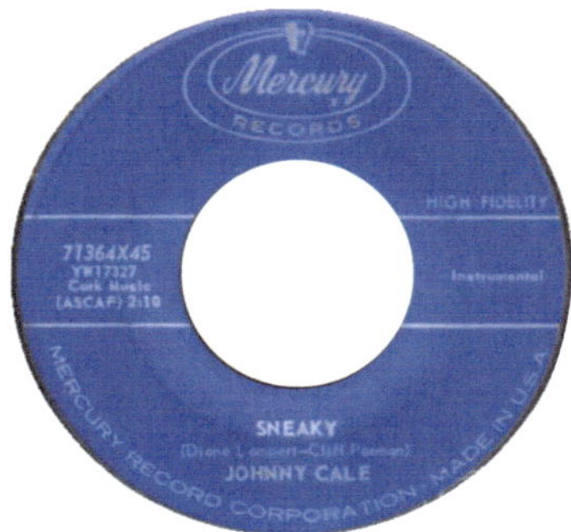

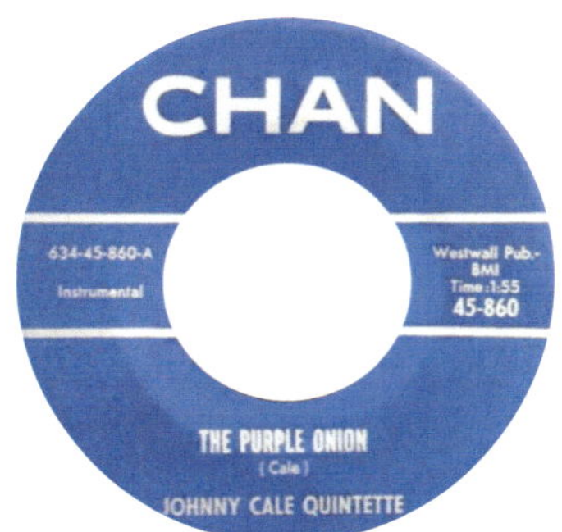

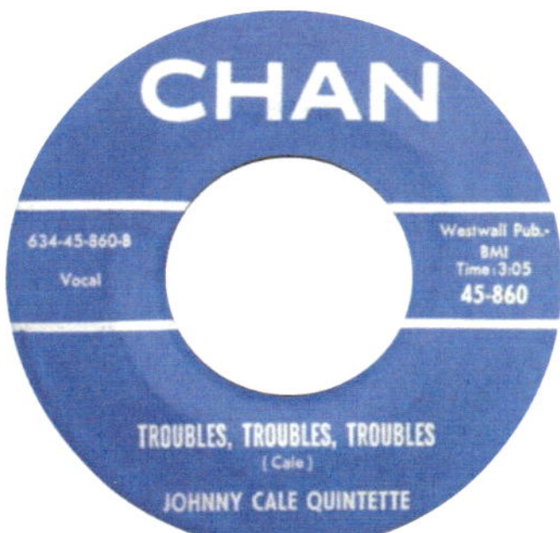

Die ersten Singles bei MERCURY und CHAN

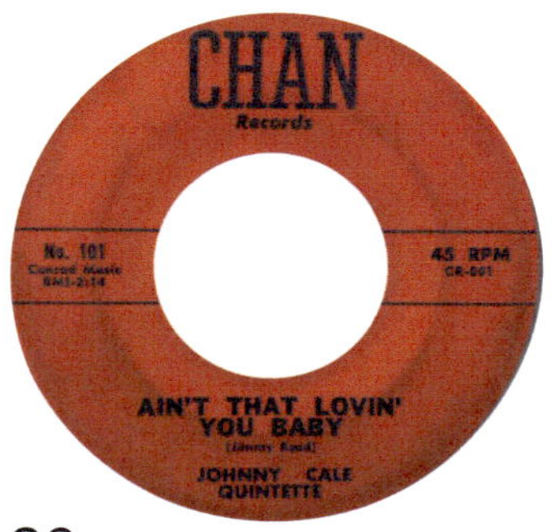

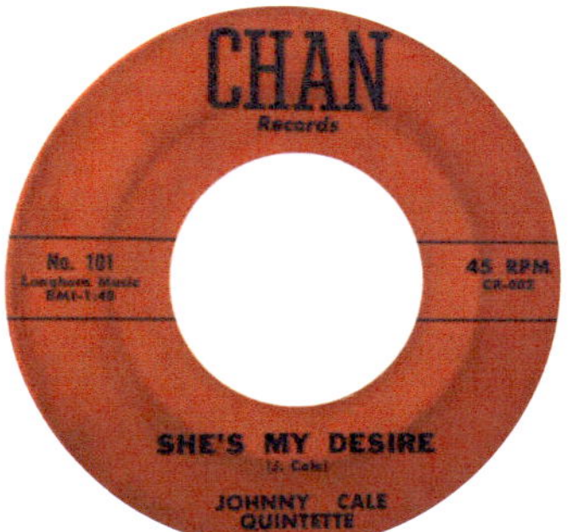

Erste Plattenaufnahmen

Frisch zurück vom Militärdienst beschloss John Cale, alle Energie in eine Karriere als Musiker zu stecken. Seine Combo, mit der er allabendlich in Tulsa zum Tanz aufspielte, hieß „The Valentines". Johns Daddy Elmer hatte, um einen Raum zu gewinnen, die Veranda hinter seinem Drei-Zimmer-Bungalow verschalt. Ein zusätzlicher Eingang ermöglichte es John, nachts nach seinen Gigs nach Hause zu kommen, ohne die gesamte Familie zu wecken. In diesem Anbau baute er sich ein kleines Studio, vollgestopft mit Equipment. Und er experimentierte. So erzählte Jim Karstein von der Zeit, als er John das erste Mal besuchte, dass der aus einer Feder, die die Fliegengittertür zuziehen sollte, einen Federhall gebaut hatte: „Ich nenne es bis heute Fliegengittertür-Hall."

1958 bekam das neu gegründete „Johnny Cale Quintette" die Chance, für das MERCURY Label eine erste Single mit zwei Rockabilly-Instrumentals aufzunehmen: „Shock Hop", geschrieben vom Songwriter-Duo Shapiro und Stark, und „Sneaky" von Diane Lampert, die eigentlich Songtexterin war, und Cliff Parman, einem klassischen Country-Gitarristen. Die Single wurde am 6. Oktober veröffentlicht. Beide Aufnahmen entsprachen dem Zeitgeschmack und waren ein bisschen zu glatt produziert. „Shock Hop" wurde zusätzlich mit ein paar Geräuschen aufgepeppt, die schocken sollten wie Gespensterstimmen in einer Geisterbahn. Damit bediente der Song ein populäres Genre, die sogenannten Novelty Songs, die in erster Linie humorvoll waren. Sie hatten in den 20er und 30er Jahren einen ersten Höhepunkt und waren jetzt in den 50ern noch einmal angesagt. Zwei Novelty Songs, „The Witch Doctor" von David Seville und „The Purple People Eater" von Sheb Wooley, wurden Anfang 1958 in jeder

Jukebox und im Radio gespielt. Bei beiden Cale-Aufnahmen war die Gitarre sauber und unaufgeregt gespielt, aber vom künftigen JJ-Cale-Sound war noch nicht viel zu erkennen.

Leon Russell verließ 1959 die Highschool, hatte aber schon als 14-Jähriger in Bands gespielt. Jetzt gründete er mit Cale, Chuck Blackwell und Johnny Williams „The Starlighters“. In diesem Jahr schnupperte John ein bisschen echte Showbiz-Luft. Die „Grand Ole Opry“ in Nashville, die in der Country-Metropole tonangebende Institution, sorgte mit ihren Mitgliedern durch eine ständige Radiosendung und zahlreiche Konzerte für Verbreitung ihrer Musik. Die Stars tourten meistens allein und ließen sich von lokalen Bands begleiten. Dass John dafür engagiert wurde, ergab sich durch seine Gigs in „Cain’s Ballroom“, wo er als Mitglied von lokalen Western-Swing-Bands auftrat. Als Red Sovine, Little Jimmy Dickens und andere Sänger für ihre Show „Cain’s Ballroom“ in Tulsa buchten, sahen sie sich nach Musikern um, die sie für ihre Auftritte einsetzen konnten. John Cales Gitarrenspiel sagte ihnen zu, so wechselte er vom Western Swing zur traditionellen Country-Musik. Er erinnerte sich: „Ich spielte dort mittwochs und freitags mit ein paar Western Swing Bands. Und dann kamen die Typen von der Grand Ole Opry, und wir haben sie begleitet. Es war die Grand Ole Opry Show, und jeder spielte eine Viertelstunde. Es waren Little Jimmy Dickens, Red Sovine, die Louvin Brothers und ein Cajun-Typ namens Jimmy C. Newmann.“

Für die Nachwuchsmusiker aus Oklahoma bedeutete es eine gewisse Umstellung, dass die „Grand Ole Opry“ einen strengen Dresscode hatte: „Wir trugen Hüte und Halstücher, und sie sorgten dafür, dass wir Cowboystiefel und Uniformen und so’n Zeug anhatten. Damals trugen Bands Uniformen. Alle waren gleich angezogen. Ich war 22 oder 23 oder so.“ Trotz seines jungen Alters hatte Cale schon eine Menge Routine und nahm die Uniformen ebenso gelassen hin, wie die Herausforderung, mit den Profis aus Nashville zu spielen: „Also, wir hatten den Ruf, eine ziemlich gute Western Swing Band zu sein. Ich war damals nur ein Gitarrist. Wir hatten eine Steelguitar, ein Klavier und einen Bass und Schlagzeug. Benny Ketchum war der Typ, der ‚Cain's' Hausband leitete. Von uns wurde erwartet, dass wir ihre Stücke kannten. Wenn man in einer Western Swing Band spielte, kannte man ‚Heartaches By The Number', weil man es als Coverband jeden Abend spielte. Die einzige Frage war, in welcher Tonart er es singen würde. So haben die Grand-Ole-Opry-Typen Benny Ketchum and His Western Swing Band entdeckt. Das waren die letzten Überbleibsel dieser Musik, jetzt übernahm der Rock'n'Roll. Es war das letzte Aufflackern von ‚Cain's‘ Western-Swing-Musik.“ Den Stars aus der „Opry“ hatte Benny Ketchums Band so gut gefallen, dass sie Cale und die Band mit auf Tour nahmen: „Wir spielten in Schulaulen in Montana und so. Wir sprechen von insgesamt nur ungefähr zwei Wochen.“

Red Sovine und Little Jimmy Dickens waren zwei konservative Hardliner im Country-Business, die damals durch die Provinz tingelten, um ihre Plattenverkäufe anzukurbeln. Im Vergleich zu ihnen sprachen die Louvin Brothers und Jim C. Newman schon eine jüngere Generation an. Red Sovine war ein mittelmäßiger, aber von Webb Pierce und Hank Williams protektionierter Balladier, der in den 60er Jahren mit Trucker-Songs reüssierte. Little Jimmy Dickens, der schon 1948 als festes Mitglied in die Grand Ole Opry aufgenommen wurde und das auch bis an sein Lebensende 2015 blieb, hatte mit Novelty Songs Erfolg. Durch die berühmten Country-Stars machte John Cale die ersten wichtigen Erfahrungen im Musikbetrieb.

Zurück in Oklahoma verstärkte er seine Bemühungen, mit Plattenaufnahmen voran zu kommen. Die Gelegenheit dazu bot CHAN, ein kleines lokales Label in Oklahoma City, Cales Geburtsstadt, bei dem er zwei weitere Singles aufnahm. Vom „Johnny Cale Quintette“ erschien im Juli 1960 auf CHAN „The Purple Onion“ mit „Troubles, Troubles, Troubles“ auf der B-Seite, erstmalig Eigenkompositionen von Cale. Interessanterweise war die A-Seite wieder ein Instrumental, ein schlichter Blues mit einem schönen Zusammenspiel von Gitarre und Saxophon. Auch „Troubles, Troubles, Troubles“ war ein Blues im Stil von T-Bone Walker. Das pumpende Klavier spielte Doug Cunningh, und Karl Johnson war für das Saxophon verantwortlich. George Metzel am Bass und Jim Turley an den Drums lieferten das Gerüst für Cales großartige Gitarrenarbeit, die bei weitem noch nicht mit dem Begriff „laid-back“ beschrieben werden kann. Eher traf das Gegenteil zu. Der Text von „Troubles, Troubles, Troubles“ war äußerst banal: das Erwachen am Morgen, die Abschiedsnotiz der Geliebten, so weit, so bekannt. Cale sang das ohne größeren Ausdruck in der Stimme, traf aber immerhin die Töne.

Das CHAN Label gehörte Lloyd Linville und Bobby Boyd, den ehemaligen Verantwortlichen für die südliche US-Region bei UNITED ARTISTS. Lloyd Linville agierte als A & R-Mann von New Orleans aus. Ein weiterer Partner bei CHAN Records war Don Hodge, der seine Talentsuche für UNITED ARTISTS von Nashville aus unternahm. Cales Single war die erste, die auf dem Label erschien. Es existierte nur wenige Jahre: 1963 löste sich die Plattenfirma wieder auf. Die meisten Aufnahmen, die CHAN in den Jahren 1960 bis 1963 veröffentlichte, entstanden in den „Hi Fi Recording Studios“, einer alten Autowerkstatt. Es handelte sich um einen sehr hohen Raum, der über über zwei Stockwerke reichte. Er war mit großen Vorhängen abgehängt, um den

Sound zu absorbieren. Im oberen Stockwerk befand sich hinter einer Glasscheibe der Kontrollraum, so dass die Kommunikation mit den Musikern möglich war. Um den Verkauf der Single zu fördern, spielte die Band von Johnny Cale in und um Tulsa in jeder Bar und tourte auch mal auf der Route 66. Ein großer Erfolg war aber dadurch nicht in Sicht.

Im August 1961 veröffentlichte CHAN noch eine weitere Single des Quintetts. Als A-Seite war diesmal ein Hit von Jimmy Reed aus dem Jahre 1955 ausgewählt worden. „Ain't That Lovin' You Baby“ war in Cales Version eher up tempo und zeigte gerade in der ersten Strophe, was Cale bereits an der Gitarre konnte. Mit fliegenden Läufen, wie sie auch T-Bone Walker spielte, stand die Gitarre einen Moment deutlich über dem Rest der Band. Stimmlich war das, was Cale lieferte, zeitgemäß, ein bisschen gutturaler und kräftiger, als es der spätere Star Cale zum Markenzeichen entwickeln würde. Interessant, dass er sich ausgerechnet für einen Reed-Song entschieden hat, denn auch Jimmy Reed war Zeit seines Lebens ein sehr erfolgreicher Außenseiter im Musikbusiness. Die B-Seite der Single stammte wieder von Cale selbst: „She's My Desire". Wieder war die Frau weg, die er begehrte. Der Sound klang viel dünner und transparenter als auf der A-Seite. John Weldon Cale war noch damit beschäftigt, seinen eigenen Stil zu finden. Und der entscheidende Schritt folgte auf die CHAN-Singles.

Umzug nach Los Angeles

1962 folgte Cale seinen Mitmusikern Carl Radle, Jim Karstein und Leon Russell aus Tulsa nach Los Angeles in die Nachbarschaft von Delaney & Bonnie. „Wir hatten Gigs in und um Tulsa gespielt. Er (Leon Russell) war der kommende Pianospieler. Und wie in allen Städten tauschten sich die Musiker untereinander aus: ‚Hey, willst du den Gig heute Abend spielen? Es gibt zehn Mäuse und alles Bier, das du trinken kannst.' Und dann gingen Leon und die anderen nach Kalifornien. Leon bekam einen Job bei Ricky Nelson, also war er im großen Geschäft angekommen. Dann begann er als Session-Musiker, kaufte ein bisschen Aufnahmetechnik, kaufte eine Vierspurmaschine. Er und ich beschäftigten uns damit und spielten damit rum, als wären wir Les Paul. Ja, ich verbrachte einige Zeit mit Leon. Er ist ein paar Jahre jünger als ich. Das Besondere an Leon war, dass er Noten lesen konnte. Die meisten von uns Gitarristen, Blues- und Country-Musikern konnten eine Note nicht von der anderen unterscheiden." Und Cale war auch mulmig bei dem Gedanken, mit dem großen James Burton, dem Gitarristen von Ricky Nelson, in einer Band zu spielen. James Burton hatte sich schon früh einen Namen gemacht, hatte die stilprägende Gitarre auf Dale Hawkins' 1957er Hit „Suzie Q" gespielt und gehörte später zu Elvis Presleys Band. Bald wurden Cale und Burton Freunde, die sich im Lauf der Jahre immer wieder in Studios begegneten. Bei zwei Aufnahmen auf dem Album „Shades" (1981) und dem Album „Travel-Log" (1989) ist Burtons Gitarre zu hören.

Der Umzug von Tulsa nach L. A. brachte für John das Gefühl einer persönlichen Freiheit, die er in der Provinz in Oklahoma nicht gekannt hatte. „In dieser Zeit hatte ich keinen Plan. Ich wusste nicht, dass ich im

Musikbusiness landen würde. Ich wusste nicht mal, was das Musikbusiness war. Ich hing einfach nur ab und versuchte, Arbeit zu vermeiden. Das war das Wichtigste, Arbeit zu vermeiden, und Musik habe ich nie als Arbeit begriffen", wusste Cale später über seine Anfänge in der Kultur-Metropole Los Angeles zu berichten. „Es waren etwa 15 bis 20 Musiker, die in dieser Ära nach L. A. umsiedelten. Leon Russell, Chuck Blackwell, ein Bassist namens Jerry Goodman..." Das Risiko, in L. A. zu vereinsamen, war für Cale daher nicht groß. Der klassische bürgerliche Lebensweg hatte ihm ohnehin nicht vorgeschwebt. So genoss er die Gesellschaft seiner Freunde aus Oklahoma mitten im quirligen Los Angeles der aufblühenden Hippie-Zeit. „Wir lebten alle in einer Nachbarschaft. So sahen wir uns alle ständig", erzählte Cales Freund und Schlagzeuger Jim Karstein: „Carl Radle hatte ein Haus hier. John lebte hier drüben, Delaney und Bonnie lebten dort drüben… und Gary Gillmore. Man konnte aus dem Haus gehen, und ein paar Kreuzungen weiter konnte man jemanden besuchen." Leon Russel verewigte die Gemeinschaft der Okies im Exil in Hollywood in seinem Song „Shootout On The Plantation". Einer der Protagonisten des Songs war Jimmy „Junior" Markham. Aber auch Jimmy Karstein kam darin als The Swan vor, Chuck Blackwell als The Drummer und Gary Sanders als The Colonel. The Plantation war ein Haus in Sherman Oaks, das das Zentrum der Community war. Weitere Bewohner waren im Laufe der Jahre unter anderem Taj Mahal, Ry Cooder, T-Bone Burnett, Jesse Ed Davis und Saxophonist Bobby Keys.

Die zusammengewürfelte Gesellschaft war allerdings weit davon entfernt, eine Künstlerkolonie zu bilden. Jeder ging seinen eigenen Interessen nach, und wenn man einen Mitmusiker brauchte, fragte man die anderen, wer Zeit und Lust hatte. Cale konnte jetzt kaum von der Musik leben, immerhin lief es besser als in Tulsa, wo immer klar war, dass er zusätzlich einen Job brauchte, um zu existieren. Und er genoss die Freiheiten, die er reichlich ausschöpfte: „Es war eine wunderschöne Zeit für mich. Ich liebte das ganze Hippie-Ding." Er vagabundierte durch die Stadt, lebte mal in Hollywood und mal im San Fernando Valley. „Ich war immer pleite, verdiente kein Geld. Es fühlte sich immer so an, als sei ich einen Tag davon entfernt, ins Gefängnis geworfen zu werden. Wir tranken eine Menge Whiskey und nahmen eine Menge Drogen." Es war die Zeit der sexuellen Befreiung durch die Pille, der Aufbruch in ein neues Zeitalter, noch bevor der Vietnamkrieg so viele junge Amerikaner ins Unglück reißen sollte. Hier erlebte Cale seine Blüte im Umfeld der Flower-Power-Jugend, die frei und ungehemmt das Leben genoss. Jahre später merkte er selbstkritisch an, dass er diese Zeit vielleicht viel zu sehr glorifizierte.

Was er ernsthaft und intensiv betrieb, war, sich in der Aufnahmetechnik zu perfektionieren. Als großes Vorbild hatte er den berühmten Pionier Les Paul. „Ich liebe es, Les Paul zu imitieren. Mehrspurtechnik faszinierte mich," erzählte er 2003 dem Vintage Guitar Magazin. Les Paul war nicht nur ein hervorragender Jazz- und Country-Gitarrist, sondern ein Bastler, ein Tüftler. Er erfand Aufnahmetechnik, mit der er Spuren übereinanderlegen konnte, also zeitversetzt aufnehmen konnte. So nahm er mehrere Gitarrenspuren auf oder ließ seine Frau Mary Ford ganze Chöre einsingen. Bekannte Beispiele: „Vaya Con Dios" (1952) und „How High The Moon" (1953). JJ Cale machte sich nicht nur diese Technik zu eigen, sondern auch Les Pauls Umgang mit Instrumenten. Les Paul hatte bereits 1941 den Prototyp einer elektrischen Gitarre ohne Klangkörper, eine sogenannte Solidbody-Gitarre, gebaut. Erst elf Jahre später wurde das Modell vom Gitarrenhersteller Gibson in Serie gebaut. Bis heute ist die Gibson-Les-Paul eine der berühmtesten und meistproduzierten E-Gitarren der Welt. Ihr Erfinder bastelte immer weiter an seinen Instrumenten herum, tauschte Pickups und entwickelte neue Elektronik. Ein Hobby, das nicht nur er bis ins hohe Alter mit Besessenheit betrieb, sondern das über die Jahre auch Cale nicht losließ. Cale-Manager Mike Kappus in einem Interview mit dem SZ-Magazin: „Das hat Cale sehr bewundert. Wir haben Les Paul auch mal getroffen, Cale war sehr stolz auf die Kappe, die Les für ihn signiert hat."

In L. A. hatte er erstmals Gelegenheit, sich in professionellen Tonstudios mit Aufnahmetechnik zu beschäftigen und sich darin zu verlieren. Seinen Hauptjob hatte er als Tontechniker in Leon Russells Studio am Sky Hill Drive. Parallel dazu bemühte er sich, in der Showbusiness-Stadt als Musiker Fuß zu fassen. Und tatsächlich bekam er ein interessantes Engagement. Im Januar 1964 eröffnete auf dem Sunset Boulevard der erste Club für Rockmusik in der Stadt. Eigentlich war das „Whisky à Go Go“ eine Diskothek, aber als Attraktion hatte der Nachtclubbesitzer Elmer Valentine den Sänger Johnny Rivers engagiert, einen 22jährigen Gitarristen und Songschreiber aus New York, der sich durch Vermittlung von James Burton und Ricky Nelson in L. A. etabliert hatte. Rivers bekam ab dem 15. Januar einen Vertrag für ein Jahr, sechs Abende in der Woche, als Opener. Am Eröffnungsabend spielte er im Duo mit dem Jazz-Drummer Eddie Rubin. In den Pausen legte die DJane Rhonda Lane in einem über der Bühne schwebenden Käfig Platten auf. Der exponierte Platz des Käfigs war dem Platzmangel in dem Laden geschuldet, wurde aber ad hoc zum Kult. Und so kam Valentine auf die Idee, weiterhin Go-Go-Girls das Publikum zum Tanzen animieren zu lassen. Cale sah in den Whisky-Shows den Anfang der Disco-Ära: „Sie präsentierten Mädchen, die in Käfigen tanzten.“

Wichtiger aber: In dem Club produzierte Lou Adler mit Johnny Rivers und Eddie Rubin schon gleich im Januar 1964 das Album „At The

Whisky“. Die ausgekoppelte Single des Chuck-Berry-Covers „Memphis“ bescherte ihm einen Top-10-Hit. Dadurch wurde das „Whisky à Go Go“ auf einen Schlag weltberühmt. Fortan war der Club auch unter Musikern und Schauspielern der angesagteste Ort der Stadt. Gemeinsam mit einigen seiner Okie-Kumpel ging auch John Cale eines Abends ins „Whisky“ und durfte bei Elmer Valentine vorspielen: „Wir alle gingen da an einem Abend hin, um Johnny Rivers zuzuhören, der da einen Gig hatte. Und dann durften wir vorspielen, und der Typ sagte: 'Okay, ihr könnt den Abend haben, an dem Johnny Rivers nicht spielt.' Das war für uns ein sehr gut bezahlter Job zu der Zeit. Und er sagte: ‚Es gibt da bereits einen John Cale, der Geige bei den Velvet Underground spielt. Ich möchte deinen Namen ändern. Ich möchte dich JJ Cale nennen.' Und ich sagte: ‚Wenn du mir einen Job gibst, kannst du mich nennen, wie du möchtest.'“ So wurde aus John Weldon Cale JJ Cale. Mit dem hervorragenden Gig in einem der am meisten beachteten Clubs der Stadt und dem Künstlernamen JJ Cale begann für den Musiker und Tontechniker aus Oklahoma eine neue Zeitrechnung.

Snuff Garrett ebnet den Weg

Dass sein Name jetzt auf einem Banner neben Johnny Rivers an dem „Whisky à Go Go“ prangte, bedeutete jedoch nicht, dass für ihn ein steiler Aufstieg begann. Auch in den nächsten Jahren war sein Weg steinig und voller Rückschläge. Daran änderten auch die wenigen Aufnahmen nichts, die lokale Bands mit von ihm geschriebenen Titeln machten, bei denen er als Toningenieur beteiligt war. Mit seinen Mitmusikern aus Oklahoma, die sich auf den Weg zur Plantation gemacht hatten, spielte er unter anderem unter dem Bandnamen Junior Markham & The Tulsa Review. Markhams Band nahm auch zwei Singles auf dem Capitol-Sublabel UPTOWN auf, an denen Cale als Gitarrist und Toningenieur beteiligt war. Diese Aufnahmen entstanden in Leon Russells Skyhill Studio (offizieller Name: Leon Russell Recorders) in den Hollywood Hills, wo JJ als Chief Engineer tätig war. Besonders nah kam Cale dem internationalen Durchbruch, als er bei seinen Nachbarn Delaney & Bonnie bei einer Reihe von Gigs Gitarre spielte: „Als ich mit Delaney & Bonnie spielte, fingen sie gerade an. Ich verließ sie und war nicht mehr dabei, als sie groß herauskamen, als Eric Clapton und George Harrison sich zu ihnen gesellten. Ich spielte einen Gig mit ihnen in einem Privathaus, und wir waren alle völlig stoned. Wir spielten auf Hauspartys und in Nachtclubs. Direkt danach übernahmen Harrison, Clapton und Leon Russell meinen Platz. Sie nahmen eine Platte auf und wurden so halbwegs bekannt, speziell in England.“ Der Kontakt zu Delaney war über Leon Russell gelaufen, der mit Bramletts Band „The Shindogs“ eine Single produziert hatte, die Snuff Garrett veröffentlichte.

Leon war zu dieser Zeit längst arriviert – unter anderem als Pianist bei der Wrecking Crew –, und Garrett hatte ihn als Assistent und Berater engagiert. Das bedeutete auch Studio-Engagements für Cale. Garrett, der bei LIBERTY Records Leiter der A&R-Abteilung war, sollte in den nächsten Jahren zur zentralen Figur für JJ werden, indem er ihm die vielen kleinen Schritte ermöglichte, die letztendlich dazu führten, dass er sich doch noch etablieren konnte. So erschienen drei Cale-Singles bei LIBERTY – auf einer B-Seite der Titel „After Midnight“. Garrett, wie Cale 1938 geboren, war ständig auf der Suche nach neuen Talenten. Der Highschool-Abbrecher aus Dallas (Texas) hatte seinen ersten Job als Radio-DJ in Lubbock bekommen, wo er sich mit Buddy Holly anfreundete. Als Produzent bei LIBERTY wurde er gleich 1959 durch seine erste Produktion „Settin' The Woods On Fire“ mit Johnny Burnette erfolgreich. Zu seinen Künstlern gehörten außerdem Bobby Vee, Buddy Knox, Walter Brennan und Gary Lewis & The Playboys. Er hatte aber auch kein Problem damit, ein paar Versuchsballons mit Anfängern wie JJ zu starten, wenn sie ihm halbwegs erfolgversprechend erschienen. JJ war immer knapp bei Kasse, daher waren seine Dienste als Tontechniker für Garrett günstig zu haben. Im „New Musical Express“ erzählte Cale 1980 über die Zusammenarbeit mit seinem Auftraggeber: „Nun ja, ich machte keine guten Aufnahmen, aber er wusste, ich konnte sie richtig billig machen, weil ich all diese verarmten Freunde hatte, die ich für drei oder zehn Dollar bekommen konnte.“

So nahm JJ Cale auch seine eigene erste Single für LIBERTY auf: „It’s A Go Go Place“/„Dick Tracy“. Die A-Seite „It’s A Go Go Place“ aus der Feder von Cale, Russell und Tom Lesslie (ein Garrett-Pseudonym) war eine Ode an Elmer Valentines Club inklusive Wegbeschreibung. Den Song hatte Leon Russell mit einem Damenchor arrangiert, der den Rhythmus betonte. Die B-Seite „Dick Tracy“ über den gleichnamigen Comic-Polizisten war ein Novelty-Song, den Jim Robinson, Johnny Peanuts Wilson und Roland Pike aus Odessa (Texas) für Gary Lewis &

The Playboys geschrieben hatten. Gary Lewis, der Sohn des Filmstars Jerry Lewis, hatte bei Snuff Garretts Label gerade mehrere Titel in die Top-10 gebracht (darunter auch „Little Miss Go-Go“, eine weitere Russell-Garrett Hommage an den In-Club am Sunset Strip). Bei Gary Lewis’ Playboys spielten unter anderem Jim Karstein, Carl Radle und Tommy Tripplehorn. Alle drei aus Tulsa. Es gab eine 90tägige Sperrfrist für „Dick Tracy“, in der sich Gary für oder gegen den Song entscheiden konnte, den Cale auch gerne aufnehmen wollte. Lewis ließ die Frist verstreichen, so dass Cale zum Zug kam. Er gab 1982 im Interview über seine „Dick Tracy“-Version zu: „Meine war nicht ganz so großartig wie das Original-Demo, das ich gehört hatte. Leon und Snuff waren die Produzenten. Snuff schickte die ‚Dick Tracy’-Single zu LIBERTY Records.“

Snuff erkannte das musikalische Potential der Bewohner der Plantation und setzte für Aufnahmen immer wieder verschiedenste Kombinationen der Musiker ein. Für viele Veröffentlichungen wählte er WORLD PACIFIC, ein Sublabel von LIBERTY. Es erschienen dort Produktionen von Roger Tillison, „The Sunday Servants“ oder „Jimmy Markham & The Tulsa Revue“, bei denen die Musiker austauschbar waren und Leon Russell oder Cale für die Produktion für Snuff Garrett zuständig waren. JJ konnte sich als Gitarrist, Songwriter und Studiotechniker einbringen. Sein Titel „I’m Puttin’ You On“ war beispielsweise die Rückseite der „Sunday Servants“-Single mit dem Bo-Diddley-Klassiker „Who Do You Love“. Zwar hatte die 1965er Single „It’s A Go Go Place“/„Dick Tracy“ beim Publikum keinen Eindruck hinterlassen, aber sie hatte ein paar interessante Nebeneffekte für Cale. Der New Yorker Produzent Shelby Singleton, der für das Label MERCURY schon Brook Benton produziert hatte, hatte mit Snuff Garrett vereinbart, für das MERCURY-Sublabel SMASH ein

Album mit Melodien zu Comic-Helden wie Dick Tracy zu produzieren. Er lud Snuff Garrett, Leon Russell und JJ Cale nach New York ein. In einem Interview mit Steve Todoroff von 1982 beschrieb Cale das Projekt mit dem New Yorker Starproduzenten: „Der Plattenproduzent Shelby Singleton arbeitete zu der Zeit, als wir die ‚Dick Tracy'-Single aufnahmen, bei MERCURY Records. So kamen dann Leon und Snuff eines Tages bei mir an und fragten: Hast du Lust, nach New York mitzukommen? Wir wollen da ein ganzes Album mit Comic-Songs aufnehmen. Das war noch bevor Langspielplatten bedeutend wurden. So gingen Leon, Snuff und ich nach New York City, um dieses Album aufzunehmen. Ich saß in einem Zimmer und schrieb Songs. Leon war im Studio und leitete die Musiker an. Und Snuff kam zu mir und holte die Songs. Er kam rein und sagte: ‚Schreib einen Song über Little Orphan Annie', und dann fing ich in meinem Zimmer an, den Song zu schreiben, und er brachte ihn ins Studio, wo Leon all die Musiker anleitete, ihn zu spielen. Das war verrückt."

Zu „all den Musikern", die an diesem Projekt beteiligt waren, zählten vier Mitglieder einer Band, die Shelby Singleton zusätzlich aus Florida eingeflogen hatte: Duane und Gregg Allman, Maynard Portwood und Mike Alexander. Sie gelangten wenig später zu erstem Ruhm als „The Allman Joys" und schließlich zu Weltruhm als „The Allman Brothers". Der Einsatz einer Band als Session-Musiker war außergewöhnlich. Nicht ganz so ungewöhnlich für das Musikbusiness: Als Co-Autor war der New Yorker Louis Russell Pegues alias Lou Courtney engagiert worden. Daher tauchte Cale bei keinem der Titel als alleiniger Verfasser auf. Dass Arrangeur Leon Russell sich unberechtigterweise auch als Autor der Songs hatte registrieren lassen, ist ein Beleg dafür, dass er schon früh erkannt hatte, wie wichtig Copyrights als Einnahmequelle waren. Als offiziellen Namen der Studioband für die SMASH-

Veröffentlichung hatte Shelby „The Spotlights“ gewählt. Das Album mit zwei Single-Auskopplungen trug den Titel „Batman And Robin And 11 Other Funnybook Favorites“. Eine weitere Veröffentlichung von acht der zwölf Titel erschien im selben Jahr auf dem DESIGNRECORDS Label unter dem Band-Namen „The Super Dupers“: „The Super Duper Record Of Super Heroes“. Die Band hatte auch noch eine neue Fassung von „Dick Tracy“ aufgenommen, die zwar etwas mehr Drive hatte als Cales Version, aber auch nicht an das Originaldemo heranreichte. Diese „Dick Tracy“-Version wie auch die erwähnte Komposition „Little Orphan Annie“ waren zwar auf der LP nicht enthalten, erschienen aber als zusätzliche Single-Auskopplungen auf dem SMASH-Label.

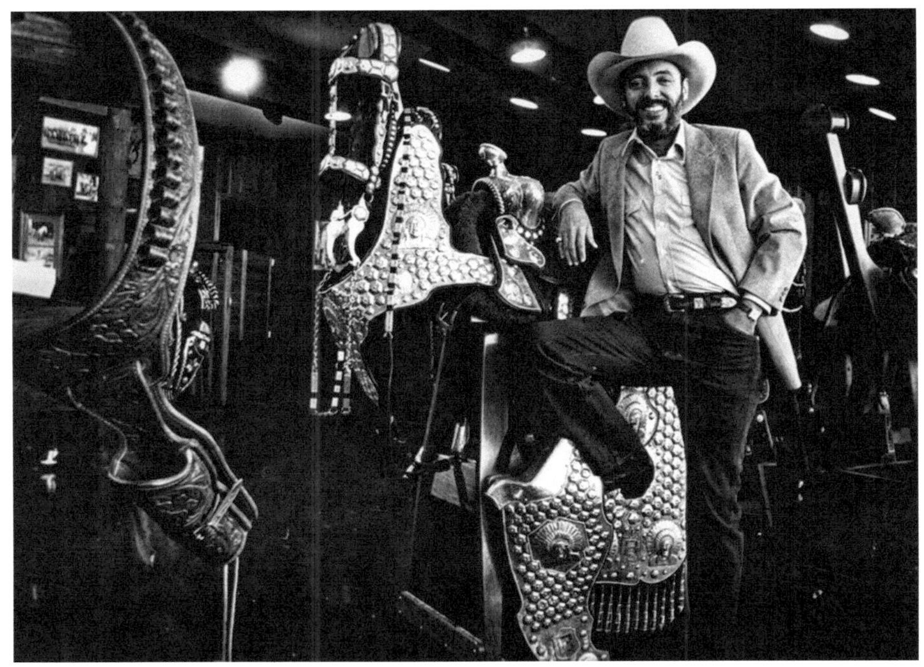

Plattenproduzent Snuff Garrett (Foto: Thisland Press)

Zwischenspiel in Atlanta

„It's A Go Go Place", Cales Hommage an seinen bisher besten Gig, das „Whisky à Go Go" in L. A., brachte ihm deutlich mehr ein, als der Aufenthalt mit den zukünftigen „Allman Brothers" in New York. Der Song hatte Elmer Valentine gefallen, und so bot er JJ einen Job für ein paar Wochen in Atlanta, Georgia, an. Gerade standen bei Snuff und Leon keine Aufnahmen ins Haus, da kam der Vorschlag zur rechten Zeit. Überall in den USA eröffneten im Franchise-System neue „Whisky à Go Go"-Clubs. Das „Whisk' à Go Go", so der verkürzte Name des Clubs in Atlanta, wurde bisher durch Dauer-Engagements der nicht mehr ganz so aktuellen Rock'n'Roll-Stars Little Richard und Jerry Lee Lewis mit Live-Musik versorgt. Aber auch das Konzept von Dauerbuchungen dieser Art war mit der British Invasion und dem Aufbruch in ein neues musikalisches Zeitalter nicht mehr in Einklang zu bringen. In den hippen Läden in San Francisco, New York City, Chicago und L. A. spielten allabendlich verschiedene Bands. Jetzt sollte Cale den Club in Atlanta ein bisschen musikalisch aufpeppen.

Vor Ort bat er den Clubpächter um Unterstützung durch einen Klavierspieler. Der kannte einen Freund des DJs Pat Hughes, der tagsüber bei der populären lokalen Radiostation WXQI auflegte und abends im „Whisk' à Go Go": So kam es, dass Ronnie Milsap, der spätere Superstar der Country-Szene, engagiert wurde, um JJ Cale in Atlanta zu begleiten. 2017 erzählte Milsap dem „Sun Herald" seine Erinnerungen an die gemeinsame Zeit: „Ein DJ-Freund machte mich darauf aufmerksam, dass JJ Cale einen Pianisten suchte. Ich sollte da mal hingehen. Ich liebte es, mit ihm zu spielen. Es hat großen Spaß gemacht. Er war ja ein guter Songschreiber und Gitarrist." In einer

Anzeige für den Club, in der es hieß „Listen to Ronnie Milsap. Dance to Johnny Cale“, wurde Headliner Cale als „Mr. Excitement And His Big Beat“ ausgelobt. Als Mr. Excitement dann zurück nach Kalifornien ging, wollte er seinen blinden Pianisten mitnehmen. Milsap blieb allerdings in Atlanta, weil er dort heiraten wollte. Doch viel wichtiger für die Zukunft als das Zusammenspiel dieser beiden Künstler war ein Moment, der Cale zu seinem Durchbruch als erfolgreicher Songwriter verhelfen sollte. Cale stand auf der Bühne des „Whisk’ à Go Go“, „da tanzten die Leute und waren betrunken, da hörte ich einen Typen rufen: ’Let it all hang out!’“ Plötzlich fügten sich die Dinge zusammen, und aus dem von ihm schon vor ein paar Jahren verfassten Instrumental „After Midnight“ wurde die Vorlage zu Eric Claptons Hit. Aber der Weg bis zu Claptons Aufnahme war 1966 noch weit.

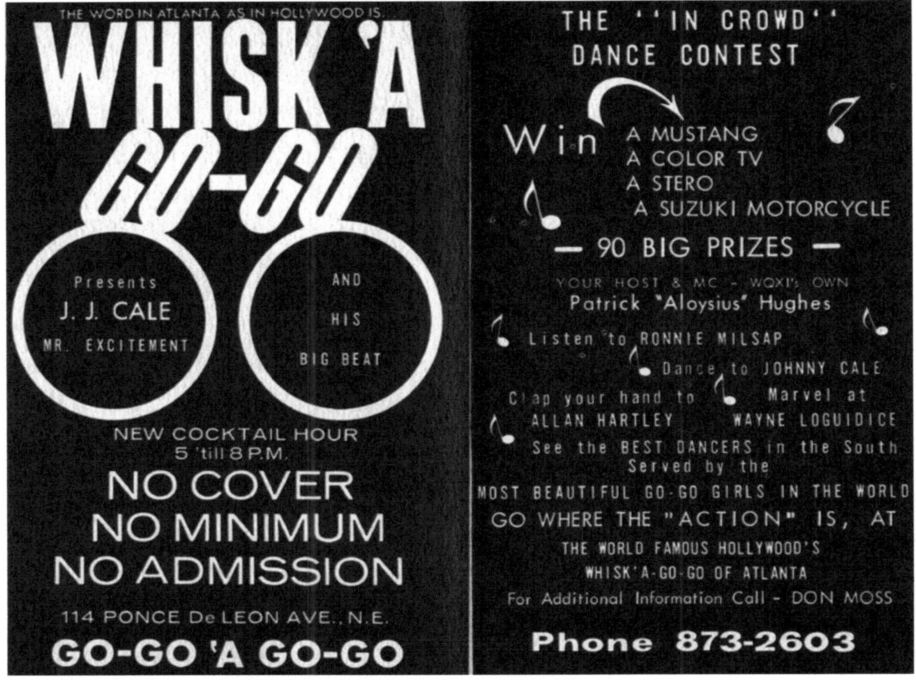

Allabendliche Shows: „Mr. Excitement“ Cale und Ronnie Milsap

„A Trip Down The Sunset Trip“

Als Cale nach L. A. zurückgekehrt war, wollte Snuff, inspiriert von der LP-Produktion in New York, ein Konzeptalbum produzieren. Es sollte die gerade in Kalifornien sehr populäre psychedelische Szene bedienen, die aktuell um Bands wie The Grateful Dead, Jefferson Airplane und die Steve Miller Band wuchs und gedieh. Garrett sah eine Hitgarantie darin, einige Remakes aktueller von Hits von den Byrds, Bob Dylan, Peter, Paul & Mary, Count Five und anderen zu vermarkten. Er hatte sich gerade bei LIBERTY verabschiedet und sein eigenes Label VIVA – benannt nach seinem Musikverlag – gegründet. Dafür beauftragte er Cale: „‚Produzier doch eine Platte mit all diesen psychedelischen Songs!' Er gab mir Songs, die ich aufnehmen sollte. Da war ‚Eight Miles High' von den Byrds, ‚Mr Tambourine Man' von Bob Dylan, Sachen wie diese. Es waren nicht genug da für ein ganzes Album, also schrieb ich vier Songs, so dass wir zwölf hatten – so eine Art Instrumental-Swing-Nummern. Das war es, was wir hatten.“

Während in diesen Jahren überall in den USA politische Proteste und Unruhen wegen der anhaltenden Diskriminierung und Rassenpolitik aufflackerten, gab es in der zweiten Jahreshälfte 1966 in Los Angeles am Sunset Strip rund ums „Whisky à Go Go“ Proteste, die mit weitaus profaneren Problemen der jugendlichen Hippie-Kultur zusammenhingen. Wegen des hohen Verkehrsaufkommens vor dem zweistöckigen Gebäude an der Ecke Sunset Boulevard-Clark Street hatten sich Nachbarn und benachbarte Geschäftsleute beschwert und auf die Durchsetzung der Sperrstunde gedrängt. Viele junge Hippies sahen darin eine Beschränkung ihrer Freiheitsrechte oder Bürgerrechte und protestierten lautstark. Nach Sympathiebekundungen und Aufrufen durch verschiedene Radiosender eskalierten die Proteste von etwa tausend Demonstranten in Auseinandersetzungen mit der Polizei. Unter den Protestierenden waren künftige Stars wie Jack Nicholson und Peter Fonda, der sogar in Handschellen abgeführt wurde. Stephen Stills von „Buffalo Springfield“, der damals aktuellen Hausband des „Whisky à Go Go“, verewigte die Proteste in seinem Song „For What It’s Worth“, der zugleich der einzige Hit der Band wurde: „A thousand people in the street singing songs and carrying signs“.

Auch JJ Cale beteiligte sich – allerdings nur als Beobachter – an diesem unreflektierten Moment der noch jungen Hippiebewegung, dem unpolitischen Ruf einer Gegenkultur nach Freiheit – nach der Freiheit, ungehemmt feiern zu dürfen. Hier wiederholte sich der klassische Generationskonflikt der 50er Jahre. Cale lebte zwar das Leben eines Hippies, und als ehemaliger Headliner des „Whisky à Go Go“ hatte er sicherlich nichts gegen die Proteste, aber jetzt beobachtete und dokumentierte er das Geschehen wie ein Reporter: „Und nachdem wir das Album aufgenommen hatten, gab es die Krawalle mit den Hippies auf dem Sunset Strip und all das. Also ging ich da rüber mit so einem kleinen Aufnahmegerät, wie du es da hast, ein kleiner Sony, und ich nahm all diese Geräusche auf und überspielte sie auf das Album, um es noch schlimmer zu machen.“ Die schwersten Auseinandersetzungen zwischen den Demonstranten und der Polizei fanden im November 1966 statt. Das Album der Phantasieband „Leathercoated Minds“ erschien Anfang 1967 mit dem Titel „A Trip Down The Sunset Trip“.

Für das Cover seiner ersten LP auf dem neugegründeten VIVA-Label hatte Snuff Garrett ein Foto von dem Szenegirl Terrye Newkirk und ihrem Freund Roger Tillison ausgewählt. Beide stammten aus Oklahoma. „Ein Freund von mir war auf dem Cover, sein Name ist Roger Tillison. Er sang einen Titel. Ein weiterer Freund namens Jimmy Martin sang einen anderen. Und wer immer gerade bei Leon rumhing, spielte darauf mit. Und ich mixte es und war vollkommen überwältigt, dass sie es veröffentlichten. Sie taten es, und es verkaufte sich absolut gar nicht.“ Parallel zu den Arbeiten am Konzeptalbum der „Leathercoated Minds“ spielte JJ Cale noch zwei Singles unter seinem eigenen Namen ein, Kompositionen, die es nicht auf das Album geschafft hatten, die Snuff Garrett aber an LIBERTY verkaufen konnte. „Ich nahm etwa zur gleichen Zeit drei Singles für LIBERTY auf. Leon Russell und Snuff Garrett produzierten die erste; es war diese Nummer, die ich nicht geschrieben hatte namens ’Dick Tracy’. Sie verkaufte sich gar nicht. Die zweite war ’In Our Time’ und ’Outside Looking In’. Die verkaufte sich gar nicht. Das dritte Ding, das ich aufnahm, war ein Song namens ’Slow Motion’, und die Rückseite war ’After Midnight’. Auch die verkaufte sich gar nicht.“

Die Jobs als Tontechniker bei Leon brachten kaum Geld, und die Singles wie auch die LP der „Leathercoated Minds“ waren gefloppt. Cale arbeitete unentwegt, und doch reichten seine Einkünfte kaum zum Überleben: „Ich nahm Sessions mit Pat Boone und Leslie Gore auf. Es langweilte mich, und ich überlegte, nach Nashville zu gehen. Ich fragte Snuff, ob er jemanden in Nashville kenne und er sagte: ‚Ja, Hubert Long.’ So fuhr ich nach Nashville, dachte, ich fände schon irgendwie Arbeit als Gitarrist oder so. Ich traf Hubert, und zu der Zeit kümmerte sich Audie Ashworth um Huberts Veröffentlichungen. Ich sagte ihnen, dass ich alles täte: ‚Hey Leute, ich spiele Gitarre für euch oder arbeite als Tontechniker.’ Wenn man arm ist, dann macht man das wohl so.“ Es war ein Glücksfall für ihn, dass Snuff Garrett, der in der Branche sehr gute Kontakte hatte, gerade dabei war, gemeinsam mit Long einen Musikverlag zu gründen. Wieder war er es, der für JJ im entscheidenden Moment die Weichen stellte.

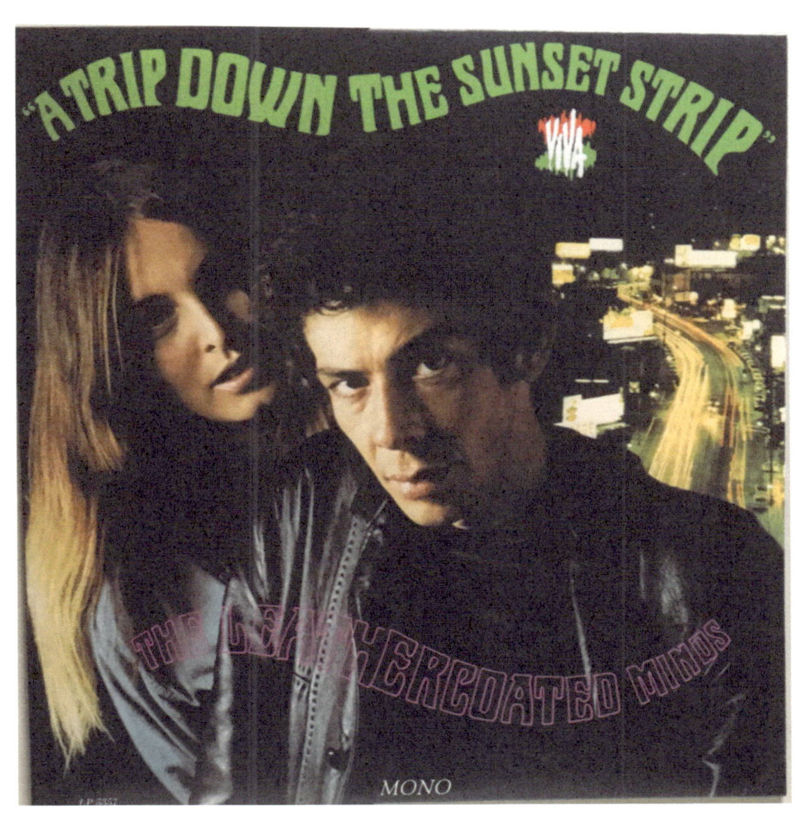
"A TRIP DOWN THE SUNSET STRIP"
VIVA
THE LEATHERCOATED MINDS
MONO

Abstecher nach Nashville

Hubert Long war ein echtes Schwergewicht in Nashvilles Country-Szene. Er war unter anderem Mitbegründer der CMA Country Music Association, hatte sich als Manager einiger Stars wie Faron Young und Webb Pierce einen Namen gemacht, arbeitete als Promoter, Booker und Verleger und hatte verschiedenste Firmen im und ums Musikgeschäft: Hubert Long Agency, Music City Advertising, Moss Rose Publications, Woodshed Music, Husky Music und Buckhorn Music. Audie Ashworth, Jahrgang 1936, hatte sich seit Ende der 50er Jahre in Nashville einen Namen als Radio-DJ gemacht. Jetzt arbeitete er für den Geschäftsmann Long bei dem berühmten Moss-Rose Verlag als Radio-Promoter, Produzent und Herausgeber von Songs. Er überredete Long, ein eigenes Studio aufzubauen. Als Snuff Garrett davon hörte, gab er JJ Cale seinen 65er Mustang und schickte ihn los, damit er Audie beim Aufbau helfe. So lernten sich Cale und Ashworth kennen, zwei Technikbegeisterte am Anfang eines langen, sehr erfolgreichen gemeinsamen Wegs. Sie hatten aus dem berühmten Studio Bradley's Barn eine Studiokonsole bekommen. Dieses Pult hatten schon Stars wie Buddy Holly, Gene Vincent, Brenda Lee, Patsy Cline, Jim Reeves für die Aufnahmen ihrer großen Erfolge genutzt. Doch diese erste Begegnung mit seinem späteren Produzenten brachte Cale nicht den gewünschten Erfolg. Audie beschrieb die Anfänge der beiden so: „Cale hatte einen anderen Sound, eine andere Herangehensweise ans Gitarrespiel und ans Songwriting. Wir versuchten, ein paar Platten zu produzieren. Dann wechselte Snuffy zu DOT-Records, und wir übernahmen ein paar Projekte für ihn, aber nichts funktionierte. Das nächste, woran ich mich erinnern kann, war, dass Cale sagte: ‚Snuffy ist unglücklich, und er will sein Auto zurück haben. Ich denke, ich kehre nach Oklahoma zurück.’ Er brach auf, ging zurück nach Tulsa und spielte wieder seine Clubgigs.“

Bevor Cale endgültig nach Tulsa zurückkehrte, arbeitete er noch bei ein paar Produktionen von Snuff Garrett in dessen Amigo Studio mit. JJ: „Ich habe eine Menge Aufnahmen gemacht. Aber man hat nie von ihnen gehört und kann sie heute auch nicht finden – und darüber bin ich froh. Mein Anspruch auf Ruhm als Tontechniker war diese psychedelische Band, die den ‚Summertime Blues’ aufgenommen hat – ‚Blue Cheer‘. Ich habe die aufgenommen und dann den Job an den Nagel gehängt, bevor die ihre Gesänge aufnahmen.“ Aber von etwaigem Ruhm konnte er nicht leben: „Ich bin richtig verarmt in Los Angeles. Ich bekam keine Jobs und für meine Arbeit als Tontechniker wurde ich nicht richtig bezahlt. Ich geriet so weit ab von der Spur, ließ es mir so gut gehen, dass ich vergessen habe, Gigs zu akquirieren. Und da wachte ich eines Morgens auf und dachte, ich habe kein Geld, ich muss irgendetwas tun. Ich bin obdachlos. Also verließ ich Los Angeles. Ich hatte eine Les Paul Gitarre, und ich verscherbelte sie, ich verkaufte sie an Marc Benno, kaufte mir ein Ticket zurück nach Tulsa. Und da fand ich einen Job, spielte Gitarre für Don White. Das tat ich eine Weile, bis Eric Clapton ’After Midnight’ aufnahm.“

Am Tiefpunkt angekommen

Nachdem JJ seine dritte Single bei LIBERTY veröffentlicht hatte und sie ohne Erfolg blieb, erwachte er wie nach einem langen Rausch. Es folgte die Ausnüchterung, die Ernüchterung. Und er hatte es ja zuvor auch wirklich krachen lassen, wie Ronnie Milsap beschrieb: „Wir hatten viel Spaß zusammen. Er soff sehr gerne. Er trank eine ganze Menge Whiskey." Er wollte die Stadt, die seine Hoffnungen enttäuscht hatte, endgültig hinter sich lassen. Wenn irgendjemand dort sein Talent erkannt haben sollte, hatte er es ihm nicht gesagt. So war es nicht verwunderlich, dass auch Cale selbst nicht bemerkte, dass er mit „After Midnight" sein Meisterstück geschaffen hatte. In wenigen Sätzen hatte er das Lebensgefühl eines wesentlichen Teils seiner Generation lyrisch beschrieben. Die Hippies waren die Trendsetter Ende der 60er Jahre. Statt in den Krieg zu ziehen, wollten sie feiern. Statt zu arbeiten, wollten sie Sex, Drogen und Rock'n'Roll. Sie wollten diskutieren, Kunst schaffen, Kreativität leben und immer wieder feiern. Sie hinterfragten Traditionen und brachen mit ihnen. Statt der Regeln und Ordnung, die man von ihnen verlangte, wünschten sie sich Freiheiten, um in eine farbenfrohere, tolerantere Welt aufzubrechen. Das alles hatte Cale in wenigen Zeilen eingefangen, aber ihm fehlte der Mut, den eingeschlagenen kreativen Weg weiter zu gehen.

After Midnight

After midnight
We gonna let it all hang out
After midnight
We gonna chugalug and shout

Gonna stimulate some action
We gonna get some satisfaction
We gonna find out what it is all about
After midnight
We gonna let it all hang out
After midnight
I'm gonna shake your tambourine
After midnight
It's gonna be peaches & cream
Gonna cause talk and suspicion
We gonna give an exhibition
We gonna find out what it is all about
After midnight
We gonna let it all hang out

Cale hatte in den letzten Jahren ein bisschen zu früh angefangen zu feiern. Als daraus eine Massenbewegung wurde, verpasste er die wichtigste Party des Jahrzehnts, vielleicht das wichtigste musikalische Ereignis des Jahrhunderts: Woodstock. Schlagzeuger Doug Clifford von der Band Creedence Clearwater Revival beschrieb, wie aus einer anfänglichen Idee mit einem Mal „3 days of peace and music" wurden: „Kaum hatten Creedence unterschrieben, sprangen auch alle anderen auf den Zug, und all die anderen bekannten Namen waren dabei." Das waren Musiker, die dem Hippie-Image weitaus eher gerecht wurden: Grateful Dead, Jefferson Airplane, Janis Joplin, Crosby, Stills, Nash and Young, The Band, Santana, The Who und Jimi Hendrix. Sie alle und einige mehr wie etwa Joe Cocker & The Grease Band traten an einem Wochenende im August 1969 in Bethel in Upstate New York auf.

Als sich eine halbe Million junge Menschen auf den Weg machten, sich selbst feierten und vermeintlich in ein neues Zeitalter aufbrachen, war JJ Cale nicht dabei. Für ihn sah die Zukunft eher düster aus. Mit seinen 30 Jahren war er älter als die Musiker, die auf den Wiesen von Max Yasgurs Farm bejubelt wurden. Wie konnte er auch ahnen, dass er mit „After Midnight“ einen Klassiker der Pop-Musik geschrieben hatte, der ihm einen Platz in Woodstock gesichert hätte. Statt dessen überlegte er in Tulsa, ob er jetzt nicht anfangen sollte, als Schuhverkäufer zu arbeiten – und die Musik ganz aufgeben. Bis auf weiteres spielte er in der „Speedway Lounge“ auf Tulsas Ostseite für 25 Dollar pro Nacht. Die Rückkehr zum Ort seiner musikalischen Anfänge konnte er nur als Niederlage empfinden. Er war auf einem Tiefpunkt angekommen. Es haute es ihn deshalb total um, als er eines Abends im Radio erstmals Eric Claptons Version von „After Midnight“ hörte. Von diesem Moment an war in seinem Leben nichts mehr wie zuvor.

Clapton covert Cale

Claptons „After Midnight“-Aufnahme entsprach in Geschwindigkeit, Tonlage und Feeling Cales erfolgloser Singleversion. Allein sein Gesang klang noch ein wenig heller. Dass er damit in die „Billboard“-Top-20 gelangte, war auch seinem damaligen Star-Status zu verdanken. Doch weder die eine noch die andere Version hatte etwas von dem relaxten Feeling, dem „laid-back“-Gefühl, für das JJ Cale nur wenig später berühmt werden sollte. Ohne das „Eric Clapton“ betitelte erste Solo-Album des Engländers, das in den USA am 1. August 1970 von ATCO veröffentlicht wurde, wäre es so weit aber nie gekommen. Cale selbst hatte auch keinen Anteil an der Entstehung dieser Platte, obwohl er möglicherweise von seinen Kollegen aus Los Angeles vorab von dem Plan gehört hatte. Denn an dem Projekt waren praktisch all seine Freunde und Musiker von der Plantation und von LIBERTY beteiligt. Auf der Rückseite des Album-Covers wurde die ganze Crew abgebildet, die bei Claptons Solo-Erstling mitgemacht hatte. Leon Russell am Klavier, Carl Radle am Bass. Delaney Bramlett spielte nicht nur Rhythmusgitarre, sondern hatte das Album auch produziert, und seine Frau Bonnie sang mit den beiden Crickets Jerry Allison und Sonny Curtis die Backingvocals. Schließlich war da auch Bobby Keys am Saxophon, der Cale nach der Aufnahmesession noch in der Nacht begeistert angerufen hatte. Aber der hatte Keys und seine Nachricht über „After Midnight“ entnervt abgewimmelt: „Weißt du, ich habe diesen Mist schon mal gehört.“

JJ Cale begriff zwar, dass Claptons Cover seines Songs für ihn ein Erfolg war und auch, dass er jetzt Geld verdienen würde, aber er verstand nicht, welche Gelegenheit sich ihm bot, wirklich an dem

Erfolg zu partizipieren: „Ungefähr sechs Monate später hörte ich es im Top-40-Radio, und dann als sie anfingen, es jede Stunde zu spielen, wusste ich, dass es ein Hit war, und ich sagte mir ‚Junge, du bist in Schwierigkeiten‘. Denn ich hatte mich daran gewöhnt, nichts zu haben und eine Sache, die damit einhergeht, nichts zu haben, ist, dass man keinen Druck hat. Und so sagte ich mir: ‚Junge, das ist schlimm.'“ Schon eine Woche nach Veröffentlichung hatte „Eric Clapton“ Rang 13 der „Billboard“-Hitparade erreicht, die daraus ausgekoppelte Single tauchte erst zwei Monate später dort auf. Da die Tantiemen nur vierteljährlich ausgezahlt wurden, musste Cale auf seine erste Fuhre Geld aber noch drei Monate warten.

Audie Ashworth übernimmt

Es waren nicht sechs Monate vergangen, wie JJ sich erinnerte, sondern nur ein paar Wochen, seit das Clapton-Album erschienen war. Zum Glück gab es jemanden, der die Popularität von „After Midnight“ nicht „schlimm“ fand. Audie Ashworth wurde jetzt zur zentralen Figur für Cales Entwicklung zum international anerkannten Musiker. Sein neuer Freund aus Nashville erkannte sofort, welche Chance sich bot. Ashworth: „Ich rief Cale an und sagte: ‚Jetzt könnte der Moment sein, dein Glück zu versuchen. Nimm ein Album auf. Stell deine Songs dafür zusammen.’ Er sagte: ‚Ich mache eine Single.‘ Ich sagte: ‚Es ist ein Album-Markt.‘ Er sagte: ‚Ich habe nicht so viele Songs.’ Also sagte ich: ‚Schreib welche.‘ Drei oder vier Monate später rief er mich an und sagte: ‚Ich habe die Songs.‘ Dann kam er angefahren. Diesmal fuhr er einen Volkswagen. Und er brachte seinen Hund Foley mit. Er spielte mir all diese Songs vor.“ JJ hatte seinen Teil getan, jetzt war es an Audie Ashworth, aktiv zu werden. Er war bereit, auf gut Glück sein Geld in eine Cale-Platte zu investieren, für die er noch gar keinen Abnehmer gefunden hatte. Bereits Ende September 1970 holte er ihn und ein paar Musiker für zwei Tage ins Moss-Rose-Studio, das ihm durch seine Verbindung zu Long zur Verfügung stand. Dort entstanden erste Aufnahmen für „Naturally“. Für JJ war das ganze Unterfangen eher die Chance, seine Kompositionen bekannt zu machen als ein Plattenstar zu werden: „Wir haben eigentlich versucht, Songs an andere Musiker zu verkaufen – anstatt wie in den Tagen des Brill Buildings oder auch in Nashville rumzulaufen und bei der Sekretärin von George Jones anzuklopfen: ‚Hier ist ein Demo, vielleicht kriegst du George dazu, den Song aufzunehmen.‘ Wir dachten, wenn wir eine Platte rausbringen, brauchen wir sie nicht zu verkaufen, wenn wir andere Musiker damit erreichen. Das war unser ‚Anklopfen‘, und alle anderen liefen von Tür zu Tür.“

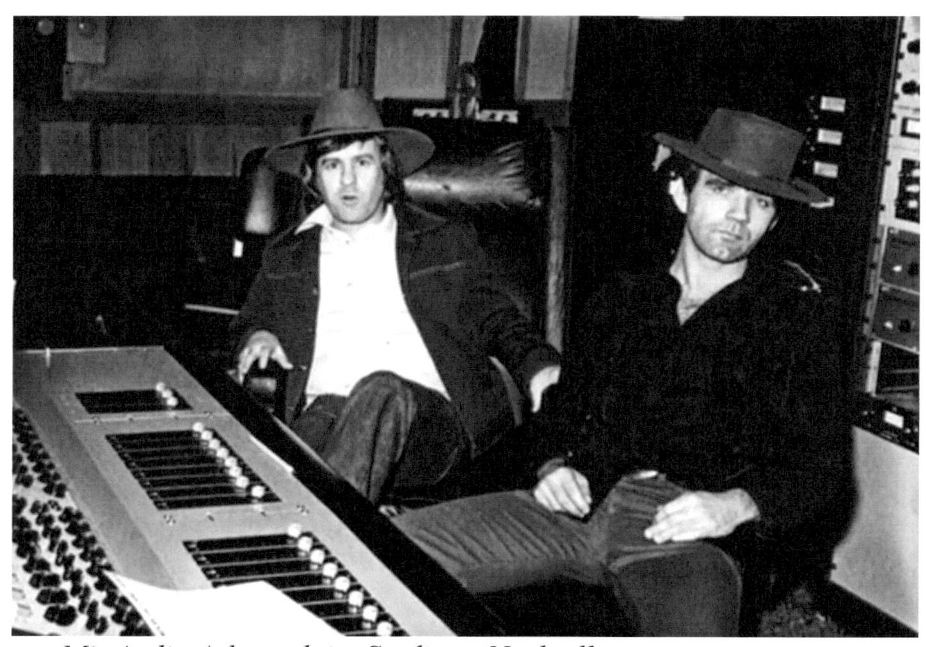

Mit Audie Ashworth im Studio in Nashville

„Naturally“

Ashworth hatte noch Jahre später präzise Erinnerungen an die Entstehung der Platte, die für ihn und Cale alles veränderte. „Er und ich gingen in das Moss-Rose-Studio, und wir nahmen ‚Call Me The Breeze‘, ‚Crying Eyes’, ‚River Runs Deep’ und ‚Crazy Mama’ auf.“ Das waren die ersten Tracks am Dienstag, dem 29., und Mittwoch, dem 30. September. „Er spielte alles, und wir benutzen eine Drum Machine. Bei ‚Crazy Mama’ mussten wir ein bisschen was hinzufügen, also rief ich Jerry Bradley an, den Sohn von Owen, und sagte ihm, dass ich seine Mehrspurmaschine brauchte. Er ließ mich zum günstigeren Preis für Demoaufnahmen in die Barn, und ich versprach ihm den vollen Preis, wenn wir es verkaufen sollten. Wir arbeiteten nachts. Ich holte eine Gruppe von Spielern zusammen, Karl Himmel fürs Schlagzeug, Tim Drummond für den Bass und Bob Wilson am Klavier. Eric war wegen der Johnny-Cash-Fernsehshow in Nashville, und Carl Radle war bei ihm, und ich sagte, ‚Bring Clapton mit raus zur Barn, wir machen ein Album mit J.J.’ Clapton schaffte es nicht, aber Carl kam. Er spielte Bass auf ein paar Aufnahmen, inklusive ‚Crazy Mama’.“ Und dann hatte Ashworth noch eine grandiose Idee für „Crazy Mama“: „Diese Aufnahme ‚Mama’ braucht noch etwas. Wie wäre es mit einer Slide-Gitarre? Also rief ich Mac Gayden an, und er baute auf und spielte zum Band. J.J. sagte: ‚Nimm es auf, das ist es! Lass uns nach Hause gehen.’ Mac sagte: ‚Ich kann das besser.’ Und Cale sagte: ‚Ne, kannst du nicht.’“

Dianne Davidson lieferte Backingvocals, und für den „Conga“-Beat bei „River Runs Deep“ und „Crying Eyes“ benutzte Cale die Ace Tone Rhythm Ace Drum Machine. Dasselbe Gerät imitierte dann ein Schlagzeug bei „Crazy Mama“ und „Call Me The Breeze“. Die Drum

Machine kam bei ihm aus Ersparnisgründen zum Einsatz, wurde aber schnell zu einem seiner Markenzeichen. Dan Forte erzählte er 2004: „Als wir das erste Album aufnahmen, merkten die meisten Leute nicht, dass das eine elektrische Drum Machine war oder wussten überhaupt, dass es so etwas gab. Ich benutzte keinen richtigen Schlagzeuger, weil ich kein Geld hatte. So nahm ich ‚Crazy Mama' und ‚Call Me The Breeze' auf. Carl Radle kam und spielte Bass dazu und Mac Gayden die Slide-Gitarre bei ‚Crazy Mama'."

Am Donnerstag, dem 1. Oktober, bereiteten Ashworth und Cale in Bradley's Barn die letzte Aufnahmesession für „Naturally" vor – mit Carl Radle und Tim Drummond am Bass, Bob Wilson am Piano und Ed Colis mit der Mundharmonika. Die Songs, die bei dieser zweiten Session in den folgenden drei Tagen entstanden, waren „Call The Doctor", „Woman I Love", „Magnolia", „Clyde", „Nowhere To Run" und „Bringing It Back". Und diesmal kam tatsächlich ein Schlagzeug zum Einsatz, das Karl Himmel spielte. Mit diesen zehn Stücken, die Audie auch bei Moss Rose verlegte, suchte er eine Plattenfirma, die bereit war, einem Newcomer eine Chance zu geben. Doch die Zeit verstrich, die Aufnahmen lagen auf Schreibtischen von A & R-Leuten, die jeden Tag Hunderte von Bändern in die Hände bekamen, die zusätzlich auf der Suche nach Talenten durch die Clubs tingelten. Warum sollten sie sich für ein paar Demoaufnahmen eines 32-Jährigen interessieren? Da half es auch nicht, dass Audie Ashworth in Nashville gut vernetzt war. Inzwischen war er einer der Partner bei dem Verlag Moss Rose geworden. Jetzt hatte er für ein Album der Sängerin und Folkmusikerin Dianne Davidson und für JJ Cale auch seine eigene Firma Audigram ins Leben gerufen.

Über ein halbes Jahr verstrich, bis Denny Cordell vom neuen SHELTER Records Label in Los Angeles die Aufnahmen hörte. Dafür, wie es schließlich zu einem Plattenvertrag für Cale kam, ist Ashworth der glaubwürdigste Zeuge: „Carl Radle verschaffte uns den Deal mit SHELTER. Er rief Leon an. Er sagte: ‚Dieses Album, an dem Cale und Audie arbeiten, ist ziemlich gut. Ich denke, du solltest es dir anhören.' Leon antwortete: ‚Schick mir ein Band.' Wir machten eine Kopie von dem Band und gaben es Carl mit. Ich dachte immer, dass Leon uns den Vertrag gegeben habe, doch ich erfuhr später, dass er sich nicht für das Band interessierte. Aber es landete auf Denny Cordells Schreibtisch, und Denny liebte es."

SHELTER Records

Auf Denny Cordells Urteil war Verlass. Er hatte mit 21 Jahren in England seine Karriere als Plattenproduzent bei ISLAND Records begonnen, wechselte dann 1965 als freier Produzent zur DECCA, wo er das erste Album der Moody Blues noch in Mono produzierte. Anschließend managte er DERAM, ein Sublabel der DECCA. Denny hatte ein gutes Ohr für Hits: Er produzierte Procol Harums „Whiter Shade Of Pale“ und Joe Cockers „With A Little Help From My Friends“. Der Erfolg brachte ihn nach Los Angeles, in die Musikmetropole, die gerade begann, London den Rang abzulaufen. 1969 tat sich der 26-Jährige dort mit Leon Russell zusammen und gründete SHELTER Records. Die erste Veröffentlichung auf dem neuen Label war Leon Russells zweites, nach ihm selbst benanntes Album. Für die gemeinsame Produktion der SHELTER-Gründer, die zwischen September 1969 und Januar 1970 in London, Los Angeles und Memphis entstand, brachte Cordell Mick Jagger, George Harrison, Joe Cocker und Eric Clapton zusammen. Und auch Delaney und Bonnie waren wieder mit dabei, nur JJ Cale fehlte sowie die meisten der Freunde aus Tulsa. Das Album blieb ohne Erfolg, aber es war ein fulminanter Auftakt für das neue Label, das bald auch die Heimat für JJ Cale wurde. Als der die „Naturally“-Stücke in Nashville einspielte, war Leon Russell mit der „Mad Dogs & Englishman“-Tournee unterwegs, sein zweites Album „Leon Russell & The Shelter People“ erreichte im Mai 1971 Rang 17 der Billboard-Charts. Für die Zukunft von JJ Cale zeigte er da kein Interesse.

Es ist typisch für ihn, dass Cale sich nie öffentlich zu Leon Russells Verhalten in Bezug auf „Naturally“ äußerte. Auch dass der ihn weder für die Aufnahmen für „Leon Russell“ noch zu der „Mad Dogs &

Englishman"-Tournee anforderte, hat er je kommentiert. Er erwähnte ihn einfach nicht. Seine Situation beschrieb er kurz nach Audie Ashworths Tod im Jahr 2000 im Rückblick so: „Audie bot die Platte überall an, und niemand nahm sie, bis er sie SHELTER Records anbot. Ich mochte Audie. Er ließ mich in Ruhe. Ich musste mit niemandem sprechen." Aber Denny Cordell hatte dann doch noch eine Anforderung an ihn für sein Debüt-Album: „Als ich das ‚Naturally'-Album aufnahm, sagte Denny Cordell, der SHELTER Records zu dieser Zeit betrieb: ‚John, nimm doch ‚After Midnight' mit drauf, daran erkennen dich die Leute!' Ich sagte: ‚Aber ich habe das doch schon auf LIBERTY Records veröffentlicht, und Eric Clapton hat es aufgenommen. Wenn ich das noch mal aufnehme, dann in einer langsamen Version.'" Also ging Cale im Juni 1971 für einen Tag zu Owen Bradley ins Studio und nahm mit ein paar Studiocracks „After Midnight" und „Don't Go To Strangers" auf. Am Schlagzeug saß Chuck Browning. Norbert Putnam spielte Bass, David Briggs und Jerry Whitehurst lieferten Klavier- beziehungsweise Orgelsounds. Um die Produktion des Albums abzurunden, wurden noch bei „Call The Doctor", „Woman I Love", „Nowhere To Run" und „Bringing It Back" Bläsersätze hinzugefügt.

Cale erinnerte sich im „NME"-Interview an die Bläser, die auf dem Cover des Albums keine Erwähnung fanden. Auf die Frage, wie er sich in der Zusammenarbeit mit Horn-Sections fühle, antwortete er: „Die auf ‚Naturally' fand ich okay. Ich mochte die Typen, die ich da nutzte. Sie kamen aus Presleys Tourband. Da war dieser schwarze Typ, Bob Holmes. Man musste ihnen nur ins Ohr pfeifen, und sie begannen zu blasen." Die Horn-Section fand namentlich im Einzelnen dann zumindest bei „Really" doch noch Erwähnung: Don Sheffield und Bob Phillips (Trompete); Bill Humble (Posaune); Norm Ray (Baritone Saxophon), und der Keyboarder Bob Holmes hatte die Arrangements produziert. Verbindung zu Elvis Presley läßt sich aber nur bei Don Sheffield und Norm Ray nachweisen, die tatsächlich im Studio mit ihm gespielt hatten – wie vor ihm auch Norbert Putnam (Bass) und Buddy Spicher (Fiddle), die bei „Naturally“ im Studio dabei waren.

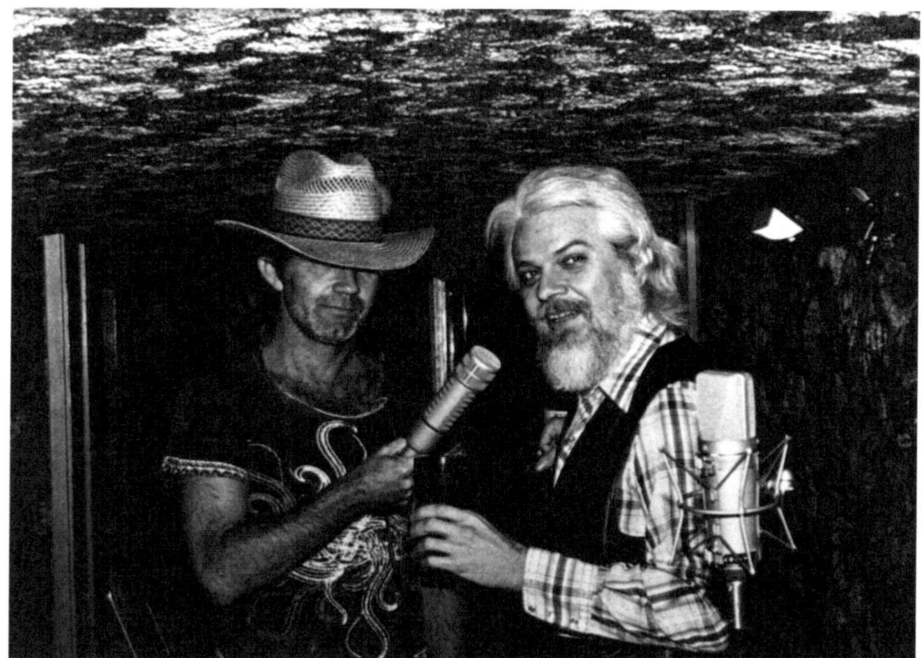

Mit Leon Russell in Los Angeles (Foto: Open Spotify)

„Crazy Mama“

Fast ein halbes Jahr vor dem Album erschien bereits am 5. Juli 1971 die Single „Magnolia“ mit der Rückseite „Crazy Mama“. Als Autor beider Stücke war auf dem Etikett John W. Cale angegeben. Außerdem: „from the LP 'THE J. J. CALE ALBUM'“. Der endgültige LP-Titel stand da noch gar nicht fest. Bei der 45er wiederholte sich die Fehleinschätzung, die man ein paar Jahre zuvor schon mit Cales ursprünglicher Aufnahme von „After Midnight“ getroffen hatte: Der „Hit“ landete auf der Rückseite und wäre beinahe unentdeckt geblieben. 1966 hatte Cale sich mit Snuff Garrett für den Titel „Slow Motion“ auf der A-Seite entschieden, und „After Midnight“ landete auf der Rückseite. Zum Glück hörte Clapton beide Seiten der Single und blieb an der schnellen ersten Version von „After Midnight“ hängen. Und auch die „Magnolia“-Single, die Cale gemeinsam mit Denny Cordell produziert hatte, hatte einen aufmerksamen Hörer gefunden.

Amerikanische Radiomoderatoren richteten sich grundsätzlich danach, welche Plattenseite von der Firma als A-Seite („Plug Side“) bezeichnet wurde. Und nur die spielten sie in ihren Sendungen. Das ersparte Zeit bei der großen Menge an Singles, die ihnen täglich geliefert wurden. Der Einfachheit halber wurde bei vielen Platten zur rascheren Wahrnehmung ein Stern auf die Plug Side gedruckt. Mit solch einem Stern hatte SHELTER „Magnolia“ versehen. Glücklicherweise gab es in Little Rock, Arkansas, einen Radio-DJ, Wayne Moss, der die Platte umdrehte. Er hatte sich in die B-Seite „Crazy Mama“ verliebt und hörte nicht auf, den Titel in seinem Sender KAAY zu spielen. Wayne Moss tat noch mehr. Wiederholt rief er Ashworth in Nashville an: „Ihr Jungs seid auf der falschen Seite der Platte.“ Schließlich gab Ashworth die

Kritik an Cordell weiter, und noch vor Weihnachten erschien „Crazy Mama“ auf einer neuen Single mit „Don’t Go To Strangers“ auf der B-Seite. Jetzt hieß der Autor John J. Cale, und die LP wurde auf dem Label korrekt als „Naturally“ bezeichnet. Für über 90 Radiostationen war „Crazy Mama“ mit einem Mal eine heiße Single, die man im Programm spielen musste.

„Naturally“ erschien im Januar 1972 und war das achte Album der Plattenfirma SHELTER. Zu diesem Zeitpunkt tauchte „Crazy Mama“ bereits bei „Billboard“ in den Charts auf. So kam JJ Cale zu seinem ersten eigenen Hit, und selbst den war er nicht bereit, unter allen Umständen zu promoten. Das bewegte die New York Times in seinem Todesjahr 2013 zu der Frage: „Why Didn't J. J. Cale Become a Superstar?“ Der Redakteur Drew Christie gab die Antwort in einem animierten Internetfilm, der schilderte, wie Cale reagierte, als Dick Clark von „American Bandstand“ ihn in seiner TV-Sendung haben wollte. Dick Clark, seit dem amerikanischen Payola-Skandal berühmt und berüchtigt als mit allen Wassern gewaschener Moderator, Unternehmer und Veranstalter, war der Macher der beliebtesten Musiksendung, die in ganz Amerika zu sehen war. Darin aufzutreten war wie ein Lottogewinn. Doch JJ weigerte sich, zum Playback seiner Platte zu singen – das war aber die Voraussetzung, um bei „American Bandstand“ vor der Kamera zu stehen. Ob er deshalb kein Superstar wurde, mag dahingestellt sein. Aber sicher ist: „Crazy Mama“ wurde von Dick Clark nicht vorgestellt, und auch kein weiterer Titel von Cale kam in die Sendung.

Die Geschichte, wie es zu der vertanen Chance kam, hatte die Zeitung vom Gitarrenbauer Danny Ferrington, dem Cale sie wie folgt erzählt hatte. Ferrington: „‚Crazy Mama’ wurde ein Hit. Also wollten sie, dass er bei American Bandstand spiele. Also fuhr er hin, hatte seine Band dabei, all diese Typen aus Oklahoma, und sie fingen an, ihr Equipment aufzubauen, und dann kommt der Regisseur raus und sagt: ‚Jungs, ihr müsst die Gitarren gar nicht anschließen, weil wir einfach die Platte benutzen.' Da sagt Cale: ‚Ich weiß, aber wir wissen, wie das gespielt wird, und es wird genau wie auf der Platte klingen.' Da sagen die: ‚Nein, ihr versteht das nicht. Wir machen das nicht so. Wir machen nur Playback.‘ Da sagt Cale: ‚Das werde ich nicht machen.' Dann beginnt er, seine Kabel aufzurollen und stopft sie in den Verstärker und beginnt, das Equipment wieder in den Truck zu bringen. Irgendjemand erzählt das Dick Clark. Der kommt angelaufen – wütend, weil Cale abhaut, nicht bei der Show dabei sein wird. Er sagt: ‚JJ dein Lied wird Nummer eins, wenn es in American Bandstand läuft.' Und Cale sagt: ‚Ist mir egal!' Er war ein Musiker. Er machte Musik. Er würde nicht so tun, als mache er Musik. So ein Typ war Cale. Solche Leute wie ihn, gibt es heute nicht mehr.“ In der Dokumentation „To Tulsa And Back“ spielte Cale das Erlebnis runter und behauptete, gar nicht erst zur Show gefahren zu sein.

Andere Stars, denen man nicht absprechen möchte, Musiker zu sein, waren da etwas weniger störrisch und widerspenstig, nutzen Dick Clarks Show für den Durchbruch oder anhaltende Erfolge: Sam Cooke, Chuck Berry, Buddy Holly, Fats Domino, Simon & Garfunkel, Ike & Tina Turner, Prince, Madonna oder beispielsweise die Talking Heads. Aber Cale glaubte, die künstlerisch korrekte Haltung gezeigt zu haben und hielt daran fest. Sein Verhalten als bewundernswerten Charakterbeweis zu werten geht an der Wirklichkeit vorbei. Tatsächlich hatte er die Bedeutung seiner Situation nicht begriffen und demonstrierte eine unglaubliche Unbedarftheit im Umgang mit den Medien. Und es sollte nicht das letzte Mal sein.

Bei der Covergestaltung des Albums „Naturally“ bewies er jedoch den richtigen Instinkt. Das eindrucksvolle Bild von einem Waschbären war gut gewählt. Er selber wollte nicht auf dem Titel zu sehen sein. In Tulsa waren John und Leon mit Bill Rabon zur Schule gegangen, der später Kunst studiert hatte und noch immer in einem Künstlerviertel in Tulsa lebte. Von ihm stammte der Racoon mit Gehstock und Hut, dem ein Hund zu Füßen liegt. Rabon gehörte zu den bekannten Figuren der Szene in Tulsa. 2011 erzählte er dem Magazin „TulsaPeople“: „Tulsas ‚Little Bohemia’ – wir nannten es ‚The Boheme’ – lag direkt neben dem Stadtzentrum von Tulsa. Ungefähr zwischen Elwood und Peoria und 11th Street und zwischen Denver bis zur 15th Street und Denver. Ich lebte da von 1962 bis 1972. Es war wie Greenwich Village (in New York) oder das Künstlerviertel am linken Ufer der Seine – viele Künstler, Tulsa-Maler, Fotografen und Autoren. Da kamen die Nord- und die Südseite zusammen.“

In ungewöhnlicher Zurückhaltung hielt SHELTER die Vorderseite der Hülle frei von jeder Schrift. Nur für Anzeigen setzte man den Titel der Platte und den Künstlernamen in die Abbildung. Doch ganz konnte Cale sein Bild nicht vom Cover der Platte fernhalten. Der Starfotograf Ed Caraeff, der vor allem durch das Foto berühmt geworden war, auf dem Jimi Hendrix 1967 in Monterey vor seiner brennenden Gitarre kniete, hatte ein paar Reportageaufnahmen von Cale gemacht. Elf Schwarzweiß-Bilder landeten auf der Rückseite des Covers: JJ im Porträt, JJ mit seiner noch fast intakten Harmony-Gitarre. Sie waren beliebig zwischen die Textblöcke gestreut. Cale, der jahrelang als Sessionmusiker gearbeitet hatte, achtete darauf, dass alle an den Studioaufnahmen Beteiligten aufgeführt wurden. Speziellen Dank widmete er Carl Radle – und der Ordnung halber den Managern seiner Plattenfirma: Denny Cordell, Leon Russell und Joel Maiman. Denny Cordell koppelte noch eine zweite

Single aus dem „Naturally“-Album aus: „After Midnight“ mit „Crying Eyes“ auf der Rückseite. Sie schaffte es im Juli 1972 fast in die Top 40, immerhin auf Rang 42 in den Single-Charts. Im selben Jahr brachte auch JJs Idol Chet Atkins auf seiner LP „Picks On The Hits“ eine Instrumentalversion von „After Midnight“ heraus.

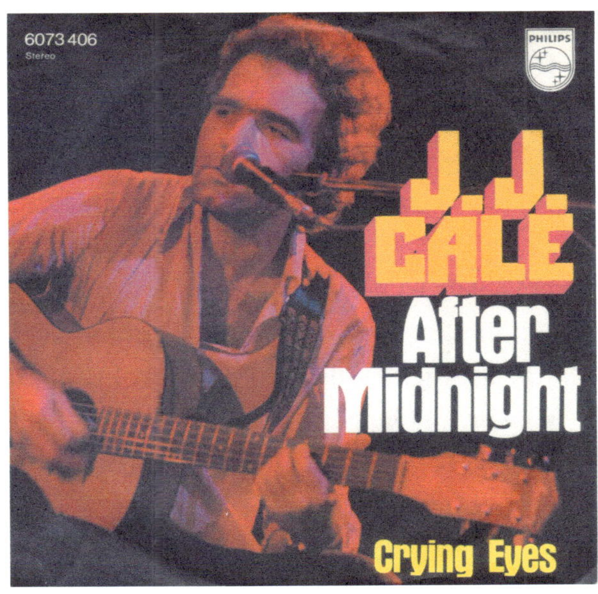

Die erste Tournee, das erste Interview

Und auch wenn Cale sich ab jetzt in seinem Pensionärsleben wähnte, sollte die Zeit der harten Arbeit beginnen. Ein Anschlussalbum musste her, und das war harte Arbeit für ihn, wie er betonte. Songwriting "is real hard work“. „Ich hatte 30 Jahre Zeit, um die erste Runde an Ideen für Lieder zusammen zu kriegen“, so erklärte er, wie sehr ihm an Entspannung gelegen war. Jetzt spürte er nach dem Erfolg von „Naturally" den Druck auf sich lasten, neue Songs zu liefern. Aber da war noch viel mehr Arbeit, die Cale weitaus weniger lag. Und die kam jetzt plötzlich zu Hauf auf den Anti-Star zu: Denny Cordell, der ja bei ISLAND Records gearbeitet hatte, beschaffte seiner Entdeckung ein Engagement als Opener für die englische Band „Traffic“, die ihre Platten bei ISLAND veröffentlichte und jetzt in den USA auftrat. Die Truppe um Superstar Steve Winwood litt zwar ununterbrochen unter internen Querelen, die von Geltungs- und Drogensucht der Mitglieder gleichermaßen befördert wurden, aber diese Tour im Januar 1972 war bereits eine Nachholtournee für eine, die im Vorjahr abgesagt worden war. Die 17 Shows erforderten, dass die Musiker kreuz und quer durch das Land reisten. Vom 11. Januar bis zum 1. Februar spielte Cale fast jeden Abend. Es ging in New Haven in Connecticut los und führte über New York, Boston, Detroit, Chicago bis nach San Francisco. Und weil Steve Winwood unter einer Bauchfellentzündung litt, fielen mittendrin zwei Shows in Santa Monica aus. Die wurden dann einfach ans Ende der Tour angehängt, nachdem die ganze Truppe wieder an die Ostküste nach Philadelphia, Williamsburg, Miami und Atlanta gezogen war.

Cale war mit seiner Freundin Donna unterwegs, und als die Tour am Freitag, dem 21. Januar 1972, im „Winterland Ballroom“ in San

Francisco ankam, hatte er einen weiteren Termin zu bewältigen. Er tat das denkbar schlecht. Denny Cordell hatte mit Tim Cahill vom „Rolling Stone“ ein Interview vereinbart. Und weil Denny seinen Künstler kannte, hatte er darauf bestanden, im Miyako Hotel im japanischen Viertel dabei zu sein, „falls Cale zumachen sollte“. Und natürlich war es wie angekündigt. Offensichtlich hatte er nach dem ersten Auftritt im Winterland am Vorabend noch ein bisschen auf dem Zimmer im Hotel gezecht. Jetzt benahm er sich wie ein armer Trottel, der die Chance, die sich ihm bot, nicht begriff. Unter dem Titel „J.J. Cale Talks, A Little Bit“ beschreibt Cahill sein ungewöhnliches Erlebnis: „Irgendwie muss J.J. das Zimmermädchen beleidigt haben, Gott weiß, warum, und die Betten sind seit zwei Tagen nicht gemacht worden. Es stehen sechs oder sieben leere Coors-Flaschen auf der Anrichte und ein Fläschchen Smirnoff und ein paar Gläser auf dem Schreibtisch und ein halb getrunkener Becher Kaffee auf dem Nachttisch neben J.J. Ein Farbfernseher summt im Hintergrund: Samstag Nachmittag Eiskunstlaufmeisterschaften…“

Nicht nur gammelte Cale auf dem Bett rum, während der Reporter ihm Fragen stellte, sondern antwortete abwesend, schmallippig und sogar falsch, was seinen Geburtsort betrifft:
„Ich fragte, ob du in Oklahoma geboren bist.“
„Oh. Ahh… ja.“
„Wo?“
„In Oklahoma“
„Ich meinte, wo in Oklahoma?“
„Oh. Uhh, Tulsa.“ Ein Lachen. Lächeln.

Das bedeutendste Magazin für Popkultur jener Zeit interessierte sich für den Newcomer Cale, und der hatte nichts Besseres zu tun, als sich wie ein Narr zu präsentieren: Der „Rolling Stone“ will ein Interview, das kann er in einem versifften Zimmer haben, während der Fernseher läuft, der Künstler sich auf dem Bett lümmelt und sich einsilbig gibt. Cahill beschreibt noch ein bisschen mehr von dem unsinnigen Smalltalk, der sich zwischen Reporter und Musiker abspielt, bevor er den abendlichen Auftritt von Cale im Winterland in San Francisco einfängt: „Später am Abend bahnt sich John Cale seinen Weg durch die Massen vor der Bühnentür des Winterlands. Natürlich erkennt ihn niemand, weil er so zurückhaltend mit Fotos ist und auf dem Cover seiner Platte das Gemälde eines Waschbären eines Malers namens Rabon aus Tulsa zu sehen ist. An der Tür angekommen, bricht der Verschluss am Pfandhaus-Gitarrenkoffer, und alle bekommen einen guten Blick auf J.J. Cales Gitarre: ein akustisches Modell, keine Martin oder Gibson oder Guild, sondern eine Billigklampfe von Harmony, die er mit ein paar billig aussehenden Tonabnehmern bestückt hat. Sie hat keinen Rücken mehr. Sieht aus, als hätten Ratten daran rumgenagt. Ein paar Leute wenden sich peinlich berührt ab, während J.J. rumfummelt, um das Instrument zurück in den Koffer zu bekommen.“ Cale trat auf der Tournee mit seiner „Backless“-Gitarre auf.

Und doch nimmt der erste Artikel über JJ Cale im wichtigsten aller Musikmagazine noch eine gute Wendung, weil Cahill Donna zitiert: „‚Weißt du, er hat ein bisschen Angst vor all diesen Kids hier. Er ist etwas älter, und er denkt, dass die vielleicht glauben, er sei nur ein Oklahoma Shit-kicker. Naja, das sind wir ja auch.’ Sie lächelt ein passables J.J.-Cale-Lächeln. ‚Er klingt ziemlich gut heute Abend. Ich glaube, die Leute mögen es. Trotzdem hat ihn niemand wirklich spielen gehört, bis man erlebt hat, wie er bei uns auf der Veranda spielt. Weißt du, an einem warmen Sommerabend, wenn er die Schuhe ausgezogen hat und ein Flasche Bier in der Nähe. Das ist der wahre John Cale.’“

An dieser Stelle hatte also Donna mit ihrem ländlich naiven Charme JJ Cale die gute Publicity im „Rolling Stone" gerettet. Zugleich schuf sie das Image, das zeitlebens für ihn bemüht wurde: der zurückgezogen lebende Künstler, der mit seiner Gitarre auf der Front Porch oder Back Porch sitzt und versonnen in den Sonnenuntergang blickt.

Und JJ Cale hatte trotz seines idiotischen Auftritts beim Interview noch richtig Glück mit dem „Rolling Stone". Jon Landau, der Top-Kritiker des Blattes und spätere Manager von Bruce Springsteen, mochte „Naturally" und schrieb eine großartige ausführliche Kritik, die vom ersten Satz an die Leser für Cale einnahm. „Dieses ruhige und entspannte Album eines exzellenten Gitarristen, Sängers und Songwriters ist bezaubernd. J.J. Cale hat eine einzigartige Herangehensweise an Funk, Blues und Country. Und die bedeutet, die Dinge im entspanntesten und ruhigsten Tempo anzugehen, die der menschliche Metabolismus zulässt. Hier resultiert das in einem der erfreulichsten Debüt-Alben, das es in letzter Zeit zu hören gab." Landau ging ausführlich auf „Crazy Mama" ein, das seit Wochen in den Charts notiert war, als der Artikel Anfang März 1972 erschien. Und er verglich Cales aktuelle Version von „After Midnight" mit der von Eric Clapton: „Cale macht es nicht so viel langsamer, sondern lockert es etwas auf. Der Bass trägt das moderate Bandarrangement über eine sich verschlungen wiederholende Linie. Cale lässt die Gitarre, die Stimme und den Song einfach für sich selbst sprechen, während die Produktion gerade eben genug Farbe liefert, um den Song am Leben zu erhalten. Es ist eine perfekte Mischung für die Nummer und das Ergebnis ist eines der Highlights des Albums."

Landau war auch der erste Journalist, der sich, zumindest kurz, mit Cales Songwriting beschäftigte, das neben der Produktionsweise, seinem Gitarrenspiel und seinem Gesang zu seinem Markenzeichen werden sollte und ihm, wie er immer wieder betonte, ein auskömmliches Leben sicherte: „Cales Texte sind entsprechend einfach, aber immer eindrucksvoll. Viele seiner Songs handeln davon, Frauen zu vermissen und den daraus resultierenden Problemen; andere davon, sich ohne expliziten Grund schlecht zu fühlen. Der vielleicht beste und simpelste Song des Albums gehört zur zweiten Kategorie. ‚Crying Eyes' enthält alle musikalischen Stärken von Cales Stil und zugleich deren emotionalste, persönlichste und berührendste Darbietung", schrieb Jon Landau. „Die meisten Menschen assoziieren Musik mit Liebe und Sex", bemühte sich Cale gegenüber Philippe Garnier vom „New Musical Express", das Thema Frauen in seinen Liedern zu begründen. „Außerdem: Frauen sind eine echt gute Quelle für den Blues, in den ich mich nicht wenig vertieft habe. Es ist immer wieder die uralte Geschichte: Ab und zu erzählt sie jemand mal etwas anders, und dann wird es üblicherweise ein Hit."

Cales Songs sind selten länger als drei Minuten, und doch haben sie oft den Charakter einer Jam, die auch wie bei Grateful Dead unendlich sein könnte. Jedoch gelingt es ihm, durch die Kürze der Titel insgesamt die Spannung zu erhalten. Er liegt damit voll in der Tradition seiner großen Vorbilder aus der Single-Ära. Die Lieder wirkten fast alle, als liefen sie ohne Refrain und ohne Bridge an einem Stück durch. Doch was Cales Songwriting auch in Zukunft am meisten charakterisieren sollte, war ein Begriff, der in seinem ersten großen Interview mit dem Rolling Stone gleich zwei Mal verwendet wurde: „laid-back". Das blieb als Etikett an ihm haften. „Laid-back" charakterisierte nicht, dass seine Songs langsam gewesen wären, oft war das Gegenteil der Fall: Es bezeichnete, wie dynamisch sie gestaltet waren, nämlich so gut wie gar nicht. In einer Zeit, da sonst jedes Instrument im Solo hervortrat, die Stimme der Sänger immer deutlich über der Mischung lag, vermied

Cale bewusst diese Hervorhebungen. Wie er selbst „laid-back“ verstand, erklärte er im Dokumentarfilm „To Tulsa And Back“: „Es mag dich überraschen, aber für mich ist Billie Holiday die vermutlich größte Vertreterin von ’laid-back’. Du weißt, wie Billie Holiday sang? Sie sang hinter dem Beat. … Und das liebte ich.“

Musikalisch war Cale unzweifelhaft „laid-back“, aber er sah es mehr als effektives Marketinglabel, das man ihm verpasst hatte. Sich selbst empfand er eher gegenteilig und beschrieb sich 1996 im NBC als, nervöser Typ: „Wäre ich ‚laid-back’, säße ich nicht hier vor einer Fernsehkamera, weil niemand wüsste, wer ich bin und sich niemand dafür interessieren würde. Aber weil meine Musik ‚laid-back’ ist, glauben die Leute, ich sei ‚laid-back’. Ich bin ein nervöser Knülch. … Leute, die wirklich ‚laid-back’ sind, sind eher ohne jede Ambitionen.“

Songwriting

Als im April 1972 die Aufnahmen für „Really“, den Nachfolger von „Naturally“ begannen, wurden die zahlreichen „Limitierungen“ in seiner Musik zum Stil. Audie Ashworth erinnerte sich an die Arbeitsweise seines Freundes: „Wir begannen bei Quadraphonic in Nashville und arbeiteten ein bisschen in Muscle Shoals und haben ein paar Bläser in der Barn aufgenommen. Cale mochte es, verschiedene Studios zu besuchen und Mitspieler aus verschiedenen Orten zusammen zu holen.“ Zwar waren jetzt nach den ersten Erfolgen die wirtschaftlichen Bedingungen bereits deutlich besser als bei den Aufnahmen zu „Naturally“, aber Cale verfolgte nach wie vor seinen ganz persönlichen Aufnahmemodus, der eher LoFi zu sein schien, als darum bemüht, maximale Dynamik und Klarheit zu schaffen. So stachen die Soloinstrumente kaum aus dem Mix hervor, und der Gesang blieb immer auch nur ein Teil der Musik. Ashworth: „Cale wollte seine Stimme immer runtergemischt haben. Wir saßen zusammen am Mischpult und versuchten beide, die Hände an die Regler zu bekommen. Er zog dabei immer den Regler für die Stimme runter. Er mischte seine Stimme zurück ins ‚Bett’. Er sagte, es brächte einen dazu, sich in Richtung der Musik zu lehnen, statt sich davon zurückzulehnen. Es zöge die Leute rein. Er hatte ganz klare Vorstellungen vom Mischen.“

Und er war sich seiner Defizite rundum bewusst. In einem Interview mit Russell Hall für das Magazin „Performing Songwriter“ beschrieb er anlässlich seines 70sten Geburtstages den Prozess, wie seine Songs entstanden: „Manchmal schreibe ich einen ganzen Song in zehn Minuten. Manchmal schreibe ich einen Teil und komme dann später darauf zurück. Manchmal benutze ich Aufnahme-Equipment; dann nehme ich einen Drumcomputer und eine Basspur auf und suche von dort aus nach dem Akkordwechsel. Aber sehr selten schreibe ich erst einen Text und versuche dann, Musik drunter zu legen. Ich bin kein Poet. Es fängt immer mit Musik an. Ein paar Mal habe ich auch einen Song geschrieben, indem ich eine akustische Gitarre in die Hand genommen und gespielt habe. Aber das passiert nicht sehr oft." So wie er seine Stimme bei den Aufnahmen zurücknahm, spielte er auch seine poetischen Fähigkeiten herunter. Anlässlich seines zwölften Albums gab er 1996 eine Reihe von Interviews, um sich in Erinnerung zu bringen. Auf dem Fernsehender NBC sprach er über seine Arbeit als Songwriter: „Wenn man so viele schreibt, wird es zu einem Maurer-Klempner-Job. Ich versuche es dennoch von einem künstlerischen Winkel aus anzugehen."

Metrisch erinnern viele Cale-Songs eher an Kinderreime, als an erwachsene Lyrik, auch wenn Sex, Drogen und sogar Kriminalität einen großen Stellenwert einnehmen. Ein klassischer Kinderreim à la Cale ist „Clyde":

Clyde, he plays electric bass
Plays it with finesse and grace
Sit on the porch without no shoes
A-picking the bass and singing the blues

Misery loves company
And his old dog sings harmony
Tambourine tied to his tail
You can hear him moan, you can hear him wail

Jody Baker, she got a dollar
Down the road you can hear her holler
"Get up Clyde, we got something to do
That old dog can sing the blues“

He don't move, he don't flinch
Clyde, he don't move an inch
Just sit on the porch without no shoes
Picking his bass and singing the blues

Und doch gelingt es ihm, in seinem geradezu limitierten Minimalismus eine einzigartige Atmosphäre zu schaffen, ein farbenfrohes und lebendiges Bild zu malen, das den Hörer mit in den Süden nimmt, mit auf die Veranda, wo er mit einem Bass in der Hand sitzt, sein Hund Foley zu seinen Füßen – und die Nachbarin ihn auffordert, doch auf einen Drink vorbei zu kommen. Wie sich die lyrischen Ideen bei Cale zusammenfügen, erzählt er in „To Tulsa And Back“: „Songwriting beginnt bei Null. Da ist ein weißes Blatt Papier. Es ist ein rein kreativer Prozess. Man muss ein Beobachter sein, ob du Bücher oder Musik schreibst. Manchmal kommt es aus der Phantasie, man denkt sich einfach Sachen aus wie in einem Roman. Manche meiner Lieder sind aber auch wahr, sind Erfahrungen, die ich gemacht habe oder stammen von Erfahrungen, die ich habe andere machen sehen. Musik ergibt sich aus dem Leben, nicht das Leben aus der Musik.“ In den 30 Jahren, die Cale seiner Aussage nach Zeit hatte, um die Songs für „Naturally“ zu schreiben, sammelte er Erfahrungen, die Stoff für mehr als zwölf Titel hergaben.

Und in der Tat erzählte er romantische und dramatische Geschichten: „Magnolia“, das Mädchen, das er trotz seiner Gefühle für sie in New Orleans zurückgelassen hatte. „River Runs Deep“, das Schicksal der untreuen Geliebten, die er jeden Tag besucht, liegt sie doch tot auf dem Grund des eiskalten Flusses. Schon hier findet sich die Mischung aus selbst Erlebtem und Beobachtetem, die er später beschrieb. Der Tierfreund Cale, der selbst Hunde besaß und mit „Old Blue“ auf „Guitar Man“ einen ganzen Song einem Hund widmete, wusste, wie wichtig die Zeile „And his old dog sings harmony“ für das Stimmungsbild von „Clyde“ war. Wie andere auch griff er auf Motive der Popmusik zurück: Die ertränkte Geliebte hatten schon die Louvin Brothers, mit denen er ja aufgetreten war, in ihrem „Knoxville Girl“ besungen. Und auch in Neil Youngs „Down By The River“ wird die Freundin am Fluss erschossen. Am interessantesten auf „Naturally“ ist der Song „Bringing It Back“. Hat Cale da eigene Erfahrungen verarbeitet?

Thirty days has September
In the jailhouse, I remember
I got caught with too much soul
Bringing it back from Mexico
Bringing it back from Mexico
Spanish lights and pretty faces
Trip you out to where the place is
Load you up and let you go
Bringing it back from Mexico
Bringing it back from Mexico
Across the border is where you get her
The wine's good, there ain't no better
I think I'll get me some to go
Bringing it back from Mexico
Bringing it back from Mexico

Cale war bekannt dafür, Drogen gegenüber offen zu sein, zumindest gerne zu saufen und auch den einen oder anderen Joint zu rauchen. Aber im Interview mit dem „Rolling Stone“ stritt er ab, wenn auch ein bisschen halbherzig, hier selbst Erlebtes besungen zu haben.

Es ist die Simplizität, die Cale-Fans lieben und die seine Kollegen animierte, seine Songs zu covern: Lynyrd Skynyrd, die „Call Me The Breeze“ von „Naturally“ zum Status eines Barband-Klassikers verhalfen, als sie es 1974 für ihr Album „Second Helping“ aufnahmen. Johnny Cash, der den Song 1976 und sogar noch einmal 1989 coverte. Waylon Jennings, der „Clyde“ 1980 in die Charts brachte. Als „nice versions“ von „Cajun Moon“ empfand Cale die Einspielungen von Randy Crawford und Maria Muldaur. Für Muldaur hatte er 1976 bei deren Aufnahme von Neil Sedakas „Sad Eyes“ Slide Guitar gespielt. Immer wieder beschrieb er in Interviews, wie seine Songs und sein Sound zustande kamen. Er erzählte, wie er scheiterte, Riffs von Les Paul, Chet Atkins oder Chuck Berry zu kopieren und daraus dann Neues entstand. Großen Einfluss hatte auf ihn auch Clarence Gatemouth Brown. Einer der wohl interessantesten, erfolgreichsten und am wenigsten nachvollziehbaren Versuche führte laut Cales eigener Aussage zu „After Midnight“: „Einer meiner Lieblingssongs von den Beatles war ‚We Can Work It Out’. Wenn du dir das und ‚After Midnight’ anhörst, sind die total verschieden. Aber das war mein Versuch, die Beatles zu imitieren. So funktioniert das.“ Durchaus erkennbar ist vielleicht die ähnliche Tempogestaltung mit dem Tambourine und dass die Titelzeile jeweils auf einem harten Stop mit dem „t“ von Out und Midnight endet, aber dann wird es sehr schwierig, weitere Ähnlichkeiten zu entdecken, zumal die Beatles eine Bridge eingebaut hatten, die einen Tempowechsel bedeutete, und diesen Tempowechsel wiederholten sie dann in unterschiedlichen Längen später im Song erneut. Bei „After Midnight" gab es dergleichen nicht. Und auch bei anderen bekannten Cale-Kompositionen tauchten solche Finessen eher nicht auf.

Die erste große Tour mit Traffic war ohne größere Resonanz gelaufen – bis auf das Rolling-Stone-Interview. Da Unterstützung durch Dick Clarks „American Bandstand" fehlte, sank „Crazy Mama" in den Charts bald wieder ab, „Naturally" hatte es nicht in die Top 40 geschafft. Im Magazin „Crawdaddy" gab es noch einen euphorischen Nachruf auf das Album: „‚Naturally' ist ungekünstelt, und der Inhalt lässt sich nicht vorhersagen, eine wirklich tolle Verschmelzung von J. J.s für Oklahoma typischen lockeren Stil mit der entspannten, totalen Kompetenz der Studiomusiker in Nashville. Es ist ein wunderschön produziertes Angebot bodenständiger Musik von und für traditionelle Musiker, wo immer sie sein mögen… meine Nominierung für die beste LP aus Nashville im Jahr 1971." Da hatte die Autorin Linda Soloman in wenigen Worten die Messlatte für das Anschlusswerk hochgehängt. Anfang April 1972 ging es für Audie und JJ deshalb darum, den Anschluss nicht zu verpassen. Dass es weiterging, war Ashworths großes Verdienst, Cale mit dem richtigen Maß an Druck dazu zu bewegen, weiter zu arbeiten.

„Really“

Während sie von Studio zu Studio zogen und mit den Topcracks aus Nashville und Muscle Shoals sowie Cales Jugendfreunden aus Tulsa „Really“ aufnahmen, erreichte „Naturally“ im April auf Rang 51 die Hot 100 der „Billboard“-Charts. Die Kompositionen des ersten Albums waren trotz ihrer 30jährigen Entstehungsgeschichte sehr einfach konstruiert. Cale entsprach damit nicht dem Zeitgeschmack, fand aber seine eigene Hörerschaft, vor allem in Europa. Zeitgleich waren beispielsweise Roberta Flack, Neil Young, Led Zeppelin, Creedence Clearwater Revival, Al Green, Steve Miller und Paul Simon, allesamt Vertreter der moderneren Popmusik und ausnahmslos weitaus komplexer in den Kompositionen, als Cale es je sein würde, an der Spitze der Charts. Vollkommen unbekümmert davon verfolgte er seinen eigenen Stil auch mit dem zweiten Album, so dass ihn der „New Musical Express“ bereits vor dem Erscheinen des dritten Albums als Meister seines eigenen Genres beschrieb: „‚Naturally‘ ist ein tolles Debütalbum und hat den Maßstab für Cales unnachahmlichen Stil gesetzt. Wenn es also darum geht, ‚Laid-back‘-Rockmusik zu machen, ist Cale der Meister.“ Und Autor Steve Clarke widmete sich begeistert dem Aufmachertitel von „Really“: „Der Einstieg ‚Lies‘, mit der Rhythmusgruppe Roger Hawkins, Dave Hood und Barry Becket in Muscle Shoals aufgenommen, steht neben ‚Magnolia‘ als einer der besten Songs von Cale überhaupt. Seine Version ist jener, die Lynyrd Skynyrd auf ihrem aktuellen Album gecovered haben, vollkommen überlegen. Das Klavier von Becket ist perfekt sparsam, und Cales eigene Gitarrenarbeit injiziert eine spezielle Kraft, während die Bläser perfekt auf den Punkt spielen. Der Song ist gut, wenn nicht sogar ambitioniert konstruiert, und Cales Thema ist die unendliche Routine des betrogenen Bluesman.“ Tatsächlich hat „Lies“

kein richtiges Intro, sondern den Ablauf einer Strophe ohne Gesang als Einleitung, und die Wiederholung „lies, lies, lies" über drei aufsteigende Töne kommt fast einem Refrain nahe.

Clarke beschäftigte sich ausführlich mit Cales Musik, die er zu zwei Dritteln als Blues, zu einem Drittel als Country sah. Seine Lead-Gitarre, deren „Exzellenz" er hervorhebt, kommt ihm im Stil im positiven Sinn „schäbig" vor. Seine Stimme wirkt auf ihn ältlich rau. „Und in welchem Genre er sich auch bewegt, er drückt der Musik seinen total persönlichen Stempel auf. Seine Songs sind simpel, basieren oft auf Blues Changes und scheinen mindestens zur Hälfte keinen Anfang und kein Ende zu haben. Die Musik beginnt unvermittelt, bleibt mehr oder weniger gleich und klingt genauso aus." Verständlicherweise hebt er die Sonderstellung von „Everything Will Be Alright" hervor, dessen jazzigen Charakter und das „trick ending", das dem Pianisten Wood die Möglichkeit zur Profilierung gibt. „Everything Will Be Alright" und „Changes" hatte Cale noch zwei Tage vor „Lies" am Samstag, dem 6. April 1972, mit anderen Spitzenmusikern in Nashvilles Quadrophonic Studio aufgenommen. Dabei spielte Bobby Wood, der auf dem Cover von „Really" fälschlich Bobby Woods genannt wurde, das Piano. Der Studioprofi hatte in den 60er Jahren in den legendären American Studios in Memphis unter anderem für Elvis an über 122 Hits mitgewirkt. Wahlweise an Drums und Percussion wirkte Farrell Morris, dessen spärliches Spiel den Songs dennoch Komplexität verlieh. Norbert Putnam, der ebenfalls in den 60ern bei vielen Elvis-Sessions dabei gewesen war, war die Bank am Bass und nebenbei teilte er JJ Cales Interesse an der Technik.

Mit „Everything Will Be Alright" hat Cale eines seiner komplexesten Stücke geschaffen und es hervorragend auf Platz zwei der ersten Seite von „Really“ versteckt. Die kleine Jazzband schiebt unvermittelt los, Putnam spielt Viertel auf dem Bass, und Cale steigt sofort mit dem Gesang ein, der anders als sonst nicht hinter die Instrumente zurückgemischt ist. Das Thema: allabendlich wiederkehrende Streitereien, deren Ende nur noch ein Duell sein kann. „You get your gun, I get mine, we can do it just one time.“ Sicher nicht die optimale Lösung von Eheproblemen, aber zumindest eine ultimative. Die lakonische Art, in der er das Lied vorträgt, lässt darauf schließen, er habe mit dem Trennungsprozess bereits abgeschlossen, denn schlimmer kann es nicht mehr werden.

If we live no longer,
It won't get no stronger
Then we'll know who's really right
All we do is weep and moan
Trying to build ourselves a home
Ain't no shame in trying,
Ain't no use denying
Everything will be alright

Mit der Titelzeile schließt der Song scheinbar, bevor ein zweistrophiger instrumentaler Nachklang folgt, der das musikalische Thema wiederholt. Plötzlich zieht für einen Moment Hoffnung und fast Fröhlichkeit ein, wo zuvor desolater Fatalismus den Ton bestimmte.

„Frauen sind eine echt gute Quelle für den Blues“, hatte Cale Philippe Garnier gegenüber seine Songs erläutert. Auf „Really“ wird das überdeutlich. Auch wenn er in „I’ll Kiss The World Goodbye“ beteuert, er brauche eine Frau, klingt das wenig überzeugend. Der Text wirkt wie ein schlechter Tripp ins Innenleben des Protagonisten: „I’ve been so lonely in these prison walls.“ Auch bei „Lies“ und „Everything Will Be Alright“ dreht sich alles um innere Gefangenschaft, um das Gefangensein in einer Beziehung. In den Klauen einer Frau oder im Drogenrausch, Cale verarbeitete negative Situationen – so auch in „Changes“ den Versuch einer Partnerin, ihn zu verändern. Trotzdem kann er ohne die Frau nicht leben, die ihn fertig macht, so dass ihm in „Right Down Here“ als Rettung nur „a bottle of wine“ bleibt. „If You're Ever In Oklahoma“, der letzte Titel der ersten Seite von „Really“, scheint nicht weniger autobiographisch zu sein: eine Warnung, wie man sich in Oklahoma zu verhalten habe. Immer in Bewegung bleiben und am besten auch der Polizei aus dem Weg gehen… Bei all den Klagen ist erstaunlich, wie viel Drive die Musik hat, wie lebendig und fröhlich sie rüberkommt. Bei „I’ll Kiss The World Goodbye“ wirkt sein Gitarrenspiel eher wie die Begleitung zu einem Liebeslied als zu den geäußerten Selbstmordgedanken. Mit dieser bewusst gewählten Diskrepanz zwischen Text und Musik hat Cale den Weg zu subtilerem Songwriting beschritten.

An dem Drive waren alte Bekannte von „Naturally“ wie Mac Gayden mit seiner Slidegitarre beteiligt, aber auch Kenneth Buttrey, der schon für Chet Atkins, Bob Dylan und Neil Young trommelte. Auch Nashville-Superstars wie Bluegrass-Dobroplayer Josh Graves von der Earl Scruggs Revue und Fiddler Vassar Clements, Ex-Bandmitglied von Bill Monroe sowie Lester Flatt and Earl Scruggs, trugen mit ihrem Talent zu der Klasse des neuen Albums bei. Noch Jahrzehnte später war Cale stolz, dass die beiden wie auch Pedal-Steel-Gitarrist Buddy Emmons bei den Aufnahmen dabei waren: „Das war eines der Highlights in meinem Leben. Wir nahmen in Bradley’s Barn auf, und ich war ein großer Fan von Lester Flatt and Earl Scruggs. Und Josh war natürlich der Dobro-Spieler auf deren ganzem Zeug, und Vassar war

‚Mister-Bluegrass-Fiddle-Spieler'. Und diese beiden Typen kamen raus zum Studio und spielten an dem Tag. Sie waren wie auch Buddy Emmons im Studio. Sie waren so gut, dass du aufhörtest zu spielen, um zu genießen, was sie spielten." Josh und Vassar waren auf drei Titeln zu hören, wenngleich Josh trotz seines tollen Solos bei „Playing In The Street" auf dem Cover nicht erwähnt wurde. Sie gaben diesen Tracks einen Bluegrass-Touch, der besonders „Louisiana Women" Country-Charts tauglich gemacht hätte, wäre da nicht das böse Wort Marihuana im Text gewesen. Als „Outlaw" Waylon Jennings das Stück 1974 coverte, bereinigte er den Text von Cales Joint.

Die zweite Seite von „Really" eröffnet mit „Ridin' Home", einem Titel der erstmals einen Eindruck vermittelt, wie Cale in Zukunft häufiger produzieren würde. Er allein nahm sämtliche Rhythmusinstrumente auf, diverse Gitarren, ein hämmerndes Klavier, Bass und Schlagzeug. Cale als Multiinstrumentalist. Nur ein Solo überließ er dem Mundharmonikameister Charlie McCoy, der schon Aufnahmen von Roy Orbison, Elvis Presley, Johnny Cash, Bob Dylan und Loretta Lynn veredelt hatte. McCoy gehörte wie die anderen Nashville-Cracks zu dem „A-Team" der Country-Metropole, dem Cale auf dem Album-Cover dankt. Wie Colin Escott im Booklet zu „The Anthology" schreibt, lehnte er Angebote, fremde Songs aufzunehmen meist ab. Begründung: Er könne sie mit seiner Stimme nicht singen. Anders als bei „Naturally" sind aber nicht alle Songs der LP Cale-Originale. Möglicherweise war die Zeit letztlich zu knapp geworden, um ausreichend neue Songs zu schreiben, und so machte er eine Ausnahme, indem er einen Titel seines Kumpels Don Nix auswählte, der gerade in aller Munde war. „Going Down" aus dem Jahr 1969 hatte schon zuvor große Interpreten gefunden, Gitarrengrößen wie Freddie King, der auch bei SHELTER unter Vertrag war, oder Jeff Beck. Bei dieser letzten Session im Moss

Rose Studio für „Really“ holte er auch seine Freunde Jimmy Karstein und Bill Boatman aus Tulsa zur Unterstützung. Neben Karstein an den Drums und Boatman an der Rhythmusgitarre spielte Gary Gilmore Bass, ein alter Bekannter von der „Plantation“. Sie nahmen an einem Dienstag im Juli 1972 einen Klassiker auf: Muddy Waters „I Got My Mojo Working“, unter dem stark verkürzten Titel „Mo Jo“. Hier bekam man eine Idee, wie Cale mit seiner Band live klingen würde.

Das „Billboard“-Magazine hatte am 23. Dezember 1972 ganze fünf Sätze für das Album übrig, wovon sich einer auch noch auf die Chartpositionierungen von „Naturally“ bezog. Der Kritiker bewertete Cale als größten Geheimtipp des Jahres: „J.J. und seine Musik gewinnen mit der Zeit, werden immer vertrauter. Es entsteht der Eindruck eines geringen Energielevels, was aber von seiner stillen Intensität widerlegt wird. Schöne Titel auf ‚Really‘ sind unter anderem ‚Lies‘, ‚I'll Kiss The World Goodbye‘ und eine großartige Interpretation von ‚Going Down‘.“ Ein anderer Kritiker, Robert Christgau, der sich selbst als „Dekan der amerikanischen Rockkritiker“ sieht, veröffentlichte in seinem „Consumer Guide“ im New Yorker Blatt „The Village Voice“ einen eloquent geschriebenen Verriss, der aber mehr über den Kritiker verriet als über Cales Album. Hier ein kurzes Zitat: „Selbst wenn sein Stil so eindeutig und kraftvoll wäre wie der Dutzender, die ich nennen könnte, ist die Tatsache, dass er sich bewusst für seine Grenzen entscheidet, Diebstahl an ihrer natürlichen Aura.“ Immerhin fand er „Really“ faszinierend. Für selbstverliebte Edelfedern unter den Kritikern war Cale natürlich ein leichtes Opfer, konzentrierte er sich doch auf die Musik und ihre Nuancen, statt auf die branchenüblichen Eitelkeiten. Der einzige Song, den Christgau hervorhob, war „Playing In The Streets“. „Nicht überraschend, dass die Titel, die am ehesten zufriedenstellen, jene sind, die die Form ein wenig mysteriös brechen – insbesondere ‚Playing In The Streets‘ mit seinen Infusionen von Vassar Clements.“ Das Album erreichte Anfang Januar 1973 mit Rang 109 seine höchste Notierung in der „Billboard“-Hitparade, die Single „Lies“ kam auf Rang 42. Der auf dem Cover angegebene „International Fan Club“ konnte da auch nichts verbessern.

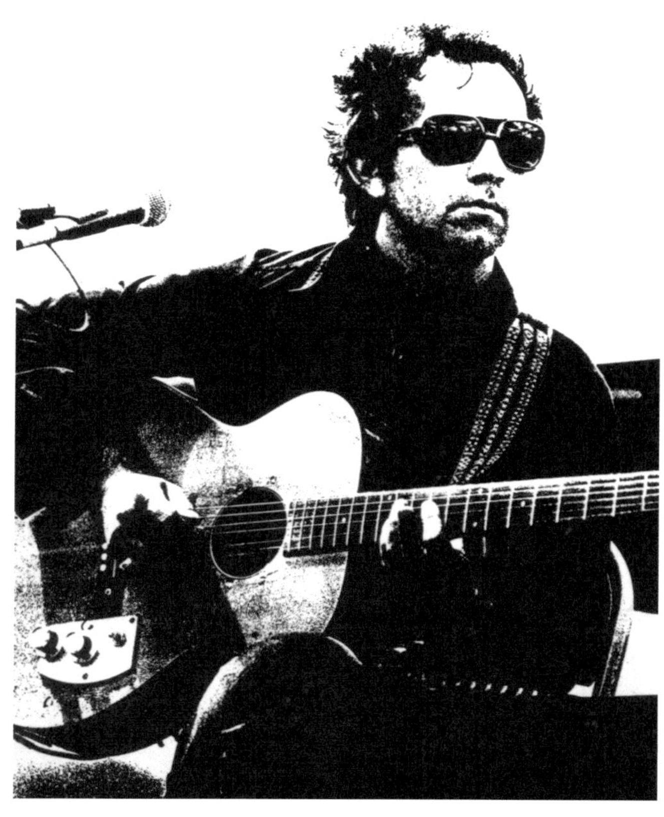

Foto: Bill Plymat

Zur Abwechslung Country

Cale hatte 1972 entgegen seiner späteren Behauptung ein hohes Arbeitstempo und -pensum hingelegt. „Really“ war ja noch vor dem Jahreswechsel erschienen. Und auch jetzt entsprach sein Produktionsrhythmus nicht seinem „Laid-back“-Image. Während er mit „Really“ den Anspruch auf eine bedeutende Rolle in der Musikbranche anmeldete, arbeitete er schon wieder an einem Projekt – diesmal für einen bereits arrivierten Star, seinen langjährigen Weggefährten und Labelbesitzer Leon Russell. Der hatte durch seine Zusammenarbeit mit Joe Cocker an dessen Mammutprojekt „Mad Dogs & Englishmen“, wenn auch etwas zweifelhaften, Weltruhm erlangt. Für Cocker hatte er 1970 auf Denny Cordells Bitte die Band zusammengestellt und die Tour als Bandleader organisiert. Jetzt arbeitete Leon an einem neuen Soloprojekt: „Die Idee für Hank Wilson kam bei einer Autofahrt auf. Ich brachte ein Auto aus L. A. zurück, und ich hielt an einem Truck Stop. Die hatten ungefähr 500 Country-Kassetten im Angebot. Ich kaufte ein paar und hörte sie mir auf dem Weg nach Hause (Tulsa) an. Ich höre nicht viele Platten, höchstens zur Recherche. Ich mochte einiges von dem Zeug und dachte, es würde Spaß machen, so eine Platte aufzunehmen.“

In den letzten Februartagen 1973 verwirklichte er den Plan in Bradley's Barn – allerdings erschien die Platte nicht unter seinem Namen. Er hatte sich dafür ein Country-Pseudonym zugelegt. Unter dem Titel „Hank Wilson's Back Vol. 1“ nahm er 15 Klassiker des Genres auf, darunter Songs von Hank Williams, Jimmie Rodgers, George Jones, Lester Flatt, Bill Monroe und Lead Belly. Als Produzenten wirkten Denny Cordell, Audie Ashworth, Leon selbst und JJ Cale. Der war bei den Sessions auch als Gitarrist eingesetzt. 27 Musiker, darunter viele alte Bekannte aus Tulsa und Nashville, spielten mit Cale und Russell von Montag bis Mittwoch, 26. bis 28. Februar, das ganze Album ein. Joe Mills, der auch „Engineer" bei „Really" gewesen war, begleitete die Aufnahmen als Techniker.

Anfang Mai 1973 war Cale dann wieder in eigener Sache im Studio und begann mit den Aufnahmen für sein drittes Album „Okie". Der Titel war natürlich eine Referenz an seine Herkunft aus Oklahoma, aber nicht nur das. Den Begriff des Okie, des verarmten Landarbeiters, hatte Literaturnobelpreisträger John Steinbeck 1939 in seinem Roman „Früchte des Zorns" berühmt gemacht. Er schilderte die wirtschaftliche Migration aus dem „Dust Bowl", aus den von Dürre betroffenen Regionen von Oklahoma und Arkansas, nach Kalifornien. Durch die große Depression der 30er Jahre waren Menschen überall in den USA in große Armut geraten, aus der sie voller Hoffnung in Richtung Westen flohen – nur um dann als billige Arbeitskräfte ausgenutzt zu werden. Der berühmteste Okie ist wohl Tom Joad, der junge Protagonist von „Grapes Of Wrath". Ihm haben viele Musiker von Woody Guthrie bis zu Bruce Springsteen ein musikalisches Denkmal gesetzt. In John Fords Verfilmung des Romans aus dem Jahre 1940 glänzte der junge Henry Fonda als Tom Joad.

Aber auch in den 70er Jahren war der Begriff „Okie" in den USA über die Grenzen Oklahomas wieder präsent. Dafür hatte Merle Haggard 1969 mit seinem „Okie From Muskogee" gesorgt. In dem Song hatte die Bezeichnung einen Bedeutungswandel erfahren: Haggard hatte darin all jenen eine Stimme verliehen, die Angst vor Veränderungen hatten, den Konservativen, den Reaktionären und all jenen, die in den Protesten der Hippiebewegung eine Gefahr für ihre Welt sahen, ja sogar Verrat an den Werten Amerikas. Obwohl Cale sich im Hippieumfeld sehr wohl gefühlt hatte und seine Fans sicher auch eher in der Post-Elvis-Generation fand, war er doch musikalisch konservativ, teilweise sogar in einer Zeit vor Elvis' Rock'n'Roll-Revolution verhaftet. Er liebte Country und Bluegrass. Und so war der Zwiespalt zwischen dem Hippie JJ Cale und dem Okie John Weldon Cale sowohl trennendes als auch verbindendes Element. Er war kein politischer Mensch, sondern versuchte, sich mit möglichst geringem Aufwand durchzulavieren und nicht anzuecken. Damit unterschied er sich kaum von Merle Haggard.

„Okie“

Und auch wenn es nach den ersten beiden Alben bereits die Klischeevorstellung vom genialen LoFi-Sound der Cale-Produktionen gab, bei dem alle Instrumente inklusive der Stimmen gleich laut waren: Bei „Okie“ überraschte er mit einer neuen ganz eigenen Sound-Idee. Er durfte sich nicht selbst kopieren und durfte sich doch auch nicht zu weit von sich und dem gerade erst vor einem Jahr etablierten Stil entfernen. „Es ist schwer, Cale in eine Kategorie einzuordnen“, schrieb „Billboard“ über sein drittes Album. „Eine Mischung aus Rock, Blues und Country trifft es wohl am besten… Man kann darauf zählen, dass er immer die geschmackvollste Pop-Musik liefert, die es gibt.“ „Okie“, das er nach einem Jahr Pause veröffentlichte, war von Mai bis Dezember an verschiedenen Orten entstanden. Die Platte beginnt mit einem Lachen über einem pointierten Bass-Groove. Der Opener des Albums, „Crying“, gehörte zu den letzten Aufnahmen, die Cale am 20. November 1973 in Bradley's Barn für „Okie“ machte. Und der Song gibt soundtechnisch vor, was man vom neuen Album erwarten kann: Es ist tatsächlich viel transparenter und differenzierter als alle bisherigen Aufnahmen. Obwohl wieder kein Instrument in den Vordergrund tritt, ist doch der Klangbereich jedes einzelnen klar definiert und hebt sich ab. Auch die vergleichsweise leise Stimme ist klar und artikuliert. Der wichtigste neue und zukunftsweisende Aspekt der Aufnahmen für „Okie“ war wohl, dass Cale seine Stimme bei vielen Titeln häufiger übereinanderlegte. Dafür sang er die Gesangsspur mehrfach.

Diese Technik wurde zu einem weiteren Markenzeichen seiner Musik. In einem Interview mit Russell Hall erklärte er, warum er diese Technik anwendete: „Das lässt sich damit erklären, dass ich mich nie als guten

Sänger sah. Ich traf oft nicht den Ton, und wenn man Stimmen übereinanderlegt, und je häufiger man das tut, desto mehr stimmen sie dann wieder. Deswegen klingt es immer richtig, wenn man eine große Gruppe singen hört. Les Paul war der Erste, der das mit Mary Ford gemacht hat. Das macht den Gesang gefälliger fürs Ohr." An jenem Dienstag im November nahm Cale in Bradley's Barn neben „Crying" noch zwei weitere außergewöhnliche und herausragende Stücke auf: „Cajun Moon" und das Traditional „Precious Memories". Und fast hat man sich schon an die großen Namen gewöhnt, die ihn dabei begleiten: Reggie Young spielt Gitarre und Mike Leech den Bass. Beide hatten schon mit Elvis im Studio gearbeitet und waren gefragte Sessionmusiker. „Audie hat all die hippen Musiker ausgesucht, die auf (den ersten) Alben gespielt haben", erzählte Cale Barney Hoskyns, „das waren die ‚Demo'-Spieler in Nashville, und sie hatten mehr Gefühl für Rock'n'Roll. Gemeinsam haben wir Grooves erreicht, die vermutlich jeder von uns einzeln nicht geschafft hätte – das Ganze war größer als die Summe der Einzelteile."

Als „Okie" am 30. April 1974 erschien, war wenige Tage zuvor gerade einer der größten kommerziellen Erfolge seiner Karriere auf Platte gepresst worden, ganz ohne eigenes Zutun. Auf ihrem zweiten Album „Second Helping" hatten „Lynyrd Skynyrd" neben ihrem großen Hit „Sweet Home Alabama" ein Cover von „Call Me The Breeze" untergebracht. Zwar erschien diese Version der Band nie als Single, aber der Erfolg der LP spülte wieder reichlich Tantiemen in Richtung Cale. Und auch SHELTER gab sich große Mühe, Cales neues Album zum Erfolg zu führen: Drei Singles wurden aus dem Album ausgekoppelt. Die erste war „Cajun Moon" mit der B-Seite „Starbound". Was den im wahrsten Sinne des Wortes eintönigen Song der Rückseite für die Single qualifizierte, blieb unklar. Besonders daran war allein der stereophonisch aufgeteilte Gesang, der eine spacige Anmutung erhielt, dadurch dass er wie durch einen Phasereffekt und mit viel Reverb versehen war. „Cajun Moon“ aber wurde praktisch ad hoc zum Klassiker, auch für viele Nachahmer. Der erste bekannte Künstler, der ihn coverte, war der Flötist und Weltmusikpionier Herbie Mann, der Cissy Houston, Whitneys Mutter, als Sängerin engagierte. „Cajun Moon“ wurde zu einem der meistkopierten Titel von Cale. Maria Muldaur brachte eine vollkommen eigenständige Version heraus und einige Jahre später dann Randy Crawford, jene, die Cale am besten gefiel: „‚Cajun Moon‘ von der Jazzsängerin Randy Crawford. Sie produzierte eine wirklich schöne Version [auf ihrem 95er Album ‚Naked and True‘]. Diverse Frauen nahmen es auf. Maria Muldaur sang es, ebenso wie Cissy Houston.“ Weniger bekannte und auch ein wenig ungewöhnliche Versionen stammen von Poco oder dem Pub-Rock-Gitarristen Chris Spedding, der unter anderem bei „Roxy Music“ gespielt hat. Mit dem Bild des „Cajun Moon“ hatte JJ Cale eine Metapher für eine mystische Welt geschaffen. Cajuns sind die Nachfahren französischsprachiger Siedler in Louisiana, die sich ihre Kultur dort weitestgehend bewahrten. In „Cajun Moon“ besang er auch zum wiederholten Mal (nach „Magnolia“ und „Louisiana Women“) die Faszination, die der Südstaat mit der Stadt New Orleans für Amerikaner bedeutet. Für ihn und SHELTER blieb nicht nur der Erfolg dieser Single hinter den Erwartungen zurück, sondern auch das Album landete in den US-Charts nur auf Rang 132.

Trotzdem versuchten Audie und SHELTER weiter, mit Aufnahmen aus „Okie“ einen Chart-Erfolg zu landen – und wenn es eben in den Country-Charts sein sollte. Wieder hatte Cale sich für zwei Coverversionen für das Album entschieden. In der Session am 20. November, bei der auch „Cajun Moon“ entstanden war, hatten sich

Reggie Young an der Gitarre, der Percussion-Virtuose Farrel Morris und einige Könner mehr versammelt, um eine Version des Country-Traditionals „Precious Memories“ einzuspielen. Ein halbes Jahr zuvor, am 10. Mai 1973, hatte Audie Ashworth die Cracks Grady Martin und Harold Bradley an den Gitarren und Tommy Cogbill am Bass für das Columbia Studio in Nashville gebucht. Das Ergebnis: Cales Interpretation von „I'll Be There (If You Ever Want Me)“ von Ray Price, das aus dem Jahr 1954 stammte, und außerdem der Song „Starbound“. Eine Single-Auskopplung mit den Country-Titeln „I'll Be There (If You Ever Want Me)“ und „Precious Memories“ auf der B-Seite war sicherlich ein Wagnis. Vielleicht wollte JJ – inspiriert von „Hank Wilson's Back“ –, es auch Leon Russel gleichtun, dessen „Six Pack To Go“ bis in die Top 100 der Country-Charts gelangt war. Doch der Versuch scheiterte sang- und klanglos. Trotz einer hübschen Kritik im „Billboard“-Magazin – mit einem kleinen Fehler – wurde auch dies kein Hit für Cale: „Was macht JJ Cale da, einen alten Ernest-Tubb-Song zu singen? Wer kann das schon sagen, aber er macht es gut. Es kommt vom ‚Okie‘-Album und ist so Country, wie man eben Country sein kann. Genauso ist die Rückseite, die es sich auch lohnt anzuhören: ‚Precious Memories'.“ Zwar war „I'll Be There (If You Ever Want Me)“ nicht von Ernest Tubb, aber in dessen Verlag erschienen.

Und auch die dritte Auskopplung: „I Got The Same Old Blues“ mit der Rückseite „Rock'n'Roll Records“ blieb erfolglos. „I Got The Same Old Blues“ war wie „Everlovin' Woman“ bei einer Session im Juli im Woodland Studio B in Nashville aufgenommen worden. Und hier fand sich die absolute Starbesetzung zusammen. Mac Gayden, der bei „Naturally“ schon für die herausragende Slide-Gitarre gesorgt hatte, war wieder dabei und Hargus „Pig“ Robbins, der Session-Pianist aus Nashville. Ihm setzte sogar Regisseur Robert Altman in seiner Country-

Musik-Satire „Nashville“ ein Jahr später ein Denkmal, indem er den Protagonisten sagen lässt: „When I ask for Pig, I want Pig!“ „I Got The Same Old Blues“ fand wieder viele namhafte Nachahmer: als erster noch im Jahr 1974 Freddie King, der bis dahin bei SHELTER unter Vertrag gewesen war. Fast zeitgleich kamen Captain Beefheart & His Magic Band mit ihrer Version von „Same Old Blues“ – wie der Titel zukünftig oft abgekürzt werden sollte. Es folgten ein paar Jahre später noch weitere Aufnahmen von Hochkarätern wie „Blood, Sweat & Tears“, Brian Ferry und den Cale-Fans „Lynyrd Skynyrd“. Bobby Bland und Steve Young nahmen den Titel ebenfalls auf. Und die Reihe setzt sich bis ins Jahr 2014 fort, in dem dann auch eine Aufnahme von Eric Clapton gemeinsam mit Tom Petty für das Cale-Tribute-Album „The Breeze“ ausgewählt wurde.

„Niemand hat ihn wirklich spielen gehört, bis man erlebt hat, wie er auf unserer Back Porch spielt, … an einem warmen Sommerabend“, hatte seine damalige Freundin ihn im ersten „Rolling-Stone“-Interview als den wahren „Laid-back“-Cale beschrieben. Das Gefühl lieferte er auf „Okie“ nach: Drei Titel auf dem Album, darunter den Titelsong des Albums, ein Instrumental, nahm er bei sich zu Hause in Tulsa auf. „Okie“ sogar im August auf der Veranda, wie auf dem Album vermerkt wurde. Für „The Old Man And Me“, eine schöne kleine Geschichte vom Angler Cale über seinen Vater und sich selbst, blieb er im Dezember im Haus. Da war es wohl schon zu kalt für die Veranda. Und für einen weiteren Konzert-Klassiker unter seinen Songs, „Anyway The Wind Blows“, holte er Musikerfreunde ebenfalls in sein Haus: Joel Green am Bass, Terry Perkins am Schlagzeug und Paul Davis an der zweiten Gitarre. Und bei „The Old Man And Me“ kam noch Weldon Myrick an der Steel Guitar dazu. Tatsächlich war bei diesen Aufnahmen die Atmosphäre noch dichter als beim Rest des Albums.

Obwohl SHELTER Records inzwischen drei große moderne Top-Studios in Oklahoma und Kalifornien besaß, zog es Cale 1975 nach Nashville, wo er mit Audie Ashworth ein eigenes kleines Studio bauen wollte. Cale erinnerte sich 1980 im Interview mit dem „NME“: „Wir hätten die besten erstklassigen Studios buchen können oder jemanden das Mischen in einem makellosen Studio machen lassen können, aber so sind wir nicht; Audie und ich mögen es, selber rumzuschrauben, es selber herauszufinden und selber zu machen. Wir mussten sozusagen das Korn anbauen, um den Kuchen zu backen, wenn Sie verstehen, was ich meine.“ Er hatte da bereits in Leons Russells 40-Spur-Paradise-Studio in dessen Haus in Tijuana, Oklahoma, bei Bob Segers Aufnahmen zum Album „Back in ’72“ als Leadgitarrist mitgewirkt: Bei dem Allman-Brothers-Titel „Midnight Rider“ sind seine Gitarre und sein Ton da unverkennbar. Zunächst spielte er einen Lauf auf dem hohl klingenden Hals-Pick-Up und anschließend noch eine für ihn typische moderate Linie mit etwas schärferem Ton eines Bridge-Pick-Ups. 1973 forderte ihn Art Garfunkel neben Jerry Garcia, Paul Simon und Carl Radle für sein erstes Soloalbum „Angel Clare“ als Gitarrist an. Und als Produzent war er laut Denny Cordell bei Alben von Mary McCreary, Leons späterer Ehefrau, und einem weiteren des Chicagoer Bluessängers Jimmy Rogers im Shelter-Studio.

Leons Russells Studio „The Church“ in einer ehemaligen Kirche in Tulsa, das mit einem ganzen Komplex angrenzender Gebäude eine Art „Workshop-Atmosphäre“ bieten sollte, ist heute in das amerikanische Register historischer Orte eingetragen. Aber selbst das hervorragende Ambiente inspirierte Cale nicht, dort seine eigenen Aufnahmen zu machen. Wenn man Denny Cordell vom „The Church“-Studio schwärmen hört, kann man sich vorstellen, wie fremd Cale diese Welt sein musste. Da war die Rede davon, sich um alle Künstler individuell kümmern zu wollen. Aber vor allem klang die Beschreibung der Technik wie aus einem Reklamekatalog für das beste und modernste Studio jener Zeit. Dem „Billboard“-Magazin präsentierte der 30-jährige Cordell im November 1973 die großen Errungenschaften: „Wir haben das Hauptstudio in Tulsa, das sich in einer renovierten Kirche an der Third Street befindet. Die Decke ist zwölf Meter hoch, was für gute Akustik wichtig ist, und wir haben ein 16- und ein 8-Spur Pult, gebaut vom selben Mann, der auch das Olympic- und das ISLAND-Studio in England ausgestattet hat. Wir sind gerade dabei, die Pulte zu modifizieren. Außerdem haben wir eine vollständige Video-Ausstattung im Studio. Der Kontrollraum liegt über dem für den Audioschnitt…“

Und ein paar Sätze weiter verdeutlichte Denny Cordell, welche Dimension der Superstar Leon Russell seinem Projekt verliehen hat: „Wir haben 14 Häuser in dem Block für Techniker, reisende Künstler, Produzenten, Verleger und andere Besucher. Wenn man also nach Tulsa zu uns kommt, bekommt man wirklich ein Zuhause weg von zu Hause. Man checkt ein, und es lastet sehr wenig Druck auf einem.“ Und als wäre die Werbung für das Superprojekt Church-Studio noch nicht genug, verglich Cordell die Musikszene mit der in Austin, Texas: „Es gibt hier eine Reihe kleiner Clubs, die jeweils Platz für rund 60 Gäste bieten und in denen man verschiedenste Musik hören kann, von Rock bis zu R & B, zu Gospel und Country. Zwei Tage in der Woche kann man beispielsweise JJ Cale in Tulsa erleben. Er geht nicht sehr oft auf Tour.“

Crazy Mama's Studio

Als JJ Cale nach Nashville zog, bestimmten noch Musikverlage, Aufnahmestudios und Musikkneipen das Stadtbild. Übertroffen wurde ihre Zahl allein von den Kirchen, die hier im „Bible Belt" der USA die verschiedenen Glaubensrichtungen vertraten. Im Musikbusiness dominierten das Verlagsimperium Acuff-Rose mit Wesley Rose an der Spitze und die Labels RCA und Columbia, deren Interpreten Waylon Jennings und Dolly Parton sowie Charlie Rich und Tanya Tucker damals Top-Hits hatten. Hinter deren Erfolg standen die Label-Bosse und Produzenten Chet Atkins – JJs Gitarrenidol – und Billy Sherrill. Ihre Büros und Studios lagen nicht weit vom Stadtzentrum entfernt. Alles war noch klein und überschaubar. Mittelpunkt war die Music Row, eine Straße mit unscheinbaren ein- bis zweistöckigen Gebäuden. Vom RCA-Studio B zum Columbia-Studio, wo Cale aufnahm, war es nur wenige Minuten zu Fuß. Allein Bradley's Barn lag außerhalb in Mount Juliet. Die „Grand Ole Opry", deren Stars Cale in den 60er Jahren begleitet hatte, war da schon zum Museum umgewandelt geworden, und der Showbetrieb war aus dem Ryman Auditorium in der City ins Opryland, einen Freizeitpark, am Stadtrand gezogen. Für Touristen, die Tennessees Hauptstadt wegen der Musik besuchten, fuhren Busse von Sehenswürdigkeit zu Sehenswürdigkeit – besonders beliebt waren die Wohnhäuser der Country-Stars. Endpunkt der Touren stellte Johnny Cashs Haus in einem parkähnlichem Grundstück am Old Hickory Lake dar. Das hatte er von Roy Orbison gekauft. Nicht weit davon – unbelästigt von Neugierigen – hatte sich JJ Cale am See ein Haus gekauft.

Es war die Abgeschiedenheit, die Cale suchte, den Raum zum Tüfteln, zum Experimentieren. Seine Aufnahmen waren ihm dabei offensichtlich fast nebensächlich. Im Rückblick auf die Entstehung der Alben „Troubadour“ und „5“ gewährte er dem „NME“ 1980 einen tiefen Einblick in seine Lebensphilosophie und seine Arbeitsweise: „Es macht mir nichts aus zu arbeiten, aber ich versuche auch, das Leben zu genießen. Die Leute sagen, meine Platten hätten zuviel Abstand von einander, ich brauchte drei Jahre, sie zu produzieren und so. Aber weißt du, ich habe ein bisschen Geld mit den Liedern auf ‚Naturally’ verdient, und ich sehe keinen Sinn darin, Milliardär zu werden. Ich habe schon alles doppelt, und du weißt schon, man kann das nicht mitnehmen… Der Grund, warum die beiden letzten Alben so lange gebraucht haben, ist, dass wir die Studios in der gleichen Zeit gebaut haben, in der wir auch in ihnen aufgenommen haben. Und wenn man das macht, verbringt man mehr Zeit damit zu versuchen, die Macken aus dem Studio zu kriegen als mit der Musik. Also haben wir anderthalb Jahre damit verbracht, die Macken aus dem Studio da drüben rauszubekommen (Crazy Mama’s). Das haben wir während der Aufnahmen von ‚Troubadour‘ gemacht. Dann habe ich hier von vorne angefangen, verstehst du? So war das letzte Album ‚5‘ hauptsächlich dazu da, die Macken hier auszumerzen.“

Klar wird aber aus all dem auch, dass Cale in dieser Zeit nie nur die Hände in den Schoß gelegt hat und einfach Zeit verdamelt hat. Denn zwischen dem Erscheinen von „Okie“ im April 1974 und der Veröffentlichung von „Troubadour“ lagen kaum anderthalb Jahre, aufwendiges Songwriting, der Umzug von Tulsa nach Nashville und der Aufbau des Crazy-Mama’s-Studios. Einer der ersten Besucher und Nutzer dieses Studios war Neil Young im Mai 1975. Er machte dort laut Jimmy McDonoughs Neil-Young-Biographie „Shakey“ mit JJ Cale Aufnahmen für sein Album „Comes A Time“. Die LP erschien erst Ende 1978, und offensichtlich war Neil Young nicht glücklich mit dem

Ergebnis des Mischens. Er kaufte kurzerhand 200 000 Vinyls der ersten Auflage und verwendete sie als Dachschindeln für eine Scheune. Dann machte er sich daran, die Originalspuren für eine neue Auflage zu mischen. Cales Gitarrespiel kann nicht der Anlass für Neil Youngs Unzufriedenheit gewesen sein. Er äußerte sich immer wieder positiv über dessen Bedeutung als Gitarrist.

Ein weiterer Grund, warum es vermeintlich so lange gedauert hat, bis Cale ein neues Album veröffentlichte, waren seine zahlreichen Live-Termine, die ihn in diesen Jahren auch erstmals außerhalb der USA auftreten ließen. Jetzt spielte er neben seinen kleinen Clubgigs auch in Kanada und ein Jahr später sogar in Europa. 1972 hatte JJ Cale in seiner Heimatstadt Tulsa noch als Teil der Leon-Russell-Show einen Auftritt in den Tulsa Fairground Racetracks absolviert – war neben anderen Musikern des SHELTER-Labels wie Freddie King, Leon Russell und Willis Ramsey aufgetreten. Silvester 1975 war es dann endlich so weit, dass er das Jahr in Tulsa als Solo-Star beenden konnte – und das an einem nicht nur für ihn bedeutenden Ort: in „Cain's Ballroom", wo er vor Jahren noch die Musiker der „Grand Ole Opry" begleitet hatte, wo Bob Wills & His Texas Playboys täglich eine Radiosendung hatten. So verabschiedete er sich von der Stadt, die er für seine neue Heimat Nashville hinter sich gelassen hatte.

An diesem Abend in Tulsa spielte Cale zwei seiner bis dahin noch unveröffentlichten größten Hits. Premiere hatte „Cocaine", der Song, durch den er für immer ausgesorgt haben sollte, der Song, der zu einem der größten Erfolge Eric Claptons werden sollte, der Song, dessen Riff neben solchen Klassikern wie „Satisfaction" von den Stones, „Green Onions" von Booker T. & The MGs oder „What'd I Say" von Ray Charles zum Erbe des Rock'n'Roll werden sollte. Während „Cocaine" allerdings bereits im anbrechenden Jahr auf „Troubadour“ veröffentlicht wurde und schnell Furore machte, brachte „Sensitive Kind“ es erst 1979 zur Veröffentlichung auf dem Album „5“. Und auch dieser Titel fand mit Carlos Santana zu Beginn der 1980er Jahre einen ersten prominenten Nachahmer, bevor er zum Klassiker in der Folkszene und an Lagerfeuern wurde.

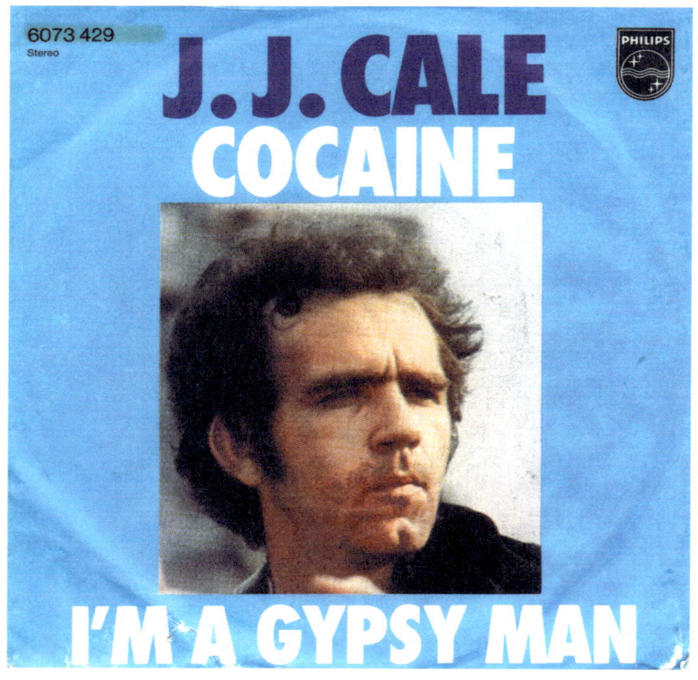

„Troubadour“

Während sich die Musikkritiker bisher in ihren Besprechungen schon zu sehr an ihn und seinen Sound gewöhnt hatten und nichts Neues entdecken konnten, hatte er mit „Troubadour“ einen Meilenstein im Umgang mit neuer Technik und neuen Sounds geschaffen. Tatsächlich ist kein Cale-Album wie das andere. Super-Percussionist Farrell Morris war wieder bei ein paar Sessions dabei, und diesmal öffnete er nicht nur mit frischen Synkopen den Rhythmus. Cale ließ Morris auch mit dem Vibraphon eine neue klangliche Ebene einbringen – ein bisschen Lionel Hampton schwang plötzlich mit. Doch viel größer war noch der klangliche Eindruck, den Don Tweedy mit seinem Arp-Synthesizer bei der Aufnahme von „You Got Something“ hinterließ. Hier entstand eine ganze, fast außerirdisch wirkende Welt voller künstlicher Klänge, die im Raum schwebten. Hatte Cale bei „Okie“ als Innovation die Dopplung von Gesängen eingeführt, waren auf „Troubadour“ nun große Hallräume für die Gitarren zu hören, Wahwah-Effekte, Verzerrer und Phaser.

Wenn man ihm bei seinen Alben Wiederholungen vorwerfen konnte, dann, weil er neben seinen Homies Jimmy Karstein, Bill Raffensperger, Karl Himmel, Jerry Allison immer die versiertesten Nashville-Musiker für seine Sessions um sich versammelte. Diesmal waren zum Beispiel „The big E“ Buddy Emmons und Lloyd Green an der Steelgitarre, Kenny Buttrey, Kenny Malone und Buddy Harmon am Schlagzeug und fast schon selbstverständlich die Gitarristen Reggie Young und Harold Bradley mit von der Partie. Erstmals spielte Joe Osborn den Bass, der in den 60ern zu Ricky Nelsons Band gehört hatte. Bei verschiedenen Titeln setzte Cale Bläser ein, etwa bei „Hey Baby“, das er in Chip Youngs Log Cabin (Young ’Un Sound Studio) in Murfreesboro bei

Nashville aufgenommen hatte. Doch der Bläsersatz fand auf dem Cover bei dem Stück mal wieder keine Erwähnung. Erst beim im neuen Crazy Mama's Studio aufgenommenen funkigen „Let Me Do It To You" wurden die drei Bläser genannt. Gary Paxton, eine der schillerndsten Figuren Nashvilles, steuerte beim Titel „Cherry" die prägnanten Chorstimmen bei. Wie immer strotzte das Album vor Prominenz, die Audie Ashworth im Studio versammelt hatte und die zur Perfektion von „Troubadour" beitrug.

Der deutsche Kritiker Michael Schlüter vom „Sounds"-Magazin war, ohne sich besonders Cales Weiterentwicklungen zu widmen, hellauf begeistert. „Cocaine" bezeichnet er als den „prächtigsten Disco-Rocker, den man bisher von J. J. Cale gehört hat". Aber am besten beschreibt sein Fazit das Album, das langfristig zum meistverkauften JJ-Cale-Album avancieren sollte: „Wer bisher glaubte, mit nur einer Platte von J. J. Cale habe er sowieso alle – Irrtum: Er hat nicht TROUBADOUR, und die bietet nichts Geringeres als *Cale At His Best!"* Auch der englische „Arts Guardian" hob „Cocaine" als „eins der besten Stücke des Albums" hervor und lobte „Troubadour", weil er „aus der glatten professionellen Mittelmäßigkeit des derzeitigen amerikanischen Marktes" herausragt. Max Bells Rezension im „New Musical Express" trug die Überschrift „J. J.s is the only way" und belegte die Einzigartigkeit der Platte mit einer Würdigung der einzelnen Songs. Als Bilanz griff der Kritiker zu einer gewagten Metapher: „Mit ‚Troubadour' meißelt Cale weiterhin seine charakteristische Raffinesse aus den Schichten subtilen Understatements heraus… Ein Troubadour, der etwas zu sagen hat. Sie werden es lieben." Die englische „Sunday Times" schließlich zählte das Album im Jahr 2000 zu den „Crucial Cuts" der Pop-Geschichte und erkannte in den Aufnahmen eine Sternstunde Cales. Der Autor Robert

Sandall, ein renommierter Musikkritiker, kam zu dem Schluss, Cale sei „ein bei weitem komplexerer und vollendeterer Musiker, als sein Ruf erahnen lässt“. Als Beleg führte er die Titel „Travelin’ Light“, „Cocaine“, „Let Me Do It To You“ und „You Got Me On So Bad“ auf. „Auch sonst verleiht die Qualität (und Quantität) der begleitenden Musiker und Audie Ashworths nadelscharfer Produktion ‚Troubadour‘ eine ungewöhnliche Lebendigkeit, die Cale nie mehr übertroffen hat.“ In den „Billboard“-Charts kam „Troubadour“ auf Rang 84, in England auf Rang 53 und in der deutschen Hitparade sogar auf Rang 22.

„Cocaine“

Unter die zwölf Songs der Platte hatte es wieder ein Fremdstück geschafft, allerdings von einem alten Bekannten: Sonny Curtis steuerte „I'm A Gypsy Man“ bei. Wichtiger für den andauernden kommerziellen Erfolg des Albums waren aber zwei Stücke, die Eric Clapton coverte: „Cocaine“ und „Travelin' Light“. „Cocaine“ erschien nach Veröffentlichung der LP auch auf Single – als B-Seite. Nach den Flops der letzten drei Singles beschränkte SHELTER sich auf diese 45er. A-Seite war in den USA „Hey Baby“, das es in den Charts nur noch auf Rang 96 brachte. Wie schon zuvor bemerkte SHELTER den Irrtum und erklärte darauf „Cocaine“ zur A-Seite. Ursprünglich hatte JJ dafür ein jazziges Arrangement gewählt, das für Audie Ashworth jedoch nicht hitträchtig genug war. Also zog Cale sich zurück und arrangierte „Cocaine“ als Rocksong. Das Riff überspielte er dreimal und nahm den Bass-Part selbst auf. Auch die Mischung erledigte er selbst im Crazy Mama's Studio. Während das Studio von ihm und Audie Ashworth in dessen Haus eingerichtet worden war, hatte er dort in einem Zimmer übernachtet, um ständig präsent zu sein. Die Perfektion von „Cocaine“ ist auch Ergebnis seines Perfektionismus. Aber wie immer war Cale weniger davon überzeugt, ein perfektes Ergebnis erzielt zu haben: „Für eine Menge Leute ist es hart, sich meine Version anzuhören, weil sie ziemlich roh, ein bisschen ungeschliffen an den Ecken ist, vielleicht ein bisschen unfertig klingt. Aber das ist es, wie ich es mag, nicht zu glatt.“ Wer aus dem Song eine Botschaft herauslesen möchte, tut sich schwer, obwohl Eric Clapton – verständlicherweise – darin „quite cleverly anti-cocaine“ entdeckte. In einem hat Clapton recht: „Es klingt wie ein Song über Kokain.“ Damit stand Cale in einer Tradition, die bis in die 40er Jahre zurückgeht, als der „Cocaine Blues“ von Woody Guthrie und den

W. A. Nichol's Western Aces aufgenommenen wurde. Spätere Versionen stammen von Hank Thompson (1959) und Johnny Cash (1960, „Transfusion Blues“).

Wenn man Cales Text liest, klingt das doch eher nach einer Gebrauchsanweisung, als nach einer Anti-Kokain-Botschaft:

If you want to hang out,
You've got to take her out, cocaine
If you want to get down,
Get down on the ground, cocaine

She don't lie,
She don't lie,
She don't lie, cocaine

If you got bad news,
You want to kick them blues, cocaine
When your day is done
And you got to run, cocaine

She don't lie,
She don't lie,
She don't lie, cocaine

If your thing is gone
And you want to ride on, cocaine
Don't forget this fact,
You can't get it back, cocaine

She don't lie,
She don't lie,
She don't lie, cocaine

Nach seinem Silvesterkonzert zum Jahreswechsel 1975/76 brach Cale nach Australien und Neuseeland auf, wo er im Januar einige Konzerte spielte. Als er 1980 aufs Land nach Kalifornien gezogen war, lud er Mark Cooper vom „ME/Sounds“ zum Interview ein und erzählte eine Anekdote von dieser Tour, die ein Licht auf das Musikbusiness, zugleich aber natürlich auch auf die Medien wirft: „1976 in Neuseeland hatte der Promoter reichlich Mühe, Tickets zu verkaufen, weil dort noch keine einzige Platte von mir erschienen war. Als ich in Auckland ankam, schob er mich in die Garderobe und sagte: ‚JJ, das Problem ist, du bist ein Langweiler, und ich muss diese 2000 Plätze vollkriegen. Also dachte er sich eine Geschichte aus, erzählte der Presse, ich hätte Arthritis und wäre nach Neuseeland gekommen, um eine Wurzel zu finden, die mich heilen kann. Alle Zeitungen erschienen mit Schlagzeilen wie JJ Cale sucht Heilung in Neuseeland – und erwähnten in Klammern, dass ich auch ein paar Konzerte gäbe. Die Shows verkauften sich danach ganz gut, aber als nach dem Konzert eine alte Frau zu mir kam und sagte, sie würde für mich beten, hatte ich nicht das Herz, ihr die Wahrheit zu sagen.“ Während er also nach wie vor jedes Marketing und jede Promotion für Firlefanz hielt, legten sich andere richtig ins Zeug, um zur Not auch mit Lügen mit ihm ein Geschäft zu machen.

Die erste Europa-Tournee

Noch bevor SHELTER „Troubadour“ im September 1976 veröffentlichte, ging er zum ersten Mal auf Europa-Tournee: Drei ausverkaufte Konzerte standen Anfang April im Hammersmith Odeon in London auf dem Plan, bevor er im Lauf des Monats unter anderem in Hamburg, Hannover, Amsterdam und Oslo auftrat. Bei seinem Besuch in London gab er dem „New Musical Express“ ein Interview, das noch im April erschien. Es verlief etwas professioneller als die Begegnung mit dem „Rolling Stone“ ein paar Jahre zuvor. Unter dem Titel „They call him Mr. Charisma“ („Man nennt ihn Mr. Charisma“) beschrieb Steve Clarke, was er im Hotel mit Cale erlebte. Statt der „Anstandsdame“ Denny Cordell an der Seite von Cale bemühte sich diesmal Audie Ashworth um eine akzeptable Atmosphäre. Clarke: „Man kennt diese Szene. Der coole und professionelle PR-Mann bringt dich hoch in die Suite des Künstlers, wo sich alles ein bisschen verspätet hat – Überraschung, Überraschung! Zwei Journalisten und ein Fotograf widmen ihre Zeit JJ Cale, der, wie sich herausstellen wird, unwesentlich geschwätziger ist, als eine Leiche.“ Vor der Begegnung hatte der „NME“-Reporter ihn noch für eine Art Howard Hughes angesehen, jetzt, wo er ihm gegenüber stand, fühlte er sich an Steve McQueen im Film „Papillon“ erinnert.

Diesmal hatte Cale statt seiner Frau, von der er inzwischen getrennt lebte, seine Band dabei, die im Hotelzimmer rumlungerte und sich durch Gelächter und Gemurmel bemerkbar machte. „Sein Manager und Plattenproduzent Ashworth“, der versuchte, die Situation für Clarke zu entspannen, „ist ein mit Zucker überzogener Typ mit einem nicht zu ignorierenden Bierbauch. Er begrüßt mich wie einen lange verlorenen

Cousin“. Dann konnte das „Interview“ beginnen. Cale erzählte, wie er Claptons „After Midnight“ im Radio gehört hat, wie er sich dann einen Chevrolet gekauft hat. Clarkes Eindruck von dem prominenten Musiker: Er spricht bescheiden über seine Talente: „Ich singe einfach die Songs, die ich geschrieben habe. Das könnte wahrscheinlich jeder, der sich so viel Zeit damit beschäftigt, wie ich es getan habe.“ Das Gespräch war dem Journalisten Clarke nicht mal spannend genug, um viele wörtliche Zitate von Cale zu bringen.

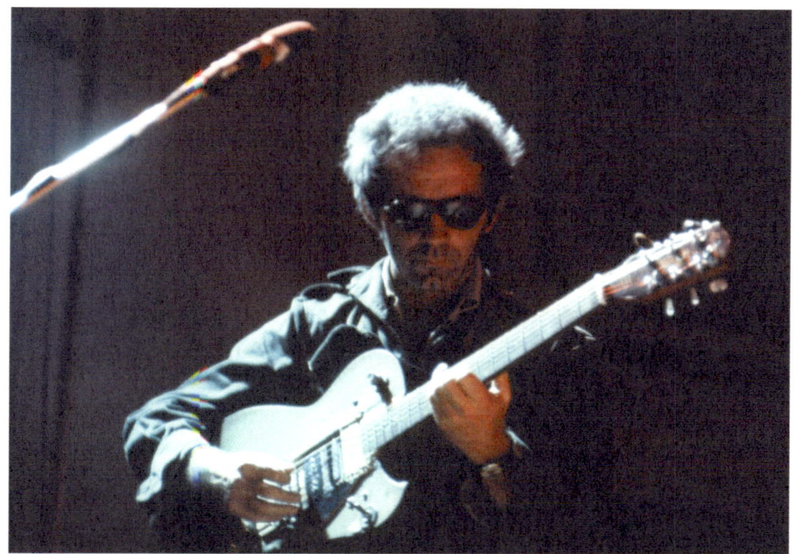

Zum ersten Mal in Deutschland: JJ in der Hamburger Musikhalle (Foto: Fichel)

Nashville: Studio im Lakehouse

Zurück in Nashville hatte Cale begonnen, in seinem Haus am Old Hickory Lake das „Lakehouse Studio“ aufzubauen. Dafür nahm er eine Konsole aus Audies Haus mit, damit er zum Anfang schon mal bei sich aufnehmen konnte. Zusätzlich schaffte er sich einen Trailer an, den er in der Nähe von Opryland auf einem Wohnwagenplatz parkte. Dorthin zog er sich zurück, wenn ihm das Klingeln des Telefons in seinem Haus auf die Nerven ging. Sein Leben spielte sich jetzt in der pulsierenden Country-Metropole ab, die für viele Musiker Jobs in Studios und bei Konzerten bot. Bisher hatte er sich hier nur vorübergehend für seine Zusammenarbeit mit Audie Ashworth aufgehalten. Seine ständige Anwesenheit in Nashville sollte zu schicksalhaften Veränderungen führen. Zunächst gab es Arbeit im Crazy Mama’s Studio. Dort standen für Audie und ihn Aufnahmen seines alten Okie-Kumpels Gordon Payne an. Payne hatte seine Gitarre bereits bei „The Woman That Got Away“ auf „Troubadour“ eingesetzt. Da spielte er im Gitarrenduett mit Chuck Browning. Jetzt bekam er die Chance für ein Solo-Album, bei dem ihm auch sein Freund und Arbeitgeber bei den Waylers, Waylon Jennings, unterstützte. Gordon war die rechte Hand und Lead-Gitarrist von Waylon, hatte mit Jerry Allison bei den Crickets gespielt und wollte sich nun einmal als Songwriter selbst beweisen. So lernten sich dann auch JJ Cale und Waylon Jennings kennen und schätzen. Im Februar 1977 kam die Jonas Fjeld Band aus Oslo nach Nashville. Audie Ashworth hatte mit den Norwegern im Jahr zuvor Plattenaufnahmen vereinbart, als er mit Cale auf Europa-Tournee war. Auch bei dieser Produktion war JJ beteiligt, steuerte einen Song bei und spielte Gitarre im Crazy Mama’s Studio. Der Titel, den Cale für Jonas Fjeld schrieb, wurde viele Jahre später zum Titelsong von Cales letztem zu Lebzeiten erschienenen Studioalbum „Roll On“.

Ein dramatisches Ereignis erschütterte Nashville wenige Monate später. Andy Zimmer, ein 16-jähriger, emotional verstörter Junge aus Dousman, Wisconsin, löste am 26. Juni 1977 eine Katastrophe aus, als er seine Gummizelle im Maury County Jail in Brand steckte. 42 Menschen starben bei dem Brand durch Rauchvergiftungen. Es war eine Aneinanderreihung unglücklicher Umstände, Achtlosigkeiten oder einfach das Ergebnis von Desinteresse: Drei Tage vor dem Unglück konnten mehrere Insassen des kleinen Gefängnisses wegen der Fahrlässigkeit im Umgang mit den Sicherheitsbestimmungen entkommen. Darauf hatte man den gesamten Zugangsbereich der Anlage hermetisch verschlossen, – obwohl es Besuchszeit im Gefängnis war. Andy Zimmer, der aus einer Jugendeinrichtung in Wisconsin per Anhalter geflohen war, war für das „Vergehen" zu trampen eine Woche zuvor eingelocht worden. Und weil er aufgrund seines jugendlichen Alters nicht mit den anderen Strafgefangenen in einem Trakt gehalten werden durfte, kam er in die freie Gummizelle.

Als das Feuer ausbrach, wollte ein Wächter die Gefangenen befreien, verlor aber im panischen Gedränge und dichten Rauch den einzigen dafür nötigen Schlüssel. Mehrere Minuten vergingen, bevor die Gefangenen befreit und die Verletzten in Krankenhäuser gebracht werden konnten. Die meisten Opfer des Brandes waren allerdings keine verurteilten Straftäter, sondern Besucher von Strafgefangenen oder Untersuchungshäftlinge, die auf ihren Prozess warteten. Die Tragödie fand landesweit Beachtung in den Medien, und Pläne für ein Benefizkonzert für die Familien der Opfer wurden schon wenige Wochen später realisiert. Am 11. September war es so weit: B. B. King, der im Lauf seines Musikerlebens über 60 Gefängniskonzerte gab, hatte sofort zugesagt, und aus Nashville stand Waylon Jennings auf der Bühne. Für zwei Menschen fand aber an jenem Abend das wesentliche Ereignis im Backstage statt.

Backstage mit Christine Lakeland

Dass sich Christine Lakeland und der 16 Jahre ältere JJ Cale je begegnen würden, war höchst unwahrscheinlich. Die am 11. Juli 1954 geborene Christine wuchs in gutbürgerlichen Verhältnissen in Michigan auf. Anders als ihre Mitschülerinnen gab sie sich aber nicht mit dem vorgezeichneten Lebensweg zufrieden, sondern ließ am Morgen nach dem Schulabschluss ihr Elternhaus hinter sich, um nach Nashville zu gehen. Schon nach drei Tagen bekam sie dort einen Job als Gitarristin in einer Barband. „Ich wusste, dass es dort eine Menge Aktivitäten und Angebote für Musiker gab. Und so war es auch." Höhepunkt ihrer Musikerlaufbahn in der Countrymetropole war ein Engagement bei Merle Haggard. Der hatte gerade eine Tour beendet und war mit seiner Backgroundsängerin Christine Lakeland nach Tennessee zurückgekehrt. Nur der Zufall wollte, dass sie dort auf Cale treffen würde, der – wie er dem „NME" erzählte – in Nashville kaum Bekannte hatte und sich am liebsten in sein Lakehouse zurückzog. Am 11. September allerdings war er von Gordon Payne zu Waylon Jennings' Auftritt bei dem Benefizkonzert eingeladen worden.

In einem Interview mit dem Magazin „Gitarre und Bass" erzählte Christine 2019, wie es zu der Begegnung kam: „Wir haben uns backstage bei einem Benefizkonzert in Nashville getroffen. Ich hatte gerade eine längere Tournee hinter mir, und er hatte eine Pause von einer Studio-Session eingelegt. Damals war alles noch viel lockerer. Ich meine, heute sind bei solchen Veranstaltungen überall Sicherheitsleute, und die Künstler werden hermetisch abgeschirmt. Damals konnte jeder problemlos hinter die Bühne – es war alles ganz unbeschwert und lustig. Dabei wurden wir uns vorgestellt – und das war's." Nachdem

Chris Etheridge, Willie Nelsons Bassist, Christine Lakeland und Cale miteinander bekannt gemacht hatte, zogen sie noch mit einigen Musikerfreunden in den angesagtesten Club der Stadt weiter, in die Penthouse-Bar „King Of The Road" auf dem Dach des gleichnamigen Hotels. Es gehörte dem Songwriter und Sänger Roger Miller, enfant terrible der Countrymusik, der es nach seinem größten Hit benannt hatte. Roger Miller, war nicht nur für seinen Song „King Of The Road" berühmt, sondern auch für seine Nähe zu Alkohol und jeder Art von Rauschmittel. In seiner Bar begann für die damals 22-jährige Musikerin aus Michigan und den 38-jährigen Okie eine 36 Jahre anhaltende „Konversation", wie Lakeland die Beziehung beschrieb. Erst viele Jahre später, 1995, heiratete das Paar.

Lakeland: „Wir hatten keinen One-Night-Stand…, fingen an, immer mehr Zeit miteinander zu verbringen und eine tolle Beziehung aufzubauen. Dann meinte er plötzlich: ‚Komm, lass uns zusammen auftreten.' Und zwar ohne zu proben, weshalb ich eine Todesangst hatte. Zumal ich mich nicht wirklich mit seiner Musik auskannte. Es war ein neuer Job, der mit einer neuen Beziehung einherging – und beides war spannend. Also sagte ich mir: ‚Probier es. Hör genau hin und gib dein Bestes.' Das hat funktioniert." Bereits zehn Tage nach ihrer Begegnung spielte das frisch verliebte Paar ein erstes Konzert in Ottawa und am 22. September in Montreal.

Und nicht nur das musikalische Zusammenspiel funktionierte: Christine Lakeland zog bei JJ Cale ein. Das war der Beginn eines neuen Lebens für ihn. Auch wenn die beiden nie öffentlich über ihre Liebe gesprochen haben, bestand die Attraktion nicht nur auf musikalischer Ebene. Lakeland: „Als ich ihn das erste Mal getroffen habe, fand ich ihn unglaublich süß. Haben Sie Fotos von ihm aus dieser Zeit gesehen? Er war richtig sexy, hatte einen tollen Hintern und war ein unglaublich gut aussehender Kerl. Außerdem brachte er mich zum Lachen – genau wie ich ihn. Hinzu kommt, dass wir sofort auf einer Wellenlänge waren und uns toll verstanden haben. Ich bin mir nicht sicher, ob das den Leuten klar ist, aber John war sehr sexy – ein sehr attraktiver Mann. Er mochte Frauen, er mochte physische Sachen, und ich schätze mich glücklich, mit jemandem zusammen gewesen zu sein, der so gefühlt hat."

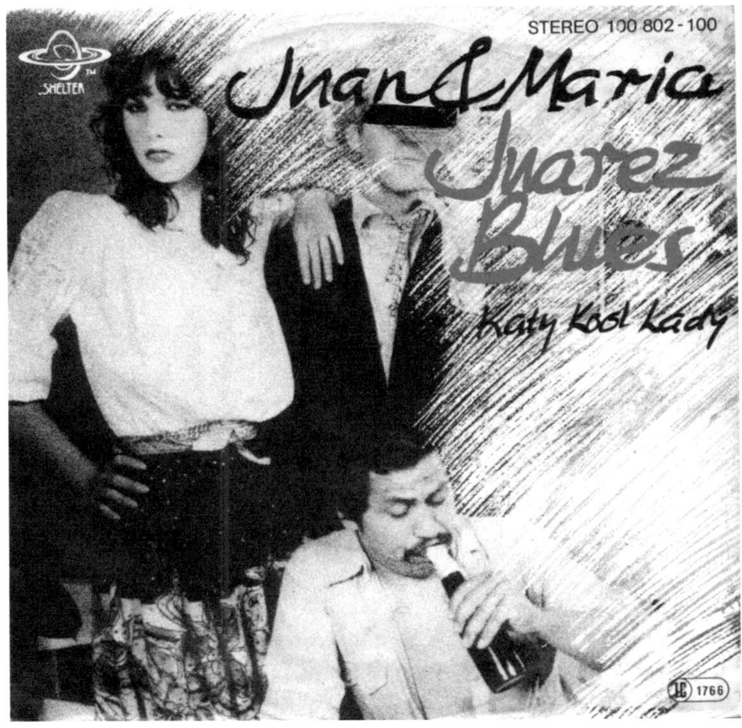

JJ und Christine als Juan und Maria

Erste Begegnung mit Eric Clapton

Und noch eine zweite Begegnung im selben Jahr sollte Cales Leben dauerhaft bestimmen. Im Mai hatte er seine Flugangst erneut überwunden und war zum zweiten Mal in Europa getourt. Ab dem 12. spielte er an drei aufeinander folgenden Tagen in London im Victoria Palace. Zum ersten Mal begegneten sich Eric Clapton und JJ persönlich. Noch 1980 im Interview mit dem „New Musical Express" spielte Cale die Begegnung herunter: „Ich habe ihn einmal getroffen. Wir spielten im Old Vic (sic, Red.: Victoria Palace) in London, und sie kamen alle in den Backstage-Bereich: Ringo Starr war da und die ganze Clapton-Band. Sie spielten uns ‚Cocaine' vor. Ich wusste nicht mal, dass sie es aufgenommen hatten. Dann spielten sie ein bisschen mit uns bei der Zugabe, aber es war nicht viel Zeit zum Reden, wir arbeiteten und sie nahmen gerade auf." Aus dieser Begegnung und Claptons anhaltender Bewunderung für Cale erwuchs eine Freundschaft, die weit über Cales Tod hinausreichte. Sie brachte ihm nicht nur dauerhaften Reichtum, sondern mit dem gemeinsamen Album „Road To Escondido" sogar 2008 einen Grammy für „das beste zeitgenössische Bluesalbum". Auch die zweite Europatournee verlief ohne großes Aufsehen. Cale spielte in Hamburg wieder in der Musikhalle und unter anderem in Offenbach. Eigentlich war die Tour für den März angesetzt gewesen, aber im Mai ergaben sich dann besser zusammenpassende Termine.

„5“

Für Christine, genannt Chris, begann die Beziehung mit Cale nicht gerade „laid-back“. Noch im September gingen sie gemeinsam auf Tour nach Kanada. Und dann standen auch schon die Vorbereitungen für Cales nächstes Album „5“ an. Diesmal ließ er sich tatsächlich ein bisschen Zeit. Und er besann sich auf einige „alte“ Werte. So wurde die Produktion insgesamt etwas kleiner, teilweise sogar intim. Cale nutzte in erster Linie das neue Crazy Mama's Studio bei Audie und sein kleines eigenes Homestudio The Lakehouse am Old Hickory See, das er einrichtete, während er schon aufnahm und abmischte. Das technische Downgrading wurde von ZEIT-Kritiker Franz Schöler als einziges Manko von „5“ kritisiert: „Eine stilistische Weiterentwicklung kennt J.J. Cale nicht. Wenn hier etwas stört, dann nur, daß einige der Songs etwas amateurhaft aufgenommen sind.“ Was der Rezensent richtig erkannte: „5“ vereinte verschiedene Elemente von JJ Cales musikalischer Laufbahn, war Bestandsaufnahme, Rückblick. Schöler: „Seine praktisch patentierte Mischung aus Südstaaten-Blues und Gospel, Country-Anklängen und Rhythm & Blues spielt der Gitarrist aus Oklahoma… so lässig und perfekt, daß man ihm gar nicht böse sein kann, wenn er wieder seine Lieblingsthemen variiert.“ Aber „5“ war mehr, war auch ein Blick nach vorn.

Es hatte schon fast Tradition, dass Eric Clapton Stücke von seinem Kollegen übernahm, der ihm die Erfolge mit „After Midnight“ und „Cocaine“ ermöglicht hatte. Auch „I'll Make Love To You Anytime“, ein Song mit explizit sexuellem Text, wurde wieder von ihm gecovert – allerdings bereits ein Jahr, bevor der auf „5“ veröffentlicht wurde. Als Cale ihn im Columbia Studio aufnahm, spielte Kenny Buttrey das

Schlagzeug, aber die übrigen Instrumente lieferte Cale im Overdub-Verfahren selber. Claptons Version von „I'll Make Love To You Anytime" wurde zu einer besonderen Hommage an Cale. Sie erschien auf seinem 1978er Album „Backless". Uneingeweihte mochten den Begriff „Backless" für die Beschreibung eines tief ausgeschnittenen Kleidrückens halten, für Insider war klar, dass JJ Cales legendäre alte „Harmony"-Gitarre gemeint war.

Ein weiterer Song des fünften Albums hatte auch schon eine längere Geschichte: Bei dem Silvesterkonzert 1975 in Tulsa hatte JJ „Sensitive Kind" bereits einmal gespielt, damals als Folksong mit einem fast einminütigen Gitarrensolo. Mit dem Vibraphon von Farrell Morris und der großen Besetzung klang es wie eine Fortsetzung des Vorgängeralbums „Troubadour". Gemeinsam mit „Mona" war es eins der am aufwendigsten produzierten Stücke des Albums. Dafür hatte Audie Ashworth einige Tulsa-Freunde Cales und Nashville-Cracks ins Crazy Mama's Studio geholt und die Produktion Ronnie Light anvertraut. Light, selbst ein Songwriter und Country-Musiker, hatte zuvor großen Erfolg als Produzent verschiedener Waylon-Jennings-Alben gehabt. Von Ashworth stammte die Idee, „Sensitive Kind" und „Mona" zusätzlich mit Streichern für die Top-40-Radios aufzupeppen: „Ich suchte nach Ideen und hoffte, damit ins Radio zu kommen." Aber Cales Musik war zu subtil für die Sender, die längst dazu übergegangen waren, in Dauerschleife Playlists der Programmdirektoren auszustrahlen. Viel besser sah es auch in Deutschland nicht aus, wo Ariola „Friday" und „Don't Cry Sister" auf SHELTER als Single herausbrachte.

Was bei „Sensitive Kind" und „Mona" wie auch bei anderen Aufnahmen von „5" besonders hervorsticht, ist die Stimme von Christine Lakeland. JJ hatte seine Freundin nicht nur in seine Live-Band integriert, sondern machte sie von jetzt an zu seiner musikalischen Partnerin. Bei sechs der zwölf Titel wirkte Christine Lakeland als Sängerin und Gitarristin mit, spielte sogar Klavier und auch ein bisschen Percussion. Gemeinsam mit ihm schrieb sie das Stück „Katy Kool Lady“, das beide – wie auch „Don’t Cry Sister“ – zu zweit in häuslicher Atmosphäre am Old Hickory Lake aufnahmen. (Auf der US-Version der „5“-CD wurde „Katy Kool Lady“ durch „Out Of Style“ ersetzt.) Dominant ist Lakelands Pianospiel auf „Lou-Easy-Ann“ zu hören, einem Cale-Klassiker über die Reize von New Orleans und der Bourbon Street. Songs mit eindeutigen sexuellen Anspielungen und offenen Erwähnungen von Drogen auf „5“ zeigten, dass Cale jetzt eine neue Freiheit verspürte. Den Ton des Albums setzte er inhaltlich, indem er „5“ mit dem Titel „Thirteen Days“ eröffnete. Darin beschreibt er das Leben als Musiker auf Tour und erwähnt unkritisch „Dope“ und „Reefers“ als Begleiterscheinung des Lebens „on the road“. Und nicht nur das: „I tried to get in her jeans“, heißt es über eine weibliche Zufallsbekanntschaft. War bei „After Midnight“ noch „chug-a-lug“ (auf-ex-trinken) das einzig Exzessive, erscheint jetzt „drinkin’ booze“ als alltäglich.

Wie ein Drogenkatalog wirkt der „Juarez Blues“, den SHELTER als B-Seite auf der Single „Katy Kool Lady“ plazierte. Es war der erste Non-Album-Song auf einer 45er Platte von Cale, der nie in anderer Form, auf CD oder LP, erschienen ist. Bei der Aufnahme im Lakehouse Studio wird es nicht gerade drogenfrei zugegangen sein. Christine und JJ vermitteln den Eindruck, als hätten sie sich vollgedröhnt und hätten grenzenlosen Spaß dabei. Beim Text des komödiantischen Songs über die Szene in Ciudad Juarez, Mexiko, wechselten sie sich mal ab, mal sangen sie im Duett. Der Sound der Mariachi-Trompete erinnerte an den Tex-Mex-Stil von Sir Douglas, alias Doug Sahm. In Deutschland erschien die Platte unter dem Pseudonym Juan & Maria – für das Foto auf der Hülle hatten sich beide in ein mexikanisches Paar verwandelt, zu dessen Füßen ein biertrinkender Mexikaner hockt. Szenerie und Lied suggerieren die Vorstellung der Amerikaner von Fun „south of the border“: dass jenseits der US-Grenze das Drogenparadies beginnt – mit Marihuana, Kokain, Speed. Geradezu harmlos dagegen der Wunsch nach Vino, den Chris hier ebenfalls besingt.

Angesprochen auf „Bringing It Back (From Mexikco)“ hatte JJ 1972 noch jeden persönlichen Bezug zu Drogen geleugnet. Und anlässlich von „Cocaine“ weigerte er sich 1976, den Titel selber als pro oder contra Koks auszulegen. Jetzt aber gab es keine Zurückhaltung mehr. In einem Interview zur Veröffentlichung seines 13. Studioalbums sprach er später offen über seinen Drogenkonsum: „Ich habe Drogen genommen und getrunken, um mich in Stimmung zu bringen. Manchmal traf ich die falschen Entscheidungen, wenn ich besoffen war und manchmal, wenn ich high war, habe ich einen Song geschrieben, den ich vermutlich nicht geschrieben hätte, wenn ich nüchtern gewesen wäre. Ich genieße alle Art von chemischen Substanzen, aber nicht mehr so oft wie früher.“ Und auf Nachfrage von Interviewer Jonathan Wingate, ob er nicht mehr auf Dope stünde: „Dope ist toll für Kreativität, es ist nicht so gut, wenn du Entscheidungen treffen willst.“ Entscheidungen waren bei SHELTER gefällt worden, ohne dass Cale Einfluss darauf gehabt hätte. 1976 erwiesen sich Meinungsverschiedenheiten zwischen Leon Russell und Denny Cordell als unüberbrückbar. Man beschloss, getrennte Wege zu gehen. Denny behielt SHELTER, während Leon sein eigenes PARADISE Label gründete und weiterhin The Church Studio in Tulsa und das Paradise Studio in Burbank, Kalifornien, benutzte.

Wechsel zu MERCURY

Cale blieb trotz des Streites zwischen Leon und Denny noch weiter bei SHELTER Records. Eher widerwillig ließ er sich für Tourneen buchen und zu Presseterminen überreden. 1978 war er nur neunmal aufgetreten. In Nashville begleitete er den französischen Musiker Eddy Mitchell, der in den Cinderella Sound Studios seine LP „Après Minuit“ (After Midnight) aufnahm, bei dem Titelstück. Als Mitchell ihn einlud, mit ihm drei Wochen lang in der Pariser Konzerthalle Olympia aufzutreten, lehnte JJ dankend ab. Er hätte jeweils sechsmal in der Woche täglich zwei Shows geben müssen. „Too much work!“ Im August 1979 sollte er zum Knebworth Festival in England fliegen, wo Led Zeppelin und die Marshall Tucker Band gebucht waren. Er sagte ab. „Man erwartet von mir, dass ich laid-back bin. Wie kann ich laid-back sein, wenn ich gerade aus einem Flugzeug steige und meine Hände zittern“, gab er dem „Rolling Stone“ gegenüber seine Flugangst zu. Das zweite Interview mit dem Magazin stand unter einem besseren Stern als die erste Begegnung in San Francisco. Der Journalist Steve Pond hatte sich mit ihm in Denver, Colorado, in einem Coffee Shop verabredet. Dort hatte Cale am Abend zuvor zwei Konzerte in der Rainbow Music Hall gegeben, zwei von etwa 50 Konzerten, zu denen er eingewilligt hatte, um „5“ zu promoten. Und er hatte inzwischen gelernt, mit der Presse umzugehen und sie für sich zu nutzen. Im Interview kündigte er an, dass er SHELTER verlassen werde und einen Vertrag mit Phonogram unterschrieben hatte. „SHELTER war genau das, was das Wort bedeutet, ein Schutzdach. Ich war zehn Jahre bei dem Label, verdiente eine Menge Geld und blieb wirklich beschützt. Phonogram ist eine größere Firma, und die wollen größer rangehen.“

Was er aber nicht von Phonogram wollte, war mehr Ruhm. Geld, okay, aber nicht zu berühmt werden, dann wird die Welt zu irreal, erklärte er seine Philosophie: Berühmtheit ist nur ein Ego-Trip. „Das ist okay, wenn es Dienstag ist und man sich egozentrisch fühlt. Aber was, wenn es Mittwoch ist und man will in Ruhe gelassen werden?" Er war zufrieden damit, dass Berühmtere als er seine „Demos" zu Hits machten und Geld für ihn verdienten. Und er äußerte sich zum ersten Mal auch kritisch über die amerikanische Gesellschaft. „Amerikaner sind die ultimativen Konsumenten. Sie verschlingen ihre eigene Kultur, besonders die Pop-Musik. Im Rock'n'Roll saugen sie alles, was sie können, aus einem Künstler raus und sagen dann ‚nächster'. Wenn man im Business bleiben möchte, muss man einen Weg finden, das alles zu umgehen." Er glaubte, seinen Weg gefunden zu haben. Dazu gehörte auch, sich der Öffentlichkeit zu entziehen, unterzutauchen. „Wenn ich nicht arbeiten muss, packe ich meine Sachen zusammen, greif mir meinen Hund, steige in meinen Trailer und bleibe da." War er mit seinem Trailer unterwegs, zog er von Stellplatz zu Stellplatz. Und wenn er gefragt wurde, was er beruflich mache, sagte er: Trucker.

In Session im Paradise Studio

Einen Einblick, wie versiert der Künstler Cale sieben Jahre nach „Naturally“ in Live-Atmosphäre agierte, gibt ein Video, das 2002 veröffentlicht wurde. Die Aufzeichnung „In Session“ aus dem Paradise Studio in L. A. entstand im Juni 1979. Cale und Russell und ein paar Freunde aus Tulsa waren an drei Tagen zusammengekommen und hatten 26 Songs live aufgenommen. Diese Sessions erhielten sogar noch große mediale Aufmerksamkeit, als sie 23 Jahre später der Öffentlichkeit zugänglich gemacht wurden. Und sie hatten Aufmerksamkeit verdient, denn neben den interessanten live eingespielten Variationen über Cales Songs vermittelten sie einen Eindruck in die Art und Weise, wie diese großartigen Musiker interagierten. „In Session“ ist ein für die Zeit noch immer seltenes, beeindruckendes Zeitdokument, zeigt Cale auf dem Höhepunkt seines Schaffens, direkt und unverfälscht, wie es kein einfacher Konzertmitschnitt vermag. Heute ist diese Form des Videomitschnitts als „Making of…“ für viele Künstler zwar selbstverständlich, aber bei vielen Musikern aus der prädigitalen Zeit fehlen genau solche Dokumentationen ihrer Kunst. Leon Russell hatte den Mitschnitt 2001 in seinem Archiv wiedergefunden und gemeinsam mit Mike Kappus, Cales neuem Manager, herausgegeben. Die letzte Zusammenarbeit mit Russell hatte 1975 bei dessen Album „Will O' The Wisp“ stattgefunden. Da war Leon der große Star mit sieben Top-100-Alben und drei Goldenen Schallplatten. Auch jetzt, vier Jahre später, inszenierte er sich als die Hauptperson. Im Hintergrund der Band hatte er übergroß auf einem Banner den Namen Paradise anbringen lassen. Und die Show dirigierte er, wie er schon bei „Mad Dogs And Englishmen“ aufgetreten war. Obwohl es JJs Gig war, sang er sogar zwei Titel solo.

Viele Musiker, die sich bei dieser musikalischen Zusammenkunft engagierten, hatten schon an „5“ mitgewirkt, und ein großer Teil der Songs wie „Sensitive Kind“ und „Fate Of A Fool“ stammte von Cales aktuellem Album. Auf das von der norwegischen Jonas Fjeld Band gecoverte „Roll On“ folgte „No Sweat“ im besten Rockabilly-Sound à la Dale Hawkins. Und die Version von „After Midnight“ erinnert daran, wie seine Aufnahme geklungen hat, an der sich Eric Clapton orientierte. Interessant war, dass sich im Bonusmaterial der DVD als Audioversion auch der Song „Don’t Wait“ findet, den er erst 1982 in einer Studioversion auf dem Album „Grashopper“ veröffentlichte. Nicht zu übersehen – und zu überhören – ist, welche bedeutende Rolle Christine Lakeland jetzt für seine Band spielte. Bei vielen Takes stand sie mit ihrer Gitarre im Mittelpunkt und begleitete JJ mit ihrem Harmoniegesang. Larry Bell und Leon Russell wechselten sich an E-Piano und Hammond B-3 Orgel ab. Bei „Fate Of a Fool“ übernahm Leon das Drumset, das sonst Jimmy Karstein bediente. Im Lauf der dreitägigen Session bekam auch Pianist Larry Bell, der mit Rollerskates am Klavier saß, die Gelegenheit, eine sehr soulvolle Version von „Set Your Soul Free (Tell Me Who You Are)“ zu singen.

„Marvellous“, war das Urteil des britischen Musikkritikers Paul Rigby über „JJ Cale, featuring Leon Russell in Session at the Paradise Studios, Los Angeles, 1979“. Rigby, der heute eine Website als „The Audiophile Man“ betreibt, hatte sich näher mit den Musikern und dem Geschehen auf der DVD auseinandergesetzt und schwärmte: „Jim Karsteins Stöcke entzerren seinen Kesseln und seiner Kuhglocke Tulsas Boom-to-bust-Beats. Währenddessen rühren Russell, Gitarrist und Fiddler Bill Boatman, der Soul-Sideman Larry Bell, der stehend spielende Percussionist und Beckenspieler Ambrose Campbell, Cale und Lakeland mythischen Schlamm auf, indem sie mild (oder manisch) durch die rosa gefärbten Sümpfe des Paradise Studios swingen." Ganz anders sein Kollege Michael Heatley, Autor unzähliger Biografien – unter anderem über die Backstreet Boys –, der sich der historischen Qualität der Aufnahmen in keiner Weise bewusst war. Er war offensichtlich im falschen Film, machte sich nicht einmal die Mühe, die Mitmusiker mit Namen zu identifizieren (über Lakeland: „a pissed-off looking female guitarist"). Sein Resümee vernichtend: „So, hier haben wir eine Live-Version der Greatest Hits, die nicht wirklich live ist und nicht so großartig wie das Original. Nur für Komplettisten." Von den Musikvideos der 80er und 90er Jahre verwöhnt, befand Paul Henderson: „Mit sehr wenig Angebot für die Augen ist der Reiz hier die Intimität eines Aufnahmestudios. Mit ein wenig Vorstellungskraft sitzt man fast selbst auf der anderen Seite der Studioscheibe und beobachtet Cale und seine Band, die … in einer Art und Weise aufnehmen, die in heutiger HighTech-Umgebung fast ausgestorben ist." Er vergab immerhin drei von fünf möglichen Sternen und bemerkte einen wichtigen Aspekt. Denn Cale stellte vor der Kamera seine alte Gitarre „Backless" vor: „Anfänglich nimmt sich Cale zwischen den ersten paar Songs Zeit, diverse Details seiner schrottigen, selbst-customized Gitarre zu erklären. Wir blicken durch ihren offenen Rücken in ein amateurhaftes wirres Bündel aus Drähten und Komponenten, Lötstellen und ungeschickten Holzarbeiten. Die Saitenlage des Halses wird durch die Plazierung einer Nickel- oder Dime-Münze ausgerichtet. Die Botschaft scheint zu sein, dass Musik mit der Fähigkeit und Kreativität des Musikers zu tun hat, nicht mit der Qualität seiner Werkzeuge. Auf jeden Fall versucht Cale niemanden mit seinen Fähigkeiten als Tischler oder Elektriker zu überzeugen."

In der Session spielt JJ zum einen seine alte, ehemals akustische Gitarre der Billigmarke „Harmony" und zum anderen eine Fender Stratocaster mit einem Mahagonikorpus und einem Ahorngriffbrett. Dabei hatte die alte Harmony, deren langsame Mutation man auf seinen Plattencovern bereits beobachten konnte, annähernd ihr Endstadium erreicht: „Ich spiel sie nicht mehr so viel. Sie ist schon so lange unterwegs, ist ungefähr so kaputt wie ich. Vielleicht bringe ich sie demnächst zu einem Trödelladen, bekomme vielleicht noch 35 Dollar dafür." Mit dieser nicht ganz ernst gemeinten Erklärung endet das Video zu der Session im Paradise-Studio in Los Angeles.

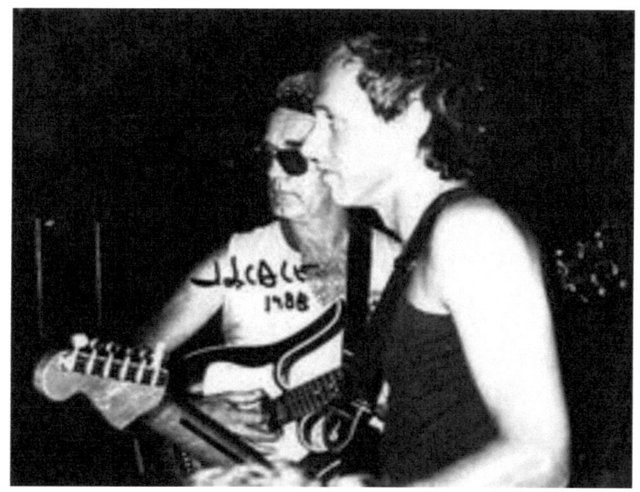

Live mit Mark Knopfler (Foto: MK-Guitar)

Mark Knopfler und „Dire Straits“

Während die Aufnahmen im Paradise-Studio liefen, hatte ein weiterer Engländer begonnen, mit Cales Sound die Welt zu erobern: Mark Knopfler, Kopf der „Dire Straits“. Das erste Album der Band mit dem Hit „Sultans Of Swing“ erschien 1978, und obwohl keine Cale-Komposition enthalten war, offenbarte jeder Gitarrenton und jede Gesangslinie eine große Nähe zu ihm. Knopfler hatte die Lead-Gitarre bei den Aufnahmen stärker betont als den Gesang. Und seinem Lead-Spiel fehlte jedwede Aggressivität – wie bei Cale. Cale selbst äußerte sich in mehreren Interviews fast gleichlautend über Knopfler, mit dem er bei zwei Gelegenheiten live zusammenspielte. 2004 erzählte er Frank Goodman von „Pure Music“: „Mark Knopfler hat keinen meiner Songs aufgenommen, aber ich glaube, er hat sich eine Reihe meiner alten Alben angehört, und er hat diesen Groove. Was ich mache, ist nicht wirklich das, was ich Rock’n’Roll nenne. Dire Straits, das war so ein europäisches Ding, und ich denke, ich hatte ein wenig Einfluss auf ihn – sehr wenig. Ich glaube, er hat sich eine Menge Bob Dylan für seine Gesangsphrasierung angehört. … Die Dire Straits waren melodisch. Mein Gitarrespiel ist ein bisschen melodisch, aber mein Gesang nicht.“

Im „Classic Rock“-Magazin erinnerte sich Gitarrist Mac Gayden an Cales zwiespältiges Verhältnis zu Mark Knopfler: „Das letzte Mal, dass ich John sah, ist vor ein paar Jahren in seinem Haus in L. A. gewesen. Wir sprachen über alte Freunde, und dann fing John plötzlich an, über Mark Knopfler herzuziehen. Er erwähnte, wie wenig er es mochte, dass Knopfler seinen Gitarren- und Gesangsstil kopierte. Gerade als John sich richtig in Rage geredet hatte, klingelte das Telefon. Und rate mal, wer dran war. Niemand anderes als Mark Knopfler höchst persönlich, der JJ einlud, als Opener mit auf seine nächste US-Tour zu kommen. John war freundlich, aber als er aufgelegt hatte, begann er wieder über ihn herzuziehen. Ich verließ ihn in vollständiger Übereinstimmung. Ein paar Wochen später las ich, dass er als Opener für Mark auf dessen US-Tour dabei war. Ich glaube, Nachahmung ist die ehrlichste Form der Schmeichelei."

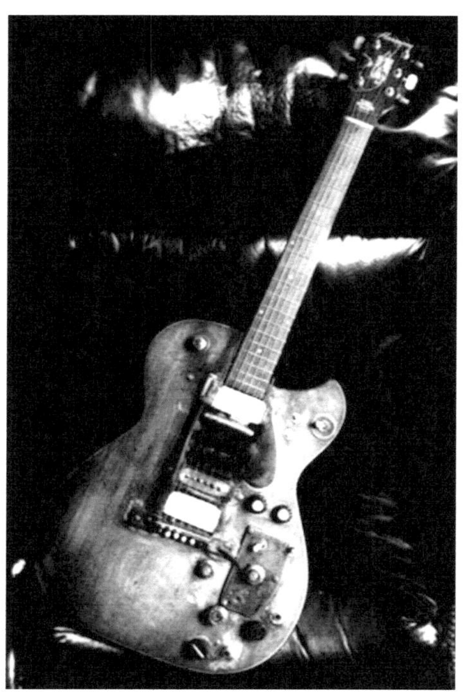

Die „Backless-Harmony"

Cales Gitarren

Wie viele andere Musiker auch war JJ Cale ein Sammler und ein Besessener auf der Suche nach dem richtigen Ton, nach dem passenden Instrument. Sein Umgang mit seinen Instrumenten spiegelte aber nicht nur sein Verhältnis zur Musik, sondern erzählt auch viel über seine Lebenssituation und seine Lebenseinstellung in den jeweiligen Phasen. Die Gitarren, die die Öffentlichkeit bei Cale-Konzerten zu sehen bekam, waren stets seine Arbeitsgeräte, seine Werkzeuge, nicht unbedingt seine größten Schätze.

Als er in den 60er Jahren versuchte, in Los Angeles eine Karriere als Musiker zu starten, begleitete ihn eine Gibson Les Paul Gold Top aus dem Jahr 1956. Die goldlackierte Decke beklebte er mit ein paar Blumen. Diese heute fast unbezahlbare Gitarre war sicherlich die wertvollste, mit der man Cale je auf einer Bühne gesehen hat. Um nach seinem Scheitern in L. A. die Rückreise nach Tulsa zu finanzieren, verkaufte er sie an Marc Benno, einen guten Kumpel von Leon Russell. Marc Benno verpasste der Gitarre andere Pickups, tauschte die Original-P90er Single-Coil-Pickups gegen Humbucker. Dass Cale diese Episode in dem Dokumentarfilm „To Tulsa And Back“ erzählte, verdeutlicht, wieviel ihm die Les Paul Gold Top einst bedeutete. Sie hatte auch eine eigene Geschichte. Denn die Gitarre verhalf Marc Benno zu dem Erfolg, den Cale sich in L. A. mit ihr erträumt hatte. Benno nahm 1969 zunächst gemeinsam mit Leon Russell das Album „Asylum Choir II“ auf, dann folgte 1970 sein erstes Solo-Album für A&M-Records. Benno wurde von seinem Produzenten dem Techniker und neuen Produzenten der Doors Bruce Botnick empfohlen, der die Aufnahmen für das Album „L. A. Woman“ plante. Robbie Krieger,

Gitarrist der Doors: „Marc Benno spielte bei dieser Session bei vier der Songs die zweite Gitarre. Die Idee war, dass ich in der Lage sein würde, meine Parts live einzuspielen, um die Solos nicht overdubben zu müssen. Wir nahmen das live auf mit Marc an der Rhythmusgitarre, so dass ich die Leads, Solos und Slide spielen konnte.“ Dabei erlebte Cales Gibson Les Paul ihre berühmtesten Momente, bevor sie dann kurze Zeit später gestohlen wurde.

Nach seinem Scheitern in L. A. brauchte JJ ein neues Arbeitsgerät, und so kaufte er sich eine billige akustische Gitarre der amerikanischen Marke „Harmony“, die er zunächst mit einem Pickup bestückte. Im April 1977 erzählte er dem Magazin „Guitar Player“ die Geschichte dieser „Harmony“ und sprach über sein Verhältnis zu anderen Gitarren: „Ich habe sie 1969 oder 1970 gekauft. Sie ist jetzt nicht mehr wiederzuerkennen – sie war lediglich eine 50-Dollar-Rundloch-Akustik, bevor ich anfing, mit ihr rumzuspielen. Ich habe einen Gig in Des Moines gespielt, als mittendrin das Danelectro-Pickup ausfiel. Da bin ich echt wütend geworden. Da habe ich so bei mir gedacht, dass ich einfach noch ein Pickup einbaue, falls mal eines ausfällt. Dabei bin ich dann geblieben und habe noch zwei drei weitere Pickups eingebaut – so entstand das ganze Durcheinander. Sie hat drei hochohmige Ausgänge, einen niedrigohmigen, und sie hat zwei niedrigohmige weiße Gibson-Pickups. (Wissen Sie, alle Mischpulte sind niedrigohmig.) Ich habe das Danelectro-Pickup ausgebaut, aber es hat noch die Danelectro-Elektronik. Ich habe zwei Pickups von einer Les Paul Signature eingebaut. Dann habe ich den Boden des Korpus abgenommen, um das Feedback zu unterdrücken. Dadurch entstanden Stabilitätsprobleme. Das ganze Ding wird wie ein Banjo zusammengehalten. Sie hat einen Phase-Schalter, so dass ich jedes Pickup in der Phase zu jedem anderen der übrigen vier umkehren kann. Und dann habe ich noch eine

Bassweiche, die bei zwei Pickups den Bass bei 50, 100 und 250 Hertz abschneiden kann. Ich habe den Hals ein bisschen geschliffen, und da fingen die Bünde an zu klappern, also habe ich die ausgetauscht. Das Cutaway habe ich mit Balsa-Holz eingebaut."

Zwar sehen Cales Bauarbeiten an der Harmony überaus dilettantisch aus, aber seinen Ausführungen bezüglich Sinn und Zweck können sicherlich nur Studio- und Gitarrenfreaks wirklich folgen. So wie er an seinen Studios tüftelte und ständig Verbesserungen ausprobierte, so beschäftigte er sich auch mit seinen Gitarren. In dem „In Session"-Video aus den Paradise Studios zeigt er noch seine neueste Idee vor. Da hatte er in die Zarge der Gitarre ein grobes Loch geschlagen, durch das er zukünftig ein Gesangsmikro führen wollte. Ein Freak, der Cale wohl folgen konnte und sich sehr für die „Backless"-Gitarre begeisterte, war Peter Frampton. Ebenfalls im „Guitar Player"-Magazin beschreibt Cale die Begegnung mit ihm: „Dieser Junge, äh Peter Frampton, kam rein und spielte ein bisschen bei unserem Gig im „Roxy" in Los Angeles mit. Er war an meiner Gitarre (Harmony) interessiert, also schickte er seinen Roadie zu mir, um mir mitzuteilen, er wolle sie kaufen. ‚Kommt nicht in Frage'. Am folgenden Abend kam er dann wieder und spielte ein bisschen mit. Ich versuchte, ihn zu überreden zu singen, aber er wollte nicht singen: ‚Ne, mach du mal dein Ding, ich spiele Gitarre.'"

JJ Cale hatte viele Gitarren, erzählte Christine Lakeland anlässlich der Veröffentlichung seines ersten posthumen Albums „Stay Around". Im Magazin „Guitarist" beschrieb sie ausführlich sein Verhältnis zu Gitarren und beantwortet dem Journalisten Henry Yates die Fragen des Spezialisten. Lakeland: „Ich schätze, seine Sammlung umfasst etwa 50. Er las Gitarrenmagazine, um herauszufinden, was neu auf den Markt käme. Er fand eine Gitarre, die ihn interessierte, und kaufte sie online.

Er kaufte auch Gitarren, wenn er unterwegs war. Er kümmerte sich um sie und polierte sie auf. Immer veränderte er sie. Er bewegte sich immer von einer Gitarre zur nächsten. Er hatte eine Menge Instrumente, mit denen er rumspielte. Er mochte am liebsten dünne Saiten und eine niedrige Saitenlage, er spielte mit einem sehr zarten Anschlag, aber er experimentierte mit allem, was den Sound veränderte. Dann lachte er und sagte: ‚Was auch immer ich spiele, ich komme nicht davon los, dass es so klingt, wie etwas anderes, was ich schon geschrieben habe.' Es ist die Art und Weise, wie jemand die Gitarre berührt. Das Einzigartige an John war sein Rhythmus und seine Phrasierung. Das höre ich bei niemandem sonst."

Henry Yates: Was machte eine Gitarre für John gut?
„Für ihn ging es immer darum, wie sich der Hals anfühlte. Das lag daran, dass er relativ kleine Hände hatte. Er sagte: ‚Es ist schwer, auf manchen Gitarren mit einem breiteren Hals zu spielen.' Er mochte die Weichheit eines runden C-Profils. Trotzdem spielte er alle Art von Hälsen, eine breitere klassische Ramirez und eine Ovation. Er sprach immer von der Skalenlänge (Halslänge), deswegen hatte er eine ganze Menge verschiedener Gibson- und Fender-Gitarren. Oft tauschte er die Hälse aus – ich habe zu Hause in einer Ecke immer noch vier Hälse rumstehen. Aber sobald er eine Gitarre hatte, die er spielen konnte, ohne darüber nachzudenken, war er loyal. Oft war er zufrieden mit einer einzigen Gitarre für die ganzen 90 Minuten eines Konzertes. Da sind genug andere Dinge, die sich einem aufdrängen und die einen beängstigen, wenn man live spielt. Da ist es nett, wenn solche Sachen zweitrangig sind."

Was sind sie wichtigsten Gitarren in seiner Sammlung?
„Er hatte seine 50-Dollar-akustische-Harmony (H-162) mit fünf

Pickups. Es gibt alte Fotos, wie er sie mit nur ein oder zwei Pickups spielte. Das war 1968 oder 1970. Aber dann fing er an, aus Notwendigkeit weitere Pickups hinzuzufügen – er nannte das ‚jimmy-rigging'. Zu der Zeit als mittelloser Musiker, konnte John sich keine elektrische Gitarre leisten, so war die Harmony das Gerät, an dem er rumbastelte. Unglücklicherweise, denn schließlich waren so viele Löcher drin und der Rücken fehlte, so dass die Harmony unspielbar wurde. Sie fiel auseinander. Also hat er seinen Freund, den Gitarrenbauer Danny Ferrington gebeten, sie wieder zusammenzubauen, die Zargen zu verstärken. Aber die Gitarre sah anders aus und John hörte auf, sie zu spielen. Er hatte sich weiterbewegt, und sie wurde nie wieder seine Nr.-1-Gitarre."

Welches Pickup bevorzugte er?
„Alle möglichen. Er installierte von Gibson 498T, 490R und Classic '57. Er mochte Seymour Duncan JB, Jazz Neck, Pro HB and Seth Lover. Mike Christian Pickups, Fishman Piezos und Lace Sensor Single Coils benutzte er oft. Es war immer das Prinzip ‚trial and error'. Eins der Pickups in der Harmony war niedrigohmig, so dass man ohne das Brummen direkt ins Mischpult spielen konnte. Auf diese Weise konnte er ohne Techniker aufnehmen – er konnte sich nicht immer einen Techniker leisten."

War John ein begabter Handwerker?
„Er kaufte sich eine 100-Dollar-Gitarre, und wenn er die dann versaut hatte, weil er Löcher reingebohrt hatte, war das okay. Das war der Preis dafür, dass er sich weiterbildete. Er hätte keine teure Gitarre genommen und die dann zerstört. Er experimentierte mit chinesischen Kopien – keine Respektlosigkeit beabsichtigt –, bevor er es an einer Gitarre probiert hat, die ihm etwas bedeutete."

Er hat nie ein ‚Signature‘-Modell bauen lassen?
„Nein, der Grund dafür, dass er in späteren Jahren auf eine Zusammenarbeit mit Herstellern verzichtete war, so sagte er, dass, wenn man pleite ist und ein unbekannter Musiker, dir niemand eine Gitarre gibt. Aber sobald du bekannt bist, wollen sie, dass man dich ihre Gitarre spielen sieht. John sagte: ‚Nun ja, heute kann ich es mir leisten, mir eine Gitarre zu kaufen.‘“

Welche Gitarre war sein persönlichstes Instrument?
„1991 ließ er sich nach seinen eigenen Vorstellungen eine einzigartige Martin 000-45 Deluxe Custom anfertigen. Die liebte er und spielte sie die ganze Zeit zu Hause. Sie hatte eine Engelmann-Fichtendecke, einen Mahagonihals mit Ebenholz-Griffbrett und -brücke, die Zargen und der Rücken waren aus brasilianischem Palisander, eine Furnier-Kopfplatte, weiße Bindings und jede Menge Abalone-Inlays. Das original Piezo ersetzte John mit einem LR Baggs. Statt einer großen Dreadnought, bei der der Arm immer in der Luft schwebt, ist dies mehr eine kleine Gitarre, mit der man bequem auf einem Stuhl sitzen kann. Sie ist auf dem Cover von ‚Guitar Man‘(1996) zu sehen.“

Seine Casio PG-380 MIDI Gitarre war eine abwegige Wahl…
„Ja, die war etwa 1991 in Japan hergestellt worden. Sie hatte einen Anschraub-Ahornhals mit Palisander-Griffbrett. Er hat einen Humbucker und ein Floyd Rose Tremolo angebaut. Er fand es toll, dass er mit der MIDI so viele Sounds auslösen konnte. Das war damals ziemlich neu. Heute bekäme man die vermutlich für 150 Dollar. Die will heute niemand mehr haben. Aber er mochte, wie sie sich anfühlte, und sie war ein vielseitiges Werkzeug, er konnte Fingerpicking machen und im nächsten Song etwas druckvolles Elektrisches darauf spielen. Es ging immer darum, die Dinge so einfach wie möglich zu halten. Er

hatte nie einen Roadie. Da war niemand, der ihm auf der Bühne für jeden Song eine andere Gitarre angereicht hat.

Irgendwelche ungewöhnlichen Modelle?
„Mitte der 1980er, als sein Freund Steve Ripley seine Kramer Ripley entwarf, gab er John eine. Wir machten eine Tour damit. Ich erinnere mich, dass er die Kramer durch einen Marshall spielte. So hatte in diesen Wochen alles einen sehr kraftvollen Sound, der sich sehr von einem Cale-Gig unterschied. Er hat das dann geändert."

Woher kam sein späterer Gefallen an den Danelectros?
„John hat immer mit billigeren Gitarren experimentiert. Von etwa 2002 an spielte er Danelectro Convertibles – die kosteten um die 350 Dollar. Er mochte sie, weil der Hals dünn war, sie wogen nicht viel und reagierten nicht auf die Temperaturwechsel auf Tour. Er hat sie umgebaut. Ich habe zwei oder drei davon, bei denen er Pickups unter den Sattel und in das Schalloch eingebaut hat."

Mochte er lieber Gibson oder Fender?
„Er hatte einige Gibsons: eine L4, eine Les Paul, die ES-175, ES-335, ES-330, ES-336, CS-356, J-165 EC. Aber er mochte die Gibson-Hälse nicht so gerne wie die von Fender. Für ein paar Jahre, Anfang der 80er Jahre, spielte er eine total umgebaute Stratocaster. Er fing mit dem Korpus und dem Hals an und fügte dann Pickups hinzu, bis sie ihm gefiel. Es ist so ein persönliches Ding, fast wie ein Modellflugzeug: Sie hat zwei Humbucker und in der Mitte ein Seymour Duncan Single Coil, einen kanadischen Ersatzhals und eine aktive Strat-O-Blaster-Elektronik von Alembic. Er spielte diese Gitarre 2007 bei einer Show in San Diego, wo er bei Eric Clapton mitspielte."

Es wirkt, als wollte er klanglich das Beste aus allen Welten?
„Ja, er kümmerte sich immer darum, dass jede Gitarre sowohl akustische wie auch elektrische Möglichkeiten hatte. Ich erinnere mich, wie er mit dem Basteln und dem Mischen der Pickups anfing, als er eine Carvin AE-185 aus der Mitte der 1980er Jahre kaufte, die er im Live-Video in der Carnegie Hall spielte. Es ist eine halbakustische Gitarre mit zwei Humbuckern und einem Piezo in einer Art akustischer Brücke. Er fand, das war die coolste Sache – ob mit einem Stereokabel raus in den Amp oder mit einem zweiten Output und dann hin und her schalten oder die beiden Pickups ineinander überblenden. Dann fing er an, diese Modifikation an allen seinen Gitarren vorzunehmen."

Bevorzugte er es, die Verantwortung für seine Gitarren selber zu tragen?
„Ja. Ich erinnere mich, als John begann, die Casio zu spielen. Das war eins der wenigen Male, dass wir Roadies hatten. Und er ließ einen dieser Typen die Saiten wechseln, bevor er auf die Bühne ging. Die Band wartete neben der Bühne, denn John spielte immer erst eine Nummer solo, bevor wir dazu kamen. Also ging John raus, begann zu spielen, begrüßte das Publikum. Und offensichtlich war der Saitenwechsel nicht ordentlich gemacht worden. Gleich im ersten ‚Verse' flogen ein paar Saiten runter, weil sie nicht in den Saitenhaltern befestigt waren. Das war offensichtlich jemand, der nicht wusste, was er tat. Ich erinnere mich an die Panik. Ich ging, so schnell ich konnte, auf die Bühne, reichte ihm meine Gibson ES-347, und die Show ging weiter. Und er feuerte den Typen!"

Haben ihm irgendwelche berühmten Freunde Gitarren geschenkt?
„In späteren Jahren hat ihm Mike Campbell eine Duesenberg gegeben, die Alliance Mike Campbell I. Und als Gibson Claptons Les Paul

wieder auflegte, gab er John eine der ersten: Ich glaube, es ist die Seriennummer #5 oder so. Die ist nie mit auf Tour gekommen – hat nie das Haus verlassen – aber ich denke, das ist sicherlich auch eines seiner wertvollsten Instrumente.“

Zu welcher Gitarre griff er am ehesten fürs Songwriting?
„Das war auf jeden Fall eine seiner Akustischen. Er hatte einige Gibsons. Ich habe eine J-45, und er kaufte eine identische Kopie davon. Er hatte eine L-5, die er mochte. Und dann ist da die Heritage L-00 Standard, die kleinere, das dunkelschokoladige Sunburst Modell. Die spielte er viel zu Hause. Wenn man auf der Bühne spielt, und man will, dass einen die Leute hören, braucht man eher den großen pumpenden Rhythmus. Aber John mochte lieber kleinere, intimere akustische Korpusse. Er spielte mehr Fingerpicking.“

Hat er die Liebe für irgendwelche Gitarren verloren?
„Ich habe eine Byrdland, die er unterwegs gefunden hat. Er hat an ihr rumgebastelt, ein Bigsby angebaut, eine Mike-Christian-Brücke mit Pickup, einen Fishman Prefix Pro Blend Vorverstärker an der Seite. Er hat an die Vorderseite der Kopfplatte Stay-Tuned-Saitenlocks mit Zugangsöffnung auf der Rückseite angebaut. Dann hat er sie eine Weile gespielt und gesagt: ‚Ich kann sie nicht in Stimmung halten.‘ Dann hat er sie zur Seite gestellt. Wenn etwas an einer Gitarre frustrierend war, hat er sie nicht mehr so oft gespielt.“

Und weißt du, was aus all diesen Gitarren wird?
„Manchmal denke ich, ich sollte ein paar davon für einen guten Zweck versteigern. Ich sähe es gerne, wenn diese Gitarren ein neues Zuhause fänden, weil ich habe, was ich will. Ich brauche nicht all diese Gitarren. Es ist schon fast beschämend. John wollte immer anderen Leuten Sachen

schenken. Er fand, dass er viel mehr Glück gehabt hat, als die meisten Leute, die er kannte. Er machte immer diesen Scherz: ‚Ich muss mir keinen Tagesjob suchen und Schuhe verkaufen.‘ Er wusste, dass nicht jeder viel Glück mit der Musik hat. Es ist ein schwieriges Geschäft.“

Manch kleines Detail in Christine Lakelands Beschreibungen der Gitarren stimmte nicht hundertprozentig, so wurden die Carvin-Gitarren erst Mitte der 1990er Jahre gebaut und die Stratocaster, die er mit Clapton in San Diego spielte, hatte nur einen Humbucker, aber grundsätzlich beschrieb sie den Wahnsinn des Gitarrennarrs hervorragend.

Greg Douglass, ein Gitarrenlehrer und Nachbar aus dem Valley Center, wo Cale seit 1989 lebte, berichtete dem Lokalblatt „San Diego Reader“ von einer Begegnung mit Cale, die etwa 1991 stattgefunden haben muss: „Ich unterrichtete seit Jahren bei ‚Rich Hunt's Music‘ in Escondido und sah diesen immer unrasierten Typen in den Laden spazieren, und er wurde sofort von allen beachtet. Ich übertreibe nicht, wenn ich sage, dass dieser zerzauste Kerl so aussah, als sei er lediglich einen Busch und ein Laken davon entfernt, obdachlos zu sein.“ Douglass, der mal für Steve Miller einen Song geschrieben hatte, war auch in Rich Hunts Laden, als der ‚fast obdachlose‘ Cale eine individuell für ihn angefertigte Martin-Gitarre abholen wollte: „Da war eine klitzekleine Macke im Binding, und Rich wollte das Instrument beinahe zurücksenden. Ich machte eine Bemerkung, dass kleine Macken Frauen oft schöner machten, warum also nicht auch Gitarren. Er lächelte und sagte zu Rich: ‚Ich nehme sie!‘ Dann zog er ein Bündel 100-Dollar-Scheine aus der Tasche, mit dem man ein Nilpferd hätte ersticken können. Er stellte sich als John vor, und verließ den Laden. ‚Wer zum Teufel war das?‘, fragte ich. Man sagte mir, dass das JJ Cale war und ich ihn niemals anders als mit ‚John‘ ansprechen solle. Er mochte den Spitznamen JJ wohl nicht so.“

Homestory im Lakehouse

1979 begann in der Musikwelt einer der größten Umbrüche. Mit „Bop Till You Drop“ von Ry Cooder veröffentlichte Warner Brothers das erste rein digital aufgenommene Album. Für den Technik-Freak Cale, der gerade jahrelang „neue“ analoge Studios gebaut hatte, war das ein großer Schritt, den er aufmerksam beobachtete. Schon Anfang der 70er konnte man seine Aufnahmen für rückständig halten. Auf das Ry-Cooder-Album angesprochen, offenbarte er, wie sehr er sich für neue Technik und neue Aufnahmemöglichkeiten interessierte: „Klar! Das ist toll. Es geht in die richtige Richtung, da gibt es keinen Zweifel. Ich meine, die grundsätzliche Idee ist so überlegen. Solange man mit Band arbeitet, gibt es da Reibung. Und so lange man Reibung hat, gibt es Verzerrungen, selbst auf einer erstklassigen Maschine. Momentan muss es da zwar immer noch jede Menge Macken geben, aber es geht in die richtige Richtung.“ JJ Cale hatte erstmals einen Reporter als Gesprächspartner, dem gegenüber er offensichtlich keine Vorbehalte hegte: Der französische Schriftsteller und Amerika-Korrespondent Philippe Garnier war aus Los Angeles angereist, um ihn für den „New Musical Express“ zu interviewen. Garnier, „Fan der ersten Stunde“, war gut vorbereitet. Den Termin hatte Audie Ashworth arrangiert.

Garniers Besuch in Nashville dauerte zwei Tage. Er fuhr durch die Stadt, besuchte die berühmten Studios Bradley’s Barn, Woodland und Columbia Studio Mount B, bis er auch Audie Ashworths Crazy Mama’s Studio entdeckt hatte. Es war nicht das, was er sich vorgestellt hatte: „Ashworths Hauptquartier ist ein großes gelbes Haus in einer ruhigen Wohnsiedlung im Süden der Stadt. Es gibt kein Schild, keinen Hinweis, nur ein paar mehr Autos und Pick-Up-Trucks in der Auffahrt, und auf dem Grundstück laufen ein paar gefährlich wirkende Dobermänner frei rum. Hier lebt und arbeitet Ashworth, ein Arrangement, das er eigentlich nicht so mag, aber eines, das seine ganze Herangehensweise ans Geschäft reflektiert. Er hält den Ball so flach wie möglich. Seine Büros liegen im Erdgeschoss, er wohnt im Obergeschoss, und das Studio ist im Keller. Das Studio macht nicht viel her, nur ein kleiner mit Equipment vollgestopfter Raum, eine Box für den Drummer und eine ausreichend hochwertige Konsole (obwohl mir Cale später erzählt, dass sie die aus Moss Roses Demo-Studio mitgenommen haben, dem ältesten Studio in Nashville). Dies ist das Studio, das Cale im übertragenen Sinne, aber auch im wahrsten Sinne des Wortes gebaut hat."

Es war schon Abend, als Ashworth Garnier in seinem Station Wagon zu Cales Haus fuhr. Er erklärte dem Reporter, es sei das erste Mal, dass Cale jemanden von der Presse zu sich nach Hause einlade. Und er zerstreute die Befürchtung, dass Cale so einsilbig antworten könne wie beim „Rolling Stone", der über den Text die Überschrift „J. J. Cale talks, a little bit" gestellt hatte. Er schütze eben nur sein Privatleben, so gut es geht, sei aber viel redseliger, als man so im Allgemeinen glaube. Schließlich landeten die Beiden unweit von Bradley's Barn und von Hermitage, dem berühmten Landsitz des Präsidenten Andrew Jackson, bei Cales unprätentiösem Haus am See. In der Auffahrt stand ein silbern glänzender Airstream-Wohnwagen, an der Haustür warnte ein Schild mögliche Besucher mit der Aufschrift „DAY SLEEPER". Der Abend war also günstig gewählt. Es wurde das offenste und ergiebigste Interview, das Cale je einem bedeutenden Musikmagazin gab. Seine Freizügigkeit, sich im privaten Umfeld befragen zu lassen, hatte sicherlich damit zu tun, dass er schon bald das Lakehouse und Nashville wieder hinter sich lassen würde.

Cale sitzt vor dem Fernseher, auf dem die ABC Evening News laufen, und löffelt einen Joghurt. Drei-Tage-Bart, „ein Gesicht, das einem Bergarbeiter oder Müller gehören könnte", zurückhaltend – Garnier fühlte sich an eine geschnitzte steife Indianerfigur erinnert, wie sie in Tabakläden stehen. Dann aber kommt Leben auf: Als der Techniker Cale den Kabelsalat am Taperecorder des Reporters sieht, kommt er ihm zu Hilfe. Verwundert bemerkt der Besucher ein „Haus vollgestopft mit musikalischem Zeugs, Mikrofonen und Kabeln. Es sieht aus wie ein Studio. Ein Raum mit Zugang zum Sonnendeck mit Blick über den See ist komplett mit einer Konsole belegt. Da sind alle Arten von Keyboards, lediglich eine Kabine für den Schlagzeuger fehlt, ‚aber darüber denkt er nach'. Ich bin nicht überrascht zu erfahren, dass er 25 Gitarren besitzt, aber es befremdet mich, dass er ein Elektronikbesessener ist, der alle möglichen Technikspielereien besitzt, auch wenn sie alle Bezug zur Musik haben, alle dazu da sind, Klänge zu erzeugen."

Cales Status im Musikbusiness, sein Einfluss auf Clapton und die „Dire Straits", aber auch seine lokale Bekanntheit in Nashville – das sind Fragen, die Garnier mehr interessieren als die Aufnahmetechnik. Cale ist großzügig, wenn es um den Ruhm geht, den Clapton mit seinen Songs erlangte, problematisch wurde dessen „Cocaine" aus anderen Gründen. Denn Cale hatte, als „Troubadour" mit dem Stück erschien, den lauten Rock'n'Roll längst hinter sich gelassen: „Ich habe lauten Rock'n'Roll ungefähr zehn Jahre lang gespielt, ziemlich die ganze Zeit, bis ich nach Nashville kam, um das erste Album aufzunehmen. Diese Art von Rock'n'Roll, bei der Clubbesitzer zu dir kommen und sagen: ‚Ihr könnt hier nicht spielen. Ihr Jungs seid zu laut.' Aber als ich 30 wurde, hatten meine Ohren das auch satt." Er beschloss, dass er diesen Sound nicht mehr wollte. Die Songs, die er geschrieben hatte, waren alle im Country-Blues-Stil. „Audie war sehr überrascht. Er kannte mich als so einen Geh-da-rauf-und-hau-rein-in-die-Saiten-Typen, stimmt's? Und so begann ich, alles ein bisschen runterzufahren, es subtiler und entspannter zu machen. Wie immer man es nennen will. Manche Leute nannten es laid-back. Und so habe ich mich auch gefühlt."

Zu dieser Zeit war harter lauter Rock'n'Roll populärer denn je. Populärer, als zu der Zeit, als er ihn noch gespielt hatte. Aber er hatte es ja schon zehn Jahre gemacht, ohne dass es ihm Geld eingebracht hatte. „Ich sah andere Leute, große Stars, und die brachte es auch nirgendwo hin. Also waren wir die ersten, die so etwas wie sanfte Musik rausbrachten. Und die Leute mochten es – oder schienen es zu mögen –, also entschied ich mich dafür, dabei zu bleiben. Ich bin nur ein bisschen in Schwierigkeiten geraten, als ich ‚Cocaine' veröffentlicht habe. Plötzlich zog ich ein anderes Publikum an, andere Leute als die, die bisher da waren. Insbesondere nachdem Eric Clapton es zu einem Hit machte. Plötzlich hatte ich für eine Weile zwei Zuhörerlager: Die jungen Lauten wollten tanzen, und die anderen wussten nicht, welcher Schlag sie getroffen hatte. Die wollten einfach nur ihre alte Laid-back-J.J.-Routine." Cales Hund Foley möchte ins Haus, wird hereingelassen und macht sich erst mal über Garniers Kaffee her. Dann bekommt er auch noch Eis serviert.

Zwischen Reporter und Star ist jetzt auch das Eis gebrochen. Das Interview wird mehr und mehr zu einem Gespräch. Garnier fand bei seinem Ausflug in Nashville in keinem Plattenladen auch nur eine Cale-Platte. „Man kennt mich hier nicht", erklärt das Cale und gibt auch seine eigene Distanz zu Nashville zu erkennen: „Na ja, einige Musiker kennen mich, weil ich mit ihnen bei der einen oder anderen Gelegenheit gespielt habe. Aber für das Musik-Establishment existiere ich nicht. Ich bin nicht, was sie einen Country-Star nennen, und in Nashville ist das alles, was sie wahrnehmen.“ Ausnahme Waylon Jennings, dessen „Waymore’s Blues“ er aufnahm: „Wir wurden Freunde, nicht Kumpane, aber gegenseitige Bewunderer.“ Das bestätigte auch Jennings in seinem Song „It’s Alright“ mit den Worten: „J. J. Cale's my hero, best I ever heard.“ Ein außergewöhnliches Bekenntnis, das 1980 auf der LP „Music Man“ erschien, derselben Platte, für die Jennings „Clyde“ ausgewählt hatte. Seine Ehefrau Jessi Colter hatte schon zwei Jahre zuvor Cale ins Studio eingeladen und mit seiner Hilfe „Roll On“ für „That’s The Way A Cowboy Rocks“ aufgenommen.

Aber für das „soziale Leben“ habe er keine Zeit, beteuerte Cale Garnier – und wohl auch kein Interesse daran. Audie sei mehr Teil dieser „Bande“, fügt er dann noch in einem scherzhaften Seitenhieb hinzu, auch wenn er sich mehr und mehr davon zurückziehe. Anfangs hatte er JJ noch dazu bringen wollen, in einem Rhinestone-Anzug mit bunten Schmucksteinen aufzutreten, wie ihn der „Grand-Ole-Opry“-Star Porter Wagoner trug. Ohne Erfolg. Für die ersten Platten suchte Ashworth die Musiker aus, weil er in der Country-Metropole gut vernetzt war. Schließlich hatte Cale in den Studios der Stadt nie als Session-Musiker gespielt. Jetzt, da er sich selber mehr um die Besetzung kümmere, bemühe er sich um Musiker seines Alters und nicht um jüngere. Für seine Gigs hat er Jimmy Karstein und Bill Boatman engagiert, die mit ihrer „funky“ Spielweise dafür genau richtig seien. Für einen Moment wird die Atmosphäre angespannt, als Cale erzählt, er buche im Flugzeug für seine Harmony einen Extra-Sitz neben sich, und Garnier ungläubig lacht. Pikiert erläutert Cale, dass das keine Marotte sei: „Ich weiß nicht, was daran lächerlich ist. Ich verdiene damit meinen Lebensunterhalt. Wenn ich sie als Gepäckstück aufgäbe, müsste ich sie anschließend drei Tage lang wieder aus den Einzelteilen zusammenbauen! Das sehe ich nicht ein, außerdem habe ich das Geld…“ Dann zeigt er dem Besucher die berühmte Gitarre, und die Stimmung verbessert sich schlagartig.

Ashworth, Cale und Garnier fahren gemeinsam noch in ein Lokal, genießen die Südstaatenküche, und noch einmal ist das Thema Nashville und Cales Verhältnis zu der Stadt, als sie über seinen Freund Karl Himmel sprechen: „Karl ist vermutlich am nahesten hier in Nashville dran an dem, was man einen Freund nennt, abgesehen von Audie. Er kommt aus New Orleans, und sein Ding ist Jazz, nicht Country. Er ist sehr unglücklich hier, denn alles, worum sie einen hier bei Sessions bitten, ist den Beat zu halten. Also meckert er die ganze Zeit, und immer weniger Leute sind bereit, ihn zu buchen. Ich glaube, er will nach New York gehen.“ Und auch Cale war nur wenige Monate später bereits auf dem Weg, Nashville hinter sich zu lassen, um eine neue Lebensphase in Los Angeles zu beginnen.

Es war nicht nur der Wechsel vom „zu kleinen“ SHELTER-Label zu Phonogram/MERCURY, der jetzt Veränderung bedeutete. Sicher hatte die Eindimensionalität, die Engstirnigkeit der Country-Metropole ihren Anteil an der Entscheidung, das Lakehouse zu verkaufen. Es war auch das Wetter in Kalifornien, weshalb Cale Nashville hinter sich ließ. Und nicht nur das. Vor allem war es das freiere Leben im Wohnwagen, das Cale suchte, die Freiheit, jederzeit wieder aufbrechen zu können. Und auf seiner Reise begleitete ihn nicht nur sein Eiscreme-fressender Hund Foley, sondern auch die Liebe seines Lebens, Christine Lakeland. Nashville mit seiner „Grand Ole Opry“ im Ryman Auditorium war schon ein paar Jahre Vergangenheit. Und nicht nur die „Opry“ war in eine moderne hässliche Halle umgezogen. In der Musikwelt hatten sich neue kreative Zentren etabliert, zum Beispiel Austin in Texas für Blues, aber auch New York als Jazz- und Pop-Metropole, Detroit mit seinen

Soulgrößen und vor allem Los Angeles als Zentrum der modernen musikalischen Welt, in der alle Strömungen zusammenkamen und täglich Neues entstand. Insofern war der Abschied von Nashville auch eine Richtungsentscheidung.

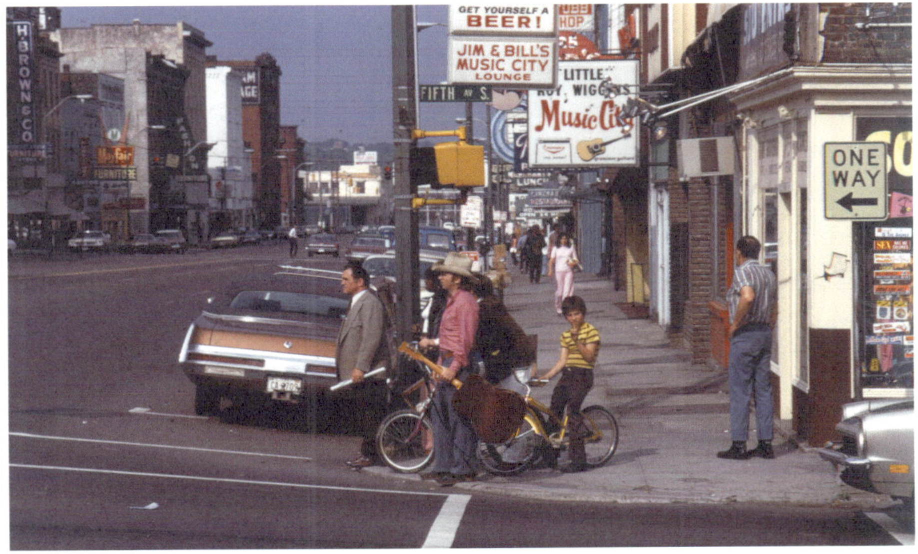

Downtown Nashville in den 70er Jahren (Foto: Bloemeke)

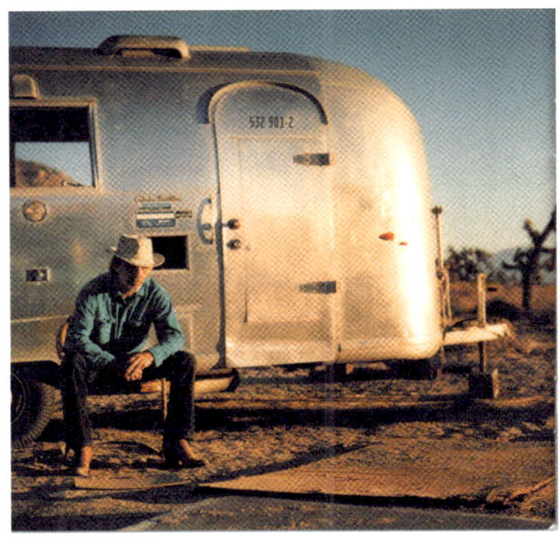

Zweitwohnung Trailer (Foto: Minchin III)

„Shades“

Cales letztes Album für SHELTER stellte wieder eine totale Kehrtwende zum Vorgänger „5“ dar. Auf „Shades“ gab es kein Stück mehr, das er allein oder nur mit Christine Lakeland aufgenommen hatte. Vier der insgesamt zehn Titel sind bereits in Hollywood beziehungsweise Los Angeles entstanden. Und obwohl er sich noch nicht der neuen digitalen Technik bediente, klang „Shades“ frischer als seine bisherigen Alben, ganz so, als sei er in den 80er Jahren angekommen. Anders sah das Franz Schöler, der Kritiker der „ZEIT“: „Es ist derselbe alte Blues, den J. J. Cale auf seinem sechsten Album mit rauchiger Stimme singt, und die Themen (Probleme mit Frauen natürlich und seine *on the* road-Melancholie) sind auch dieselben geblieben. Die meisten Kompositionen sind im Grunde Doppelgänger früherer Stücke, mehr Variationen eines Riffs als ‚richtige‘ Songs wie das hier zu hörende Country-Duett ‚Wish I Had Not Said That‘, das sofort ein Ohrwurm ist. Zu faul, aufwendige Arrangements zu schreiben oder stilistisch vielseitiger zu werden, lädt J. J. Cale die Top-Profis, die gerade frei sind, zu seinen Aufnahmen in die Studios, die gerade zur Verfügung stehen, und läßt sie die wenigen Verse, die er gerade erzählen will, mit instrumentalen Farben ausmalen. Die Vorstellung von irgendeinem musikalischen Fortschritt ist ihm offenbar so fremd oder gleichgültig wie den alten Blues-Originalen oder Rock-Vater Chuck Berry, und darin liegt wohl doch eine Gefahr für den vielbewunderten J. J. Cale: Auch Originalität kann mit der Zeit verblassen wie die Erinnerung an eine alte Liebe.“

Oberflächlich betrachtet hatte Schöler mit seiner Kritik sicher in jedem Punkt recht, doch bei genauerer Betrachtung, genauerem Hinhören, war vieles eben doch neu, auch wenn es zunächst nicht so scheint: Neun der zehn Titel waren wieder Eigenkompositionen. Lediglich „Mama Don't“ stammte von Cow Cow Davenport, einem alten Vaudeville-Blues-Sänger, der bereits 1955 gestorben war. Der Song wurde fortan Cales Showopener, mit dem er seine Bandmitglieder auf die Bühne holte. Auf „Shades“ eröffnet der Song mit prominenter Nashville-Besetzung die B-Seite der Vinylausgabe des Albums. Den Abschluss bildet mit „Cloudy Day“ ein melancholisches Instrumental, das im Kontrast zu dem swingenden „Okie“ von der gleichnamigen LP steht. Anders als bisher bestimmten jetzt Trennungsthemen und düstere Assoziationen seine Texte. Trotz Titeln wie „Deep Dark Dungeon“ oder „Wish I Had Not Said That“ oder „Love Has Been Gone“ klang der Grundton, die Stimmung des Albums, zumeist positiv, fast fröhlich, entsprach eher dem Opener „Carry On“, den er nun schon in Hollywood eingespielt hatte. Dabei unterstützten ihn Cracks wie Russ Kunkel am Schlagzeug oder die Wrecking-Crew-Mitglieder Carol Kaye am Bass und Tommy Tedesco an der Gitarre. Zu den von Schöler erwähnten „Top-Profis“ zählten auch Wrecking-Crew-Mitbegründer Hal Blaine und „Little-Feat“-Mitbegründer Bill Payne, die bei „Runaround“ mit Drums und Piano live im Capitol-Studio spielten.

Modernes Highlight von „Shades“: der bei Leon Russell im Paradise Studio in Los Angeles aufgenommene Disco-Fox „What Do You Expect“ mit Russell am elektrischen Klavier. Auch bemerkenswert: „Pack My Jack“, eine jazzige Jam von über fünf Minuten Länge, bei der James Burton, Gitarrensuperstar des Rock'n'Roll, zum ersten Mal auf einem Album seines Freundes JJ Cale zu hören war – neben Jim Keltner am Schlagzeug und Glen D. Hardin am Klavier. Bei „Wish I Had Not Said That“, das noch aus dem Lakehouse stammte, verlieh Christine Lakeland mit Moog-Synthesizer-Sounds dem thematisch traurigen Song eine dazu konträre Fröhlichkeit. „Love Has Been Gone" nahm Cale mit dem Top-Bassisten Tommy Cogbill und seinem Freund Karl Himmel am Schlagzeug bei Bradley's Barn auf, mischte seine Gitarren- und Gesangsparts in seinem Lakehouse dazu. Für Cogbill war es eine der letzten Aufnahmen in seinem Leben: 1982 starb er 50jährig an einem Schlaganfall. In der Bundesrepublik veröffentlichte ARIOLA zwei Singles auf dem SHELTER-Label: zunächst „Carry On", gekoppelt mit „Okie", dann „Wish I Had Not Said That" mit „Mama Don't". Aber seit Mitte der 70er Jahre konnten sich Cale-Singles weder in den USA noch in Deutschland in den Charts platzieren.

JJ Cale zog jetzt einen Schlussstrich unter die 70er Jahre. Der Abschied von seinem Lakehouse bedeutete auch, dass er nach fast zehn Jahren auch musikalisch Abstand von Nashville nahm. Dass er gleichzeitig SHELTER hinter sich ließ, war sicherlich kein Zufall. Es entsprach aber nicht seiner Mentalität, mit Denny Cordell zu brechen. „Er mag keine Scherereien, und er liebt Cordell", erklärte Audie Ashworth, die Vereinbarung, dass Shelter die Veröffentlichungsrechte für England weiterhin behielt. Dass er mit anderen Plattenfirmen in Turbulenzen geraten würde, konnte Cale nicht ahnen.

1980, während der Aufnahmen für „Shades", zogen Cale und Lakeland nach Anaheim, Kalifornien um. Ihre beiden Wohnwagen stellten sie dort in einem Trailerpark auf. Anaheim war in dieser Zeit die Heimat des berühmten Gitarrenbauers Leo Fender. Die Fender-Werke in Fullerton hatte er bereits in den 60er Jahren an den Musikgiganten CBS verkauft. Drei Meilen davon entfernt baute Fender seine neue Marke „MusicMan" auf. Für weniger musikaffine Menschen bedeutete Anaheim vor allem das Touristenziel Disneyland. Warmes Wetter und das pulsierende Musikleben waren dagegen die Attraktion für Cale und Lakeland.

Misslungene Promotion

Im Februar 1981 erschien „Shades". Im Mai trat er mit den neuen Songs in Oklahoma City auf. Aber ausgerechnet in seiner Geburtsstadt war er im Oklahoma City Zoo Amphitheatre nicht Headliner, sondern „Special Guest" von Michael Murphy, dem ehemaligen Gitarristen von REO Speedwagon. Im Juni startete er dann eine Solo-Tour mit Christine Lakeland, Bill Boatman und Bill Kenner durch Kanada und an die Westküste. Zur Begleitung des Ganzen wurde eine A Loco Bros. Production angeheuert, die ein Video drehen sollte. Das war eine Premiere. Bislang hatte es ja nur den Konzertmitschnitt aus dem Paradise Studio gegeben, der aber damals einfach unveröffentlicht blieb. Zu dieser Zeit einen Promofilm zu produzieren war anlässlich des Labelwechsels gut getimed, und Audie Ashworth bekam die Möglichkeit, seinen größten Star ins rechte Licht zu rücken. Das hätte JJ Cale zum Auftakt des MERCURY-Vertrags viel Resonanz in den Medien bringen können. Um so desolater war das Ergebnis. Offensichtlich gab es kein anderes Konzept, als Konzertmitschnitte von verschiedensten Locations zu machen und kleine Sequenzen von der Busfahrt sowie Straßenszenen mit Konzertbesuchern zu drehen. Ein paar Einstellungen zeigen Cale und Lakeland turtelnd zu Fuß unterwegs in Vancouvers Fußgängerzonen und Seitenstraßen, wo sie sich jugendlich, albern und sexy inszenieren. Es ist einer der wenigen Momente, in denen Cale sich offensichtlich als Star fühlt und präsentiert. Aber der Regisseur kam noch nicht einmal auf die Idee, ihn auch zu Wort kommen zu lassen. Stattdessen richtete er die Kamera auf einen extrem betrunkenen Mann auf der Straße und befragte den Busfahrer zu seiner „schweren Aufgabe".

So dokumentiert der halbstündige Film „JJ Cale & Company, 1981" nur wenig Sehenswertes. Der Bruder von Schlagzeuger Bill Boatman, Jim, fuhr den Bus. Christine Lakeland war an Gitarre und Orgel zu sehen und Bill Kenner am Bass. Bei einem Konzert in Petaluma, nördlich von San Francisco, spielte Cale „Roll On" und „Cocaine" und trug dabei ein Merchandise-T-Shirt seines Freundes Waylon Jennings mit dem Schriftzug „Ol' Waylon". Zum ersten Mal war die alte Harmony-Backless-Gitarre nicht mehr Cales Begleiterin. Mal spielte er eine Fender Stratocaster mit Ahorngriffbrett, mal eine Danelectro-Longhorn-Hollowbody, die zumindest optisch etwas ganz Besonderes war. Die Dokumentation erschien 1982, erst nachdem Cale bereits sein nächstes Album „Grasshopper" bei MERCURY veröffentlicht hatte. Als Promotion schloss der Film mit einer Studioaufnahme von „Devil In Disguise" vor dem Hintergrund verschiedener Live-Bilder von Konzerten der vergangenen Tournee. Weltweit wurde „Devil In Disguise" als Single mit der Rückseite „Does Your Mama Like To Reggae" aus dem Album ausgekoppelt.

„Grasshopper“

Als Vorab-Single erschien in Deutschland „City Girls“ mit „Drifter's Wife“ – auf der Hülle der Hinweis „from the forthcoming album'Grasshopper'“. Bemerkenswert war, dass seit „Shades“ nur 13 Monate vergangen waren, Cale also richtig flott nachgelegt hatte. Bemerkenswert auch, dass neun der 14 Titel von „Grasshopper“ trotz des Umzuges nach Kalifornien in Tennessee entstanden waren. Zwar klang die Platte noch moderner und klarer in der Mischung als ihr Vorgänger – zum ersten Mal trat Cales Stimme in der Produktion ein wenig in den Vordergrund –, aber die Songs wirken teilweise uninspiriert, ideenlos. Eine Reihe von Indizien legt nahe, dass „Grasshopper“ eine Zusammenstellung ausgemusterter Aufnahmen ist, die es nicht auf „Shades“ geschafft haben. Warum etwa sollte Cale für neue Aufnahmen nach Nashville gereist sein, hatte er doch die angesagtesten Studiocracks und die modernsten Studios jetzt direkt vor der Tür? Im positiven Sinn herausragende Stücke sind „Devil In Diguise“ und „Drifter's Wife“, zwei Songs, die 1981 in Kalifornien aufgenommen worden waren. „Drifter's Wife“, eine Solo-Nummer, lebt von Cales exzellentem Gitarrenpicking und dem lustigen Text, während „Devil In Disguise“ mit dem Drive von Cales Rhythmusgitarre auch bereits zu „Naturally“ gepasst hätte. Posthum fand das Album hohe Anerkennung. Das Lexikon „Rough Guide To Rock“ befand: „Auf ‚Grasshopper' von 1982 erlebt man Cale in höchster Selbstsicherheit. Alle seine üblichen Zutaten lassen sich in Titeln wie ‚Drifter's Wife' und ‚Can't Live Here' finden, Songs die kleine Bluespredigten waren und Bilder der Eisenbahn und Tankstellen entlang des trägen Mississippis heraufbeschworen. Das Set beinhaltete eine Menge schönen frischen Gitarrenspiels, während die ungewöhnlichen Steeldrum- und Xylophonklänge dem Ganzen eine gewisse Dringlichkeit verliehen.“ Und die Zeitschrift „Guitar“ wählte „Grasshopper“ als bestes Beispiel für sein Werk aus: „Cale verstand sich als Songwriter, der mit dem Business nichts zu tun haben wollte und froh war, wenn andere seine Lieder aufführten. Sein siebtes Studioalbum ‚Grasshopper‘ aus dem Jahr 1982 zeigt seine Vielfalt als Songwriter von all seinen Werken vielleicht am besten: das für Cales Verhältnisse versiert produzierte ‚City Girls’ mit anschmiegsamen Country-Licks, der Boogie ‚Devil In Disguise’, ‚One Step Ahead Of The Blues’, das wie eine Steilvorlage für seinen Fan Tom Petty anmutet, die Klavierballade ‚You Keep Me Hangin’ On’ oder das Fingerpicking-Stück ‚Drifter’s Wife‘, das klingt, als hätte Bob Dylan es gern selbst geschrieben. Eine beeindruckende Spannweite. Und dennoch trägt das Album mittels der unverkennbaren Eigenheiten in Sound und Mix das Prädikat 'J.J. Cale‘.“

„Don’t Wait“, eine heitere Co-Produktion von Lakeland und Cale, die bereits 1980 in Nashville entstanden war, knüpfte durchaus an Cales übliche Qualität an. Nicht zu erkennen war, warum es die andere Zusammenarbeit der Beiden, „Does Your Mama Like To Reggae“, unendlich wirkende drei Minuten und 40 Sekunden lang auf das Album und noch unerklärlicher auf die Rückseite der Single geschafft hatte. Der Titelsong des Albums, ein Instrumental von unter zwei Minuten Länge, zeichnete sich durch den erstmaligen und einzigen Einsatz von Steeldrums in Cales Karriere aus. Und trotz des ungewöhnlichen Instruments blieb der Song nur unauffällig. Auch die modernste Produktion und die neuerlich rundum prominente Besetzung half nicht: „Grasshopper“ war ein Flop – trotz ganzseitiger Anzeigen im Billboard-Magazin. Das Beste an diesem Album war sein Cover, das sich in seiner Klarheit und farblichen Gestaltung vom umgebenden bunten Allerlei abhob und mit dem Vorgänger „Shades“ korrespondierte, das heißt, sich den grafischen Ansprüchen der SHELTER-Cover anpasste.

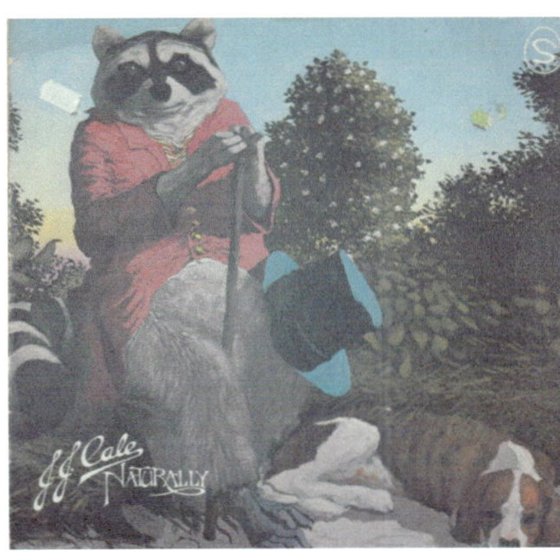

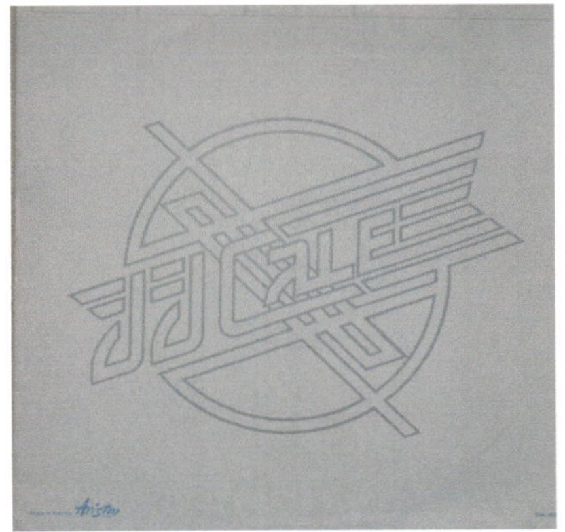

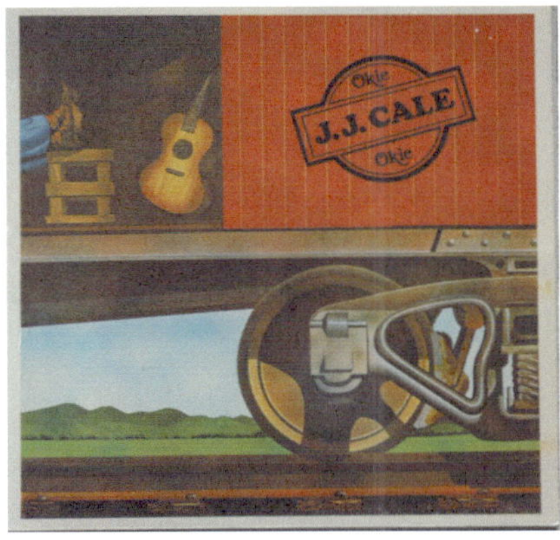

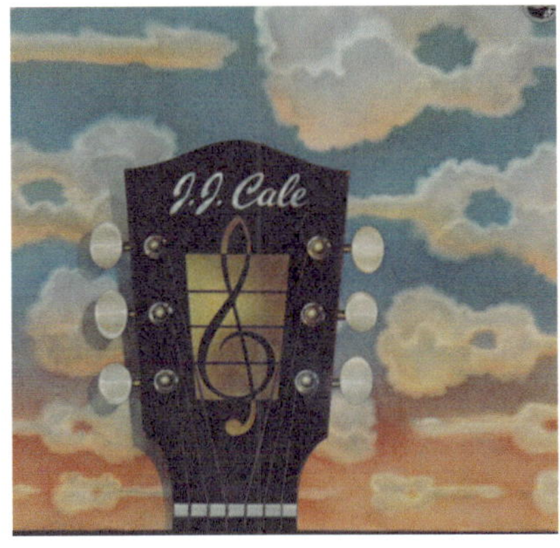

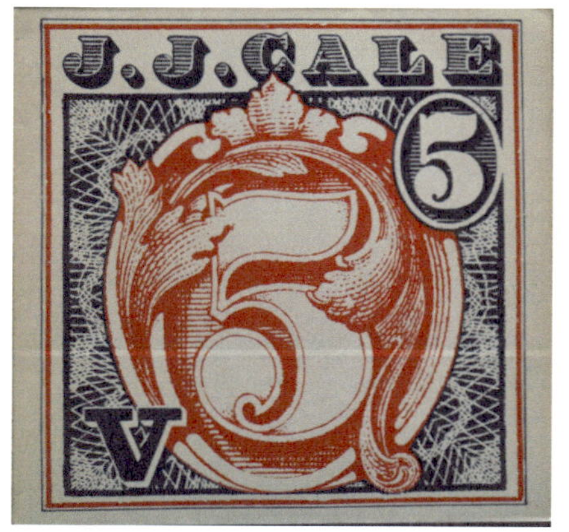
J.J.CALE
5
V

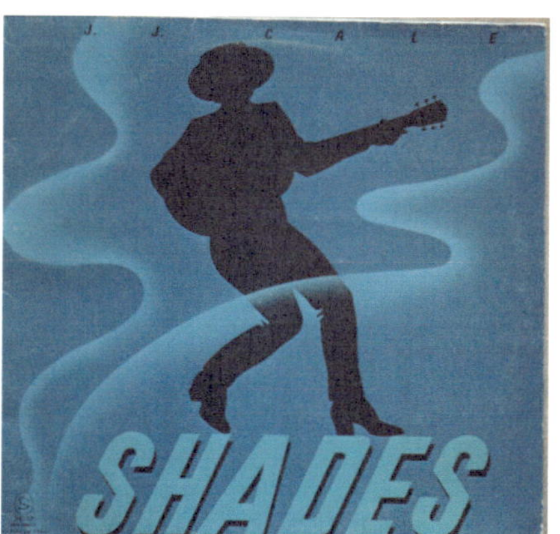
J. J. C A L E
SHADES

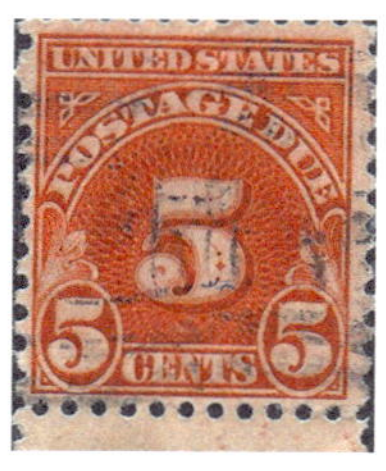
UNITED STATES
POSTAGE DUE
5
5 CENTS 5

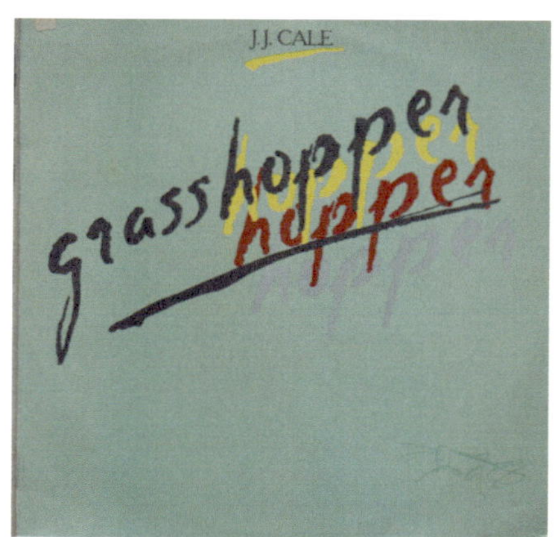
J.J. CALE
grasshopper

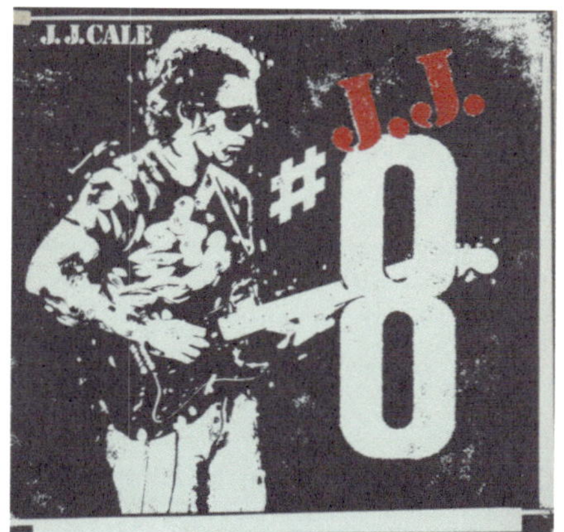
J.J.CALE
#8
J.J.

Cale-Covers

Das erste, was Musikkritikern an JJ Cales Alben auffiel, war die Abwesenheit seines Konterfeis auf der Vorderseite. Damit hatte die Plattenfirma SHELTER aber im Musikmarkt keine Alleinstellung für ihren Künstler: „Led-Zeppelin"-LPs waren schon seit Ende der 60er Jahre ohne Gruppenfoto auf ATLANTIC erschienen. Deren Platten hatten noch nicht einmal Titel, sie waren einfach nur numeriert. Auf Namen für seine Werke verzichtete JJ Cale erst bei „5", „#8" und „Number 10". Mit der achten LP, auf der seine Silhouette schwarzweiß abgebildet war, war dann bereits sein Engagement bei Leon Russells und Denny Cordells Label beendet. Damit endete auch die Phase interessanter Cover-Art für Cale-Platten, für die hochkarätige Designer gewonnen wurden. Ihre Darstellung trug auch zum Image JJ Cales bei.

Für „Naturally" hatte SHELTER auf ein Gemälde des Künstlers Rabon aus Tulsa zurückgreifen können, das JJ und Leon aus Oklahoma kannten. Die Wahl des Waschbären mit Gehstock und Zylinder in Zusammenhang mit dem Titel „Naturally" hätte für den Erstling nicht besser ausfallen können. Das Motiv erinnerte nicht nur an „Alice in Wonderland", sondern entsprach auch dem Hippie-Zeitgeschmack. Um so schwerer sollte es sein, eine adäquate Bebilderung für die Nachfolgeplatte zu finden. Wie andere Label auch engagierte SHELTER eine Agentur. LePrevost & LePrevost, die schon für Rick Nelson und Leon Russell gearbeitet hatten, versuchten gar nicht erst, für „Really" eine vergleichbare Anmutung zu Rabon zu entwickeln. Statt dessen designten sie ein abstraktes Logo mit dem Namen des Stars.

Dem „New Musical Express“ erzählte JJ Cale 1980, das silberfarbene Logo habe einen Designpreis gewonnen. Er verwendete es auch noch bei Live-Auftritten der Band. „Anfangs war sogar eine 3-D-Version für das Cover geplant – fast einen halben Inch hoch (1,27 cm). Aber das haben sie dann aufgegeben, sagten, es koste zuviel…“ Ein Jahr zuvor hatte Andy Warhol einen Reißverschluss auf „Sticky Fingers“ der Rolling Stones appliziert. Das hatte die Branche beeindruckt. Grundsätzlich war JJ damit zufrieden, wie die Firma in Hollywood seine Plattenhüllen gestaltete. Cordell hatte für diese und andere Aufgaben den Labelmanager Ron Henry eingestellt. Der Titel „Really“, den man anders als bei „Naturally“ auf der Vorderseite lesen konnte, war wie das Logo reliefartig in das reinweiße Cover geprägt. Allerdings hatten die Grafiker die Buchstaben stilisiert und das Wort über die ganze Breite der Hülle spationiert.

Offensichtlich strebte SHELTER kein „Corporate Design“ für die Cale-Alben an. Bei „Okie“ kam ein Illustrator und Art Director zum Einsatz, der den Plattentitel zum Thema der photorealistischen Darstellung wählte: Richard Germinaro hatte direkte Nähe zu seiner Aufgabe. Er war auch Songwriter und beschäftigte sich mit der Konnotation des Wortes Okie. Sein Motiv des Hobos im Freight Train hat sowohl Anklänge an John Steinbecks „Früchte des Zorns“ als auch an den Folksänger und Okie Woody Guthrie – natürlich auch an den Okie Cale. Dessen Name findet sich wie auch der Albumtitel – ähnlich dem Firmenlogo der Santa Fe Railway gestaltet – an der offenen Tür des Güterwaggons. Die Proportionen des Bildes sind so verschoben, dass Achse und Rad des Boxcars den Hobo und seine Gitarre an den Rand gedrängt haben. Eine ganz ähnliche Cover-Konzeption wandte Germinaro, der zahllose Hüllen gestaltete, bei B. B. Kings „Midnight Believer“ an.

Auch für „Troubadour“ hielt SHELTER den künstlerischen Anspruch hoch. 1976 war der unkonventionelle Künstler Charlie E. White III aus New York nach Los Angeles zurückgekehrt, wo er sich in den 60er Jahren durch Billboards mit der Aufschrift „Charles E. White Rules The World“ in Szene gesetzt hatte. Schon in den 50er Jahren hatte er sich mit Cover-Design beschäftigt. Als Bühnenbildner wirkte er am Film „Ladies And Gentlemen: The Rolling Stones“ mit. Ihn für das vierte Album Cales zu gewinnen war ein Coup. Seine bevorzugte Technik zu der Zeit war Airbrush. Damit bemalte er Vorder- und Rückseite von „Troubadour“ mit als Wolken am Himmel schwebenden Gitarren. Davor eine überdimensioniertes Kopfplatte einer Gitarre, die mit einem Notenschlüssel und JJ Cales Namen verziert war. In derselben Schrift schwebt der Titel „Troubadour“ über den Wolken. Dreht man die Platte um, ist die Rückansicht des Kopfplatte mit den Stimmmechaniken abgebildet. Als zweiter Illustrator hatte er die Bedeutung der Gitarre für Cales Musik hervorgehoben. Als Maler gestaltete er in den 80er Jahren auch Frank Sinatras „A Man And His Music“. Der amerikanische Regisseur Roman Coppola verewigte Charles E. White 2012 in dem Film „Charlies Welt“ mit Charlie Sheen in der Hauptrolle.

John Koshs Ruhm eilte ihm voraus, als er aus England nach Kalifornien kam. Er war der Designer des „Beatles“-Covers „Abbey Road“. Nicht weniger beachtet wurde 1976 seine Arbeit für „Hotel California“ der „Eagles“. Und 1977 wurde er mit einem Grammy für Linda Ronstadts „Simple Dreams“ ausgezeichnet. Seine Idee für das Album „5“ war so simpel wie eindrucksvoll: Die Grafik, die Kosh entwickelte, zeigt eine 5-Penny-Briefmarke in roten und blauen Tönen. Auf der Rückseite der LP ist ein ganzer Markenblock abgebildet, aus dem eine Marke herausgelöst wurde. Die 5 taucht auf dem Cover dreimal auf: zweimal als arabische, einmal als römische Ziffer. JJ Cales Name ist am oberen

Rand untergebracht. Die Gestaltung wurde eindeutig von einer amerikanischen Postage Stamp aus dem Jahr 1914 inspiriert – die Form der Ziffer 5 ist sogar identisch.

Vom amerikanischen Briefmarken-Motiv zur französischen Zigarettenmarke Gitanes war zwei Jahre später ein großer Schritt. Zwar gab es die Zigaretten mit dem schwarzen Tabak auch in den USA als Import, aber kaum jemand wird dort das Zitat der Gitanes-Packung auf dem „Shades“-Cover erkannt haben. Der Albumtitel war dem Zigarettennamen entsprechend am unteren Rand untergebracht, der Künstlername spationiert am oberen Rand. Die Figur der Zigeunerin (gitane) war durch einen Gitarristen ersetzt. Rauchschwaden und Blauton der Grafik entsprachen dem französischen Vorbild. Für die Art Direction zeichnete das Team Vigon Nahas Vigon verantwortlich, das schon an „Troubadour“ beteiligt war sowie später auch an „#8“. Für „Fleetwood Macs“ „Tusk“ erhielten sie einen Grammy. In England griff die Vertriebsfirma ISLAND Records die Anspielung auf Zigaretten in der Werbung mit einem Warnhinweis auf. „Health Warning: Continued exposure to this album will lead to a state of mild toxication closely akin to feeling r-e-a-l mellow. Increased dosage recommended at all times.“

Die letzte Veröffentlichung Cales auf dem SHELTER-Label (in England) trägt wieder, wie schon „Okie“, einen Songtitel. „Grasshopper“ ist auch – wie man im Innersleeve erfährt – der Name eines Cocktails. Auf dem Cover, das sinnvollerweise in Grün gehalten ist, findet sich in der unteren rechten Ecke die Abbildung eines Grasshüpfers. Der in Handschrift gedruckte Titel des Instrumentals ist dunkelgrün gehalten. Wiederholungen des Wortes Hopper in Gelb, Rot und Weiß deuten die hüpfende Bewegung des Insekts an. Wer sich diese

Gestaltung einfallen ließ, erfährt man man leider weder auf dem Cover noch auf dem Innersleeve. Dafür ist das Rezept für „J. J. Cales Grasshopper Cocktail“ abgedruckt, das sich im Unterschied zu anderen Variationen durch viel Alkohol auszeichnet: 35 cc Pisang Ambon, 20 cc Brandy, 70 cc Dry White Wine, Crushed Ice. Kommentar: „It’s soft, it’s sweet and hits you like a hammer.“

Das große Scheitern: „#8“

Ende der 60er Jahre war JJ Cale aus Los Angeles geflohen, nachdem sämtliche Versuche misslungen waren, als Musiker erfolgreich zu werden. Jetzt kehrte er als etablierter „Star“ zurück und wurde mit Herausforderungen konfrontiert, auf die er nicht wirklich vorbereitet war. Er hatte die Deckung des kleinen SHELTER-Labels verlassen. Das bedeutete, dass mit Denny Cordell eine wesentliche Stütze seiner bisherigen Karriere wegfiel. Bei MERCURY gab es niemanden, der diese Rolle hätte übernehmen können oder wollen. Cale war jetzt allein auf seine Kreativität und den Instinkt von Audie Ashworth angewiesen, um auch bei dem internationalen Label zu bestehen. Für die MERCURY-Muttergesellschaft Phonogram hatte er mit „Grasshopper“ keinen nennenswerten Erfolg eingefahren. In Australien, dem Land der Heuschrecken, landete das Album auf Rang 11 der Charts und in England auf 36. In den USA schaffte „Grasshopper“ mit Rang 152 nicht einmal die Hot 100. Für seine Plattenfirma lohnte sich die Investition dennoch: Im Juli 1982 verkündete die Phonogram International, sich mit Denny Cordell und SHELTER geeinigt zu haben. Cordell war nach England zurückgekehrt und hatte seine Plattenfirma aufgegeben. Jetzt verkaufte er auch seine für England behaltenen Rechte an den bisherigen Alben inklusive „Grasshopper“ an Cales neue Firma. MERCURY hatte damit alles seit „Naturally“ erworben und mehr noch – auch die Rechte an weiteren Produktionen in der Zukunft. Und die erste dieser Produktionen ließ nicht lange auf sich warten.

Bis auf die Tatsache, dass wie einst bei „5“ die neue LP nur numeriert war, schien 1983 bei „#8“ eine neue Richtung eingeschlagen worden zu sein: Erstmals zeigte sich JJ, wenn auch verfremdet, auf dem Cover –

in Schwarzweiß, mit Sonnenbrille auf der Nase und seiner Stratocaster um den Hals. Die Produktion wirkte noch moderner als beim Vorgänger, glatter, transparenter, rockiger und irgendwie aber auch karger. Oder waren es nur die Songs, die vorwiegend von den Schattenseiten des Lebens erzählten? Zwar ist „#8“ kein Konzeptalbum, aber unübersehbar hatte sich Cale den Problemen der Gegenwart zugewandt. Hier zeigte wohl sein selbstgewähltes Exil auf den Sammelplätzen der Verlierer der amerikanischen Gesellschaft Wirkung. Während er freiwillig seinem Wunsch nach Freiheit folgend in einem Trailer auf einem Campingplatz in Anaheim wohnte, waren seine Nachbarn dort größtenteils Opfer einer sich immer stärker in arm und reich spaltenden Gesellschaft. Es war die Zeit des republikanischen Präsidenten Ronald Reagan, der die bisherige Wirtschaftspolitik umkrempelte und mit Steuererleichterungen für Unternehmen und Vermögende sowie Streichung von Sozialprogrammen seine „Reaganomics“ durchsetzte. Während viele von diesen Geschenken an die Wirtschaft profitierten, gab es umso mehr Verlierer. Es folgte eine Rezession. Die Zahl der Arbeitslosen stieg auf 12 Millionen. Wenn sie ihr Haus verloren hatten, blieb ihnen nur noch die Zuflucht im Trailerpark. Cale, dessen Armutsphase über zehn Jahre zurücklag, lebte jetzt unter den Verlierern, den Abgehängten.

Wer sich wie er als Trucker ausgab, musste auch Verständnis für diese Welt aufbringen. Es fiel ihm aber nicht schwer, sich anzupassen. Den Porsche, den er sich in Nashville angeschafft hatte, als er sich mal wie ein Star fühlte, hatte er längst an seinen Schwager verkauft. Sein zotteliger Bart, den er jetzt wachsen ließ, machte ihn unverdächtig. Er hatte auch keine Probleme, Unterhaltungen mit den Wohnwagenbewohnern zu bestreiten – zum Beispiel übers Angeln. In Oklahoma und Tennessee hatte er häufig an Flüssen und Seen gesessen und seine Angel ins Wasser gehängt. Es gab eine Zeit, in der er wie viele von ihnen Arbeitslosenhilfe bezogen hatte: „I got real poor, man!" Was er in solchen Gesprächen von seinen Nachbarn hörte, ließ ihn nicht unbeeindruckt. Und jeder seiner Songs auf „#8" gab das wieder. Schon die Titel sprechen Bände und mehr noch die Texte. Ähnlich wie John Steinbeck, der für seine Amerika-Dokumentation „Travels With Charley" mit dem Wohnmobil durch die USA gereist war, malte Cale aus seinem Trailer heraus ein Bild der tristen Realität: „Money Talks", „Losers", „Hard Times", „People Lie", „Unemployment", „Trouble in The City", „Reality". Wie „Reality" die Realität beschreibt, ist nichts anderes als die Realitätsflucht in Alkohol und Drogen. Die Albernheit des „Juarez Blues" ist verflogen. In „Taking Care Of Business" lässt er seine hochkarätigen Bandkollegen im Text der Reihe nach als Straßenmusiker auftreten: Glen D., Tim, Jim, Chip, Spooner, Christine, Jimmy, Richard, Chad und Audie – damit endet die erste Seite des Vinyl-Albums. Die B-Seite schließt mit „Livin' Here Too": dem Porträt eines verarmten Außenseiters, der ohnmächtig beteuert, auch er lebe schließlich hier im Land der unbegrenzten Möglichkeiten.

Die Riege der Mitmusiker war wieder erstklassig: Harold Bradley, Tim Drummond, Jim Keltner, Karl Himmel, Jimmy Karstein, natürlich Christine Lakeland, aber auch Glen D. Hardin und der berühmte Spooner Oldham. Spooner Oldham hatte einst in Muscle Shoals vielen Stars wie Aretha Franklin mit seinen Keyboardeinfällen den entscheidenden Kick gegeben. Und Audie Ashworth hatte wohl als Co-Produzent dafür gesorgt, die Anpassung ans neue Jahrzehnt fortzusetzen, ein bisschen rockiger zu sein und ein bisschen klarer und betonter beim Mixing. Doch auf „#8" fehlte vor allem eines: gute musikalische Ideen, hervorragende Songs. Herausragender Titel des Albums war „Teardrops in My Tequila", das Cales Freund Singer-

Songwriter Paul Craft geschrieben hatte. Craft hatte zuvor Songs für so unterschiedliche Musiker wie Don Everly („Brother Jukebox“) und die Eagles („Midnight Flyer“) verfasst. Im Winter 1977 war er mit Cale auf Tour gegangen. „Teardrops in My Tequila“ hatte er 1978 selbst in Nashville mit Produzent Chet Atkins für RCA aufgenommen. Verlegt wurde das Stück von Black Sheep Music, einem Verlag, den Craft mit Audie Ashworth gegründet hatte. Zwei einprägsame Titel auf „#8“ entstammten einer Zusammenarbeit von JJ mit Christine: „Money Talks“ und „Losers“. Es verwundert nicht, dass es außer Tom Principatos Version von „Livin' Here Too“ keine nennenswerten Cale-Covers aus „#8“ gibt. Bei „Grasshopper“ haben sich noch die bekannten Musikgrößen Kevin Ayers mit „You Keep Me Hanging On“ und George Thorogood mit „Devil In Disguise“ bedient.

Die „#8“-Stücke waren unversöhnlich, und so war nachvollziehbar, dass sein Label hier keinen Hit sah. Außerdem hatte JJ auch für den internationalen Konzern – unbeeindruckt – wie gewohnt nur wieder „Demos“ abgeliefert, Songs die nicht zu Ende gedacht wirkten. Mike Kappus, sein Manager ab 1983, erlebte Cales Verfassung in dieser Zeit hautnah: „Er war damals total frustriert davon, wie seine Plattenfirma mit dem *#8*-Album umgegangen war. Sie haben es zwar rausgebracht, aber nichts dafür getan, weil ihrer Meinung nach kein Hit drauf war. Nach dieser Erfahrung hatte er die Schnauze voll von der Musikindustrie.“ In England veröffentlichte MERCURY „Teardrops in My Tequila“ als Single, und in Italien erschien auf POLYDOR eine merkwürdige Promo-Single: „Money Talks“/„Lick It Up“. Die B-Seite stammte von „Kiss“, die für PHONOGRAM ein Schwergewicht waren. In den USA veröffentlichte MERCURY zum letzten Mal von JJ Cale eine 7-inch-Vinylsingle: „Losers“ mit der Rückseite „Reality“. Die Single tauchte nicht in den Charts auf – ein weiterer Loser. Neben

„Kiss“ hatte die Firma Popstars wie „Tears For Fears“ oder Donna Summer im Programm. Nicht gerade das Umfeld für Cales Musik. Auch die „Dire Straits“ gehörten auf VERTIGO zu PHONOGRAM. Veränderungen im Musikbusiness machten in dieser Zeit vielen Labels zu schaffen. Da war der erfolg- und skandallose JJ Cale nur ein Produkt in einer breiten Palette und fand nicht die Beachtung und Unterstützung, die er sich von dem neuen Deal erhofft hatte. Als die CD sich bei den Plattenkäufern durchsetzte, lohnte sich sein Back-Katalog für MERCURY, und sie veröffentlichten 1984 bereits eine erste Compilation: „Special Edition“.

Seinen Einstieg ins Big Business hatte sich Cale dann wohl doch anders vorgestellt. Der MERCURY-Deal war eine Enttäuschung, und er fühlte weder sich, noch sein Produkt ausreichend berücksichtigt. Doch ein Zurück zu SHELTER gab es nicht. Der Vertrag mit MERCURY stand, und SHELTER gab es nicht mehr. Denny Cordell hatte sein Label 1981 nach der Veröffentlichung von „Shades“ aufgegeben, betrieb seit 1979 in Los Angeles die Rollerskate-Disco „Flipper“ und kehrte nach England zurück, um sich der Hunde- und Pferdezucht zu widmen. Auch Cordell hatte vorerst genug vom Musikbusiness. Und als Züchter war er erfolgreich.

Für Cale war es eine neue Erfahrung, jetzt als berühmter Musiker einen Misserfolg zu erleiden. Nachdem „#8“ gefloppt war, suchte er nach Ablenkung. Zunächst kaufte er sich ein Motorrad. Wenn er mit der „Norton Commando“, einer englischen Maschine, auf den Highways durch die Sonne fuhr, gewann er Abstand von MERCURY und der Musikindustrie. Bei seinen Fahrten kreuz und quer durch Los Angeles bekam er das Gefühl, sein Leben wieder im Griff zu haben, nicht fremdbestimmt zu sein. Dazu gehörte auch, sich weitestgehend aus der

Öffentlichkeit zurückzuziehen. Als er im März 1990 wieder bereit war, mit der Presse zu sprechen, beschrieb er der Zeitung „The Georgia Straight“ die Jahre nach „#8“ lakonisch: „1984 war ich bei einer anderen Plattenfirma (MERCURY), und das schien nicht so wirklich gut zu funktionieren. Also bat ich darum, mich aus dem Vertrag zu entlassen. Und das brauchte ein paar Jahre, um die Papiere hin und her zu schieben. Als ich damit dann fertig war, dachte ich mir, dass ich mal eine Pause vom Aufnehmen machen sollte; vielleicht ein bis zwei Mal im Jahr ins Studio gehen und aufnehmen, was ich geschrieben hatte.“ Mit Mitte 40 war Cales Welt zusammengebrochen, erlebte er eine Sinnkrise.

Auftritt Mike Kappus

Damals wurde Mike Kappus sein Vertrauter. Der erzählte 2019 dem Magazin der „Süddeutschen Zeitung“ in einem Interview, wie es um Cale in dieser Zeit stand und wie er ihn kennenlernte und ihm letztendlich aus seinem Loch wieder heraus half. „Ich bekam damals die Anfrage, ob ich als sein Agent arbeiten und Konzerte für ihn buchen wolle. Cale hat mit später erzählt, dass er beeindruckt von den anderen Künstlern war, die ich vertrat, vor allem Mose Allison und Muddy Waters. Also wurde ich 1983 sein Agent. Eine Weile später trennte er sich von seinem Manager und engagierte auch keinen neuen. Ich kannte Andrew Lauder, den Präsidenten von Silvertone Records. Der schätzte Cale sehr und wollte gerne Platten mit ihm machen. Ich war zwar nur Cales Agent, habe ihm aber Lauders Angebot überbracht, was damals nicht so leicht war. Cale lebte in einem Wohnwagen und hatte auch kein Telefon – man musste, wenn man ihn erreichen wollte, ein Mailgram, eine Art Telegramm, schicken und hoffen, dass er irgendwann zurückrief. Aber das hat er schließlich getan, und ich habe den Vertrag mit Silvertone gemacht. Wir trafen uns darauf in einem Restaurant, um zu besprechen, was ich in Zukunft verdienen würde, wenn ich nicht mehr nur sein Agent, sondern auch sein Manager sei. Er hat eine bestimmte Prozentzahl genannt. Ich habe geantwortet: Das ist zu viel! So viel kann ich nicht nehmen. Er ist dann etwas runtergegangen, aber es war immer noch zu viel. Definitv ein Gespräch, wie es im Musikgeschäft selten vorkommt.“

Die Zusammenarbeit mit Audie Ashworth, der noch in Nashville gegenüber Philippe Garnier betont hatte, wie außergewöhnlich seine Freundschaft mit Cale war, fand damit ein Ende. „#8“ war die letzte gemeinsame Produktion, auch die letzte Platte, die das Copyright „Audigram Songs“ trug. Von „Really“ an hatte sich Ashworth die Rechte an JJ Cales Songs für seinen Musikverlag gesichert. „Naturally“ war noch von seinem damaligen Arbeitgeber Moss Rose Music verlegt worden. Die Firma wurde später von den Brüdern Freddy und Johnny Bienstock übernommen. Beide hatten einst mit ihren Cousins Jean und Julian Aberbach die Verlagsrechte an Elvis Presley. Jetzt konnten sie mit „Call Me The Breeze“, „Magnolia“ und „Clyde“ gute Geschäfte machen. „After Midnight“ war von Snuff Garrets Viva verlegt worden und dann von Warner übernommen worden. JJ Cale betonte gegenüber Dan Forte von „Vintage Guitar“, wie ertragreich das für ihn schon immer war: „Wenn sie den Song besitzen, treiben sie auch seine Nutzung voran. Ich hatte drei verschiedene Werbespots mit ‚After Midnight‘ – Michelob Beer, Claritin, und Clapton nahm eins für Miller Beer auf.“ Er hatte es immer abgelehnt, sich selbst zusätzlich zu seinem Musikerjob und Songwriting auch noch um den Rechteverkauf zu kümmern. Er wollte sich den ganzen Papierkram nicht aufhalsen und auch nicht rumfragen: „Hey, willst du meinen Song aufnehmen?“ Bei der Trennung von Audie Ashworth ließ er sich allerdings unter dem Dach von Audigram einen eigenen Musikverlag JJ Cale Music etablieren, „so dass ich die Hälfte vom Publishing verdiene“.

1983 war er noch in der zweiten Jahreshälfte die Westküste hinauf bis nach Kanada getourt. 1984 war dann auch damit Schluss. Mike Kappus und seine Rosebud Agency bewiesen einen langen Atem und brachten Cale nach und nach zurück ins Musikbusiness. Der half erst mal Christine, ein erstes eigenes Album aufzunehmen. Auf „Movin’ Blues“ und „Mr. Completely“, zwei der acht Songs ihrer LP „Veranda“, spielte er auch elektrische Gitarre. Im Studio dabei waren unter anderem Cales Mitstreiter Tim Drummond, Jim Keltner, Spooner Oldham und

Kenneth Buttrey. „Mr. Completely“ war noch in Nashville entstanden. Die Art der Produktion des Albums entsprach der Methode Cales: Drei Songs hatte Christine praktisch mit sich allein im Overdub-Verfahren aufgenommen oder in Minimalbesetzung. Die Scheibe erschien auf einem kleinen Label COMET Records und hinterließ trotz Starbesetzung bei einigen Titeln keine bleibenden Spuren. Schon 1985 kehrte Cale in den Unterhaltungsbetrieb zurück und spielte wieder vereinzelt Gigs, aber für einen Plattenvertrag brauchte er noch eine Weile.

Ein Freund beschrieb ihn in der „Huffington Post“ als „sehr beschäftigt damit, nicht beschäftigt zu sein“. 2013 zitierte der „Telegraph“ Cale, der nach seinem Verbleib in den 80er Jahren gefragt worden war, mit den Worten: „Habe den Rasen gemäht, Van Halen und Rap gehört.“ Er hätte auch antworten können: „Das sage ich nicht!“ Denn der Wahrheitsgehalt seiner Aussage lässt zu wünschen übrig: Einen größeren Rasen musste er erst ab 1989 mähen, als er vom Campingplatz in Anaheim in die Nähe von San Diego zog. Dort im Valley Center bei Escondido besaß er mit seiner Frau Christine Lakeland jetzt einen Bungalow auf einem abgelegenen Hanggrundstück. Als Lebensinhalt Rasenmähen anzugeben, wie auch die Bemerkung Van Halen und Rap gehört zu haben, war nur eine seiner oft mit ernstem Ton vorgebrachten ironischen Bemerkungen, von denen Freunde berichten.

SILVERTONE: „Travel-Log“

Als erstes Lebenszeichen versendete sein englisches Label SILVERTONE 1989 vorab eine Promo-CD mit fünf Titeln. Vier davon, „Shanghaid“, „No Time“, „New Orleans“ und „Change Your Mind“, stammten von seiner nächsten Langspielplatte „Travel-Log“, die im Februar 1990 erschien. Knapp sieben Jahre nach „#8“ wirkte das wie ein Comeback. Der fünfte Titel, „Artificial Paradise“, aber war eine Ankündigung dessen, was sich 1992 als Folgealbum anschließen sollte: Das Stück landete auf „Number 10“. Musikalisch hatte JJ die Pause vom großen Musikgeschäft offensichtlich gut getan. „Travel-Log“ war abwechslungsreich, spritzig und voller Energie. Zum Auftakt des neuen Jahrzehnts bedeutete es für ihn – mit 51 Jahren – eine Art Neubeginn und Durchstarten. Das wurde mit positiven Kritiken belohnt. Gene Santoro vom „Rolling Stone“ verwies auf Cales „raues lakonisches Singen (er hat eine Stimme wie Granit), seine hochkarätigen Rhythmusgitarren und sein melodisches Understatement“ als Vorbild für „Dire Straits“. Dann fand er eine originelle Metapher, um die Originaliät der Musik hervorzuheben: „Aber wer auch immer von ihm geliehen hat, Cale ist ganz klar der Meister seines eigenen Stils. Wie *Travel-Log* beweist, kann man einen gerissenen alten Wüstenhund nicht in seinem eigenen Revier schlagen, selbst, wenn seine Tricks ein bisschen müde wirken. Die einfachen Gefühle in Cales Texten… schrammen am Rande von Klischees entlang, und doch retten sie immer ein kleines ironisches Aufblitzen und die schmallippige Authentizität seiner Stimme.“

Die abgenutzte Floskel vom Laid-Back-Stil hatte jetzt ausgedient. Santoro bemühte sich auch gar nicht erst um kritische Distanz, sondern beschrieb seine Gefühle beim Hören von „Travel-Log“: „Tatsächlich wird der Ritt durch Cales Unviversum hypnotisierend, auch wenn sein Bluesrock-Minimalismus beim ersten Anhören etwas stilisiert wirken kann. Wenn dich erst das warme Versprechen in seine Musik gelockt hat, ziehen dich die Struktur und kleine Nuancen tiefer hinein. Man hört auf, nach dem großen Riff zu suchen; Vorder- und Hintergrund verschwimmen, wachsen zusammen, beeinflussen und vertiefen sich. Du bemerkst, wie das erste Solo in ‚Hold On Baby’ aus der Balance taumelt oder wie der Bottleneck-Rhythmus, der durch ‚Humdinger’ schlägt, immer beinahe zu zerbrechen droht. Man lächelt über Anklänge von Lonnie Johnson, Tampa Red, Django Reinhardt und Charlie Christian, die immer wieder kurz auftauchen. Man versucht zu zählen, wie viele verschiedene Gitarrenklänge er übereinandergelegt, verwoben und dann unaufdringlich in jedem Groove und jeder Spalte untergebracht hat. Popmusik ist voll von Leuten, die laut über nichts schreien. *Travel-Log* ist eine Ausnahme. Es packt dich viel mehr, als du ursprünglich dachtest. Das ist JJ Cales Kunst.“

Voller Begeisterung schrieb auch Andy Gill unter der Headline „Flamencoid – J.J. Cale. No change. No sweat. No problem.“ im „Q-Magazine“ über „Travel-Log“. In der ausführlichen Würdigung begann der Gitarrist der britischen Band „Gang Of Four“ mit der grundsätzlichen Bedeutung des Kollegen:
„Manche Künstler prägen einen Stil so sehr, dass er sofort zur eigenen Gattung wird; so geschehen bei den Ramones oder Led Zeppelin. J.J. Cales erstes Album ‚Naturally’ (1972) schuf einen Sound so umfassend, dass er in den folgenden 17 Jahren nicht viel mehr zu tun hatte, als immer wieder dieselbe Furche mit minimalen Variationen der Betonung zu pflügen. Wäre an ‚Travel Log’ irgendetwas radikal Neues, wäre es kein J.J. Cale-Album.

Seit #8, seinem vorigen Album, sind sechs Jahre vergangen. Und die Pause hat deutlich Dividenden mit sich gebracht: Obwohl Cale-Songs manchmal nur wenig mehr sind als ein paar Dobro-Klänge über Jim Keltners oder Jimmy Karsteins Boogie-Beat, haben sie doch mehr Schliff durch den Perfektionisten erfahren, wie auch die Kompositionen substantieller sind. Wie sonst sollte ein leichter, geshuffelter Boogie ohne größere Bedeutung wie ‚No Time' solch erstaunlich anziehende Qualität entwickeln, dass er einem nach nur einem Refrain im Kopf haften bleibt? In Cales besten Arbeiten gibt es eine luftige Substanzlosigkeit, die seine subtile Aufmerksamkeit für jedes Detail verdeckt, insbesondere indem er die kleinen Falten beibehält, die sonst im Studio einfach weggebügelt werden. Allein mit der Beigabe kleiner Hilfsmittel wie von ein paar Maracas oder dem, was wie ein Schuhkarton klingt, auf den jemand am anderen Ende eines großen Raumes klopft, als Begleitung zu J.J.s akustischer, flamencohafter Gitarre, werden wir im Stück ‚Tijuana' sofort über die mexikanische Grenze versetzt. Es ist die chaotische Natur des Ganzen, die das funktionieren lässt: Den Klang an dieser Stelle auch nur noch ein ganz kleines bisschen zu verfeinern gäbe dem ganzen eine Entschiedenheit, die sich im Widerspruch zum Inhalt des Songs verhielte. Bei J.J. ist Gefühl alles.
‚Travel Log' deckt die übliche Bandbreite von Cales Variationen ab mit wunderbar ausgewogenen Boogies wie ‚What Kind Of Thing' oder ‚Hold On Baby' bis zu delikateren jazzigeren Nummern wie ‚Lady Luck' und dem leichten Slow-Blues ‚End Of The Line'. James Burton, ein weiterer Gitarrist für Gitarristen, spielt neben J.J. auf ‚Lean On Me' – nicht verwandt mit dem Klassiker von Bill Withers, aber auch nicht viel anders.
Es ist ein treffend, wenn auch nicht besonders geistreich benanntes Album: Titel wie ‚Shang-Hai'd', ‚Tijuana' und ‚New Orleans' machen

nur deutlich, was die Musik recht effektiv skizziert. ‚Shang-Hai'd' eröffnet das Album mit einer kleinen Weltreise ganz für sich: ‚Hong Kong, Tokio, Singapur; New York, Boston and Baltimore', während Tupelo selbstverständlich seine Erwähnung in einem Country-Blues findet. Aber wohin J.J. auch immer geht, man bekommt den Eindruck, dass er lieber zu Hause auf seiner Veranda im Schaukelstuhl wippte. In der Tat wirkt Cale so zurückgezogen, dass wenn er am Anfang von ‚Humdinger' einmal kurz kichert, man das als positiven Schock empfindet." Andy Gill gab Cale vier von fünf Sternen. Im „Rolling Stone" bekam er nur dreieinhalb.

Viele der Titel, die Cale auf „Travel-Log" untergebracht hatte, spielte er bereits seit Mitte der Achtziger bei seinen Konzerten, die ihn traditionsgemäß die Westküste hinauf bis nach Kanada führten. Und tatsächlich beschrieb er das Album als eine Art Sammlung all dessen, was er so in den sechs zurückliegenden Jahren seit „#8" aufgenommen hatte. In The „Georgia Straight" vom März 1990 erzählte er Steve Newton von der Entstehung des Albums: „Es ist ein bisschen ironisch. Als Andrew Lauder von SILVERTONE anrief und sagte, dass er ein paar Bänder veröffentlichen wollte, packte ich einfach ein paar zusammen, und sie veröffentlichten sie als Album. Mir fiel erst auf, dass ich in den vergangenen vier oder fünf Jahren einen Haufen Songs über Städte, Orte und Reisen geschrieben hatte, als ich das Album zum ersten Mal hörte." Der Titel „Reisetagebuch" suggeriert, es handele sich um ein Konzeptalbum, war aber nur – zum ersten Mal bei Cale – ein Versuch, der Platte einen treffenden Namen zu geben. Er betonte, „Travel-Log" beschreibe nicht die Tausende von Meilen, die er unterwegs gewesen war. In der Aufzählung der Touristenziele durften natürlich „New Orleans" und Tijuana nicht fehlen. „Shanghaid", das Audie Ashworth mitgeschrieben hatte, bezieht sich dagegen nicht auf das chinesische Shanghai, sondern auf das Verb schanghaien (gewaltsam heuern). Zu dem Stück wurde sogar ein Musikvideo im Filmstil der 50er Jahre in Schwarzweiß gedreht. Bei der Wahl der Location – einem asiatischen Markt – hat eben dieses Missverständnis Regie geführt: Ein westlich gekleideter Mann zeigt – in der Tradition eines Privatdetektivs Philip Marlowe – verschiedenen Asiaten ein Foto von JJ Cale, doch niemand hatte ihn gesehen. Kein Wunder: Im Text des Songs heißt es „Sitting in a bar in West-Berlin“. Schwer vorstellbar, dass SILVERTONE damit bei MTV landen wollte. Auch der Titel „Humdinger“ stammt aus der Umgangssprache und bedeutet „d e r Hammer!“. Immerhin inspirierten drei der Kompositionen wieder andere Musiker zu Cover-Versionen: „Tijuana“, „No Time“ und „Riverboat Song“. Für musikalische Kontinuität sorgten bei „Travel-Log“ Jim Karstein, Jim Keltner, Tim Drummond, James Burton, Spooner Oldham und natürlich Christine Lakeland. Als Background-Sänger stand beim Titel „Lean On Me“ Hoyt Axton am Mikrofon – gleichaltrig mit JJ, ein Okie wie er und als Songwriter eine Berühmtheit („The Pusher“, „Joy To The World“, „Never Been To Spain“). In seiner Band hatte Lakeland in ihren Anfängen Gitarre gespielt.

1990 kam dann – begleitend zu „Travel-Log“ – eine weitere EP heraus. Vom Album war der Titel „Hold On Baby“ ausgekoppelt, dazu drei Songs, die es – zu Recht – nicht darauf geschafft hatten, die Cale aber bereits von Zeit zu Zeit bei Konzerten live gespielt hatte: „Blond Headed Woman“, „Hang Ups“ und „Feels Like Rain“. Bei dem Titel „Feels Like Rain“ handelte es sich leider nicht um ein Cover des Songs „It Feels Like Rain“ von John Hiatt, der zwei Jahre zuvor auf der Platte „Slow Turning“ veröffentlicht worden war, sondern um ein eigenständiges Stück von Cale. Ein Kritiker beschränkte sich in seiner Rezension der EP verständlicherweise auf den Titelsong und schrieb:

„Wie ein alter Waschbär, den man ausgeräuchert hat, kommt JJ Cale wütend knurrend und spuckend aus seinem Loch gekrochen. ‚Hold On Baby' wird mit einem tiefen Grollen und einem Gitarrensolo geliefert, das einem einen Stich in den Magen gibt. Unheimlich gut." SILVERTONE zog zur Promotion alle Register – mit EPs, CD-Singles, Vinyl-Singles, sogar einer Maxi-Single. Zusätzlich pries das Label sogar noch einen „Newsletter dedicated to J. J. Cale" an, Titel: „Troubadour". Und Cale selber empfing erstmals seit seinem Umzug aus Nashville sogar ein Fernsehteam in seinem neuen Haus. Sein Hund, der Spaniel Buddy, begrüßte die Besucher laut bellend, und Cale spielte für die Gäste Banjo im Garten. Über die vergangenen sechs Jahre ohne Veröffentlichung hatte er nicht viel zu erzählen. Er sei Motorrad gefahren, und er habe Fernsehen geguckt. Das Team von BBC 2, das die Popmusik-Reihe „Rapido" mit Moderator Antoine de Caunes produzierte, bekam dafür aber einen echten Einblick in Cales Haus. Dort hatte sich seine Live-Band versammelt und probte – Christine Lakeland, Jim Karstein, Bill Raffensperge. In dem fünfminütigen Beitrag war sowohl Eric Claptons Video zu seiner neuen Version von „After Midnight" zu sehen, die in einer Michelob-Bierreklame im amerikanischen Fernsehen lief, als auch ein Ausschnitt aus dem Video zu „Shanghaid". In der Anmoderation zu der Sendung im englischen Fernsehen bezeichnete de Caunes Cale als einen der wichtigsten Künstler der Gegenwart.

1990 nahm JJ an einer weiteren Produktion teil, die viel Beachtung fand. Paul Simon hatte sich mit brasilianischen Musikern um Anschluss an den 1986er Erfolg seines Mega-Sellers „Graceland" bemüht. Im Oktober erschien das weltmusikalische Album „The Rhythm Of The Saints", bei dem Cale auf Simons Wunsch als Gastmusiker bei zwei Songs dabei war: Auf „Can't Run, But" spielte er seine melodiöse, aber zurückhaltende Gitarre, und auf dem Titel „Born At The Right Time" hört man seine Rockabilly-Gitarre. Die Platte verkaufte sich nur halb so gut wie „Graceland", aber immerhin noch zwei Millionen Mal.

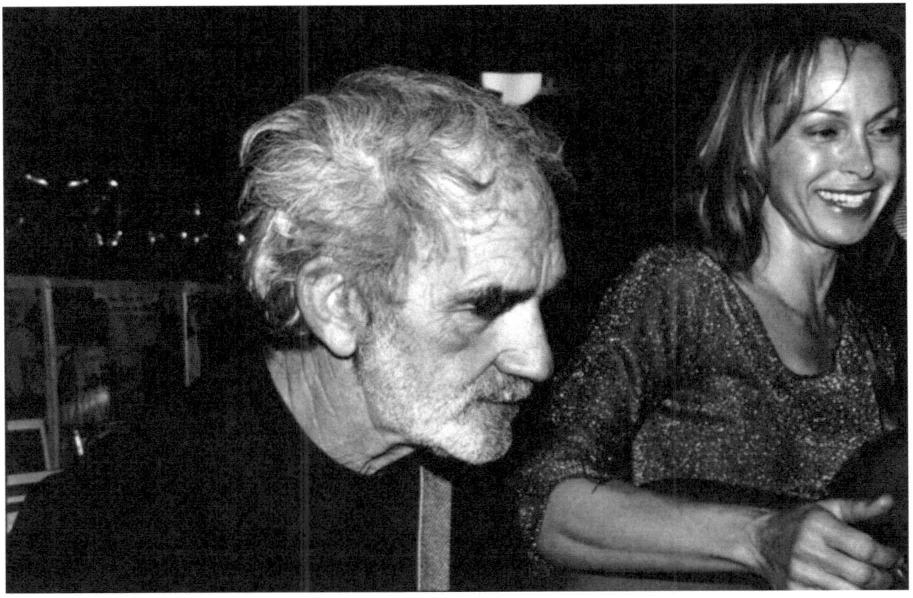

Das Ehepaar (Foto: Fidelity)

„Number 10“

Während „Travel-Log“ Cale wieder in die „Billboard“-Charts brachte (Rang 131) und er sich über die Kritiken freuen konnte, verstand er es nicht, mit „Number 10“ an diesen Erfolg anzuschließen, sondern meinte, sich dem Zeitgeist widmen zu müssen. Wie schon bei „#8“ fehlte die kreative Idee, und vor allem fehlte bei diesem zweiten Album auf dem SILVERTONE Label die Direktive eines Produzenten wie Audie Ashworth, der die Veröffentlichung vielleicht zu verhindern gewusst hätte. JJ lieferte Bänder mit „Demos“ ab und sah darin seine Rolle als Produzent erfüllt. Es gab keine Diskussionen über Instrumentierung oder Texte. Symptomatisch und treffend auch als Beschreibung der überflüssigsten und fehlgeleitetsten aller Cale-Platten ist der zweite Titel, „Digital Blues“. Die Idee, eine Drummachine zu benutzen, die 20 Jahre zuvor bei „Naturally“ noch frisch und interessant wirkte, war jetzt, auch wenn die Tools sich deutlich verbessert hatten, nicht mehr innovativ. „Number 10“ wirkt eher wie der Versuch eines für das Musikgeschäft recht alten Mannes, noch mit der Jugend Schritt zu halten, ein Teil der Gegenwart zu sein. Als 52-Jähriger wandte Cale modernste Technik an, benutzte sie aber ungelenk. Auch seine Texte machten klar, dass es nicht seine Welt war, in der er sich mit diesem Album bewegte. Unbeantwortet blieb die Frage, welchen vermeintlichen Trend er damit aufgreifen wollte. Bisher hatte er jeden Trend ignoriert. Im „Digital Blues“ fragt er:

In the year thirty-two thirty-two,
How will they remember me
My appetite will be a digital code
Information in the new code

I got the digital blues,
My soul is just another number
I got the digital blues…

Und in „Artificial Paradise“ beschreibt er das Dilemma seines aktuellen Werkes:

I'm just living in an artificial paradise
Plastic state of mind,
Superficial clothes
Living in a vacuum, close to zero
Sometimes I kid myself,
Then I realise
I'm just living in an artificial paradise

Die meisten der zwölf Titel hatte Cale im Alleingang aufgenommen. Und indem er sich ganz auf sich selbst gestellt und verlassen hatte, hatte er die Kontrolle über die Qualität seines Werkes verloren. Nick Rather und Tim Drummond tauchten jeweils bei einem Titel als Bassisten auf. Christine Lakeland spielte bei einem ein modernes Keyboard. Jim Karstein steuerte bei einem Song Percussion bei. Außerdem fanden sich Bill Boatman mit der Fiddle und Spooner Oldham an der Orgel noch im Studio ein. Cales Gitarre und auch sein Gesang hatten nichts an Wert eingebüßt, aber Songs mit Titeln wie „Artificial Paradise“ schrammten musikalisch hart am Rand peinlicher Alleinunterhaltung entlang. Colin Escott fand, dass das Gitarrensolo in „Artificial Paradise“ das beste sei, das Cale je gespielt habe – ein Versuch, dem bisher belanglosesten aller Cale-Alben noch etwas abzugewinnen. Die monoton programmierte Drummachine – dafür aber auch in voller Vier-Minuten-Dauer – möchte man sich permanent wegdenken. Der Song legte noch zusätzlich einen Verdacht nahe. Der Titel war ja bereits 1989 auf der Promo-CD erschienen: War „Number 10“ vielleicht nur eine weitere Ansammlung von Konserven? Vielleicht der Überschuss von dem, was auf „Travel-Log“ gepasst hatte? So wie bei „Travel-Log“ der Titel „Reisetagebuch“ passend erschien, so schien die Cover-Abbildung von „Number 10“ eine passende Reflexion des Inhalts der CD zu sein: Konservendosen. Zehn Blechbüchsen, wie beim Dosenwerfen auf einer Kirmes zur Pyramide übereinander gestapelt – noch nicht zerbeult, aber ohne Etikett oder Hinweis auf den Inhalt.

Wer bis zum fünften Titel „Passion“ durchhält, kann einen durchschnittlichen Cale-Titel hören, der auf seinen vorherigen Platten nicht unangenehm aufgefallen wäre. Der war dafür aber mit nicht einmal zweieinhalb Minuten der kürzeste des Albums. Herausragend dann „Take Out Some Insurance“, ein akustischer Folktitel, bei dem Bill Boatman fiddelte und Nick Rather den Bass klopfte. Die zahlreichen übereinandergelegten Gitarrenspuren und Gesangsstimmen auf „Jailer“ werden vom Drumpattern übertönt, das den Rhythmus vorgab – wie eine Dampfmaschine und somit zu weit vorn in der Mischung.

Es folgt „Low Rider“, endlich ein hübscher fließender akustischer Titel. Nur Cale und seine Gitarre, wunderschön, eine Erholung! Inzwischen ist man dankbar für jeden Titel, der nicht stört. Und so gesehen gehört „Traces“ schon zu den Gewinnern auf dem zehnten Album. Hier spielt Christine Lakeland das DX-7-Keyboard schön unauffällig. Die letzten drei Titel gehen dann wieder als Demos ohne Bedeutung durch. „Shady Grove“, mit Jim Karsteins Percussion und Cales Banjoklängen, liefert mit romantischen Kindheitserinnerungen noch ein lyrisches Highlight:

Down the road, and up the hill
Round the bend, and behind the mill
When just a kid I used to go
To a place called shady grove
That is where I first met her
She changed my life with one just one word
She called it love, but I don't know
I call it goin' down to shady grove
Shady grove, shady grove

In the middle of shady grove
Sometimes we'd steal away at night
All the same the feel was right
There was no city, there was no town
'Cause shady grove was all around
We'd just lay down look up and see
The vast expanse of the old, old tree
When our love had turned to lust
Shady grove would cover us
Shady grove, shady grove

In the middle of shady grove
No one would ever come by
We were young and very shy
It seemed to wrap around us both
The place we called shady grove
Not long ago to my surprise
I seemed to have to go back
I went back to that same old spot
The trees were gone – it's a parking lot

Shady grove, shady grove
In the middle of shady grove.

Das Ende von „Shady Grove" erinnerte sehr deutlich an die ersten Zeilen aus Joni Mitchells „Big Yellow Taxi" von 1970:

„They paved paradise
And put up a parking lot"

Die Resonanz auf „#8" hatte für ihn das Ende seines Vertrages mit MERCURY bewirkt, statt mit „Number 10" ein großartiges Jubiläumsalbum für SILVERTONE zu liefern, bedeutete auch dieses wieder einen Schlusspunkt. Die Kritik ignorierte seine Platte. Die Beziehung mit dem Label wurde nicht verlängert. Erst 2011 veröffentlichte SONY noch eine Compilation unter dem Titel „The Silvertone Years". Darauf waren nur Titel der beiden Originalalben „Travel-Log" und „Number 10" enthalten.

1992 legte auch Christine Lakeland ein neues Album vor. „Reckoning" war ihre dritte Langspielplatte. 1990 war noch eine einseitige Promo-Single „My Baby Blues" erschienen. Auf „Reckoning" hatte sie wieder volle Starpower engagiert: Neben Jim Keltner und Tim Drummond war natürlich noch Dauerliebhaber Cale bei zwei Titeln vertreten. Besonders präsent war aber Benmont Tench an Orgel und Klavier sowie immerhin noch bei drei Titeln sein Kumpel Mike Campbell von den „Heartbreakers". Noch bevor Cale seinen Song „Ain't Love Funny" auf dem Album „Closer To You" veröffentlichte, lieferte Christine ihre Version davon. Am Akkordeon war Doug Legacy, der für seine Partyband schon Größen wie Ry Cooder und David Lindley hatte gewinnen können. Und eine hervorragende Dobro spielte bei dem Song

Sally Van Meter. Doch trotz all der großartigen Beiträge und des schönen Sounds des Albums hatte Christines raue Stimme nicht die Qualität, die es braucht, um im harten Business erfolgreich zu sein.

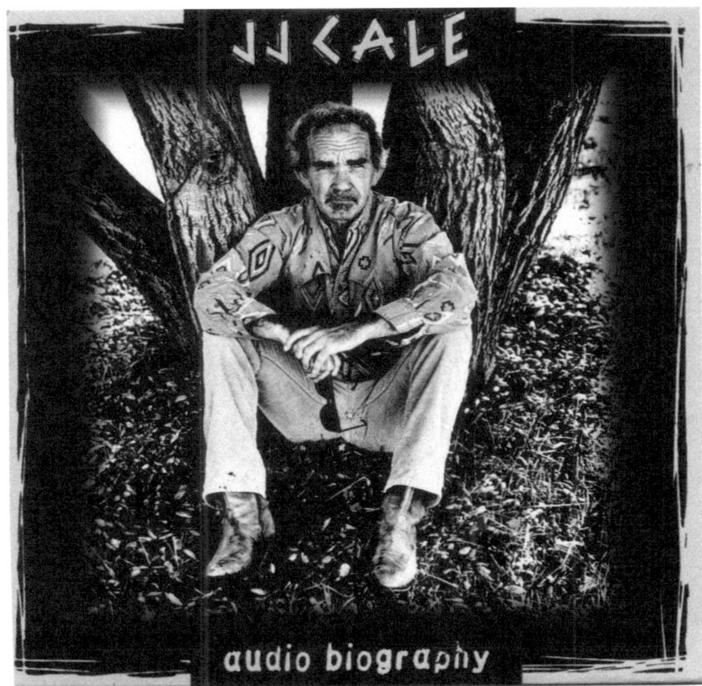

CD mit einer „Audiobiographie“ (Foto: Corbijn)

DELABEL: „Closer To You“

Cale arbeitete auf Mike Kappus’ Betreiben hin auch als Produzent für dessen Schützling John Hammond jr. Und damit erreichte Cale ungeahnte Erfolge. Auf dem 1992er Album „Got Love If You Want It“ wirkte er auch noch als Gastgitarrist mit. Die Schlussproduktion übernahm Kappus. Und bei Hammonds 1994er Album „Trouble No More“ waren Kappus und Cale sogar als Produzentenduo aktiv. Beide Alben brachten Hammond eine Grammy-Nominierung in der Kategorie „Best Traditional Blues Album“ ein. Die Hammond-Alben waren auf dem VIRGIN-Sublabel POINTBLANK erschienen, und Mike Kappus hatte gute Kontakte zu der englischen Firma, besonders zu Emmanuel de Buretel, dem VIRGIN-Chef in Frankreich. In dem Franzosen hatte Kappus einen Geschäftspartner gefunden, der mit JJ Cales Musik gut vertraut war. Die beiden arbeiteten einen Vertrag aus, und Cale unterzeichnete einen neuen Deal. Die nächsten Platten sollten auf dem französischen Label DELABEL erscheinen, das de Buretel gegründet hatte und das auch zu VIRGIN Records gehörte. Der neuerliche Misserfolg von „Number 10“ und auch das Ende des Deals mit SILVERTONE Records hatten Cale nicht weiter beeindruckt. Auch die Perspektive, mit VIRGIN/DELABEL zusammenzuarbeiten, ließ ihn kalt. „Der einzige, der nicht begeistert ist, ist J. J. Cale selbst“, urteilte der „Billboard“-Korrespondent Jim Bessman. Dazu passte, dass er sein neues Album einfach „Number 11“ nennen wollte. Deutlicher konnte er nicht ausdrücken, dass es für ihn nur eine weitere Langspielplatte war: „Ich hätte sie alle mit Nummern bezeichnet, aber VIRGIN meinte, das hätte ich schon zur Genüge getan.“

Emmanuel Legrand, der von London aus für das „Billboard“-Magazin berichtete, widmete Cale im Juli 1994 eine ausführliche Geschichte:

„Emmanuel de Buretel, der 35-jährige Präsident von VIRGIN Records France und Gründer von DELABEL, kam vor 18 Monaten erstmalig mit Cale durch dessen Agenten Mike Kappus bei der Rosebud-Agentur in San Francisco in Kontakt. ‚Cale hatte gerade John Hammonds aktuelles Album produziert und war es zu der Zeit leid, mit Plattenfirmen zusammenzuarbeiten,' erzählt de Buretel. ‚Ich fand immer, dass er einer der größten lebenden Autoren, Komponisten und Performer sei.' … De Buretel verabredete sich mit Cale in San Francisco und sagte ihm, dass er sehr gerne mit ihm zusammenarbeiten wolle. Cale erklärte, er sei bereit, ein Live-Album zu machen, keine Studioaufnahmen."

De Buretel begleitete Cale sogar auf dessen kleiner Kanada- und Westküstentour, mit der er 1993 noch ein bisschen für „Number 10" warb. Die beiden lernten sich besser kennen, und dann rückte Cale schließlich mit einer großen Überraschung heraus: „… nachdem die Vorbereitungen für ein Live-Album getroffen worden waren, entschloss er sich, in ein Studio zu gehen und neues Original-Material aufzunehmen. Im Booklet zur hervorragenden „Anthology – Anyway the wind blows", die 1997 erschien, erklärte Cale den Sinneswandel. Er hatte sich von dem Spitzenhersteller für akustische Gitarren Martin eine speziell für ihn gefertigte Gitarre bestellt: „Eine gute Gitarre ist inspirierend. Ich schrieb acht Titel an einem Tag. Dann mietete ich mich in den CAPITOL Studios in Hollywood ein und nahm das ganze Album an zwei Tagen inklusive Gesang auf. Dann habe ich das alles mit nach Hause genommen und angefangen, Overdubs zu machen." Cale lieferte zwölf Songs an DELABEL, die am 31. Mai 1994 in ganz Europa von VIRGIN unter dem Titel „Closer To You" veröffentlicht wurden. Für Europa war de Buretel mit einem Absatz von 60 000 Alben zufrieden. Für die USA und den Gesamtabsatz waren die Erwartungen aber deutlich höher. De Buretel: „Ich denke, dass wir, weil es wirklich ein sehr gutes Album mit großem Potential ist, 500 000 und mehr in der ganzen Welt absetzen können.“ Dass das Album in den USA und dem Rest der Welt erst Ende August, also drei Monate später, erschien, sprach allerdings Bände. In Europa hatte Cale viele treue Fans, aber für die USA war er verloren. Die Produktmanagerin von VIRGIN-USA plante allen Ernstes eine Kassette mit alten Cale-Songs, „um die Leute darüber aufzuklären, wer J.J. ist“.

Aus der Idee entstand schließlich in französischer Regie eine CD „audio biography J J Cale“, die DELABEL mit ihm in Englisch und Französisch produzierte. Von „Closer To You“ werden darauf „Devil’s Nurse“, „Sho-Biz Blues“, „Slower Baby“, „Borrowed Time“ und das Titelstück vorgestellt. Der Kommentar entspricht in der Sicht auf seine Musik – mit deutlicher Distanz zum üblichen Glamour – der europäischen Perspektive: „JJ Cale benutzt alltägliche Worte, um ein anderes Amerika zu beschreiben: ein Bild… ohne Neon-Reklame, problematisch, eindringlich, verlockend… mit Autowracks, baufälligen Veranden, ein nicht der allgemeinen Vorstellung entsprechendes Amerika.“ Als Beispiel für seine Haltung wird „Sho-Biz Blues“ gewählt: „Er mag nicht die endlosen Touren auf den Straßen, er ist nicht der Sänger, der gern auf die Bühne springt, er scheut das Rampenlicht.“ Der so Beschriebene kommt selbst zu Wort, als „Slower Baby“ gespielt wird: „Das bin ich mit Karstein hier in meinem Wohnzimmer. Ich habe es mit einem Synthesizer aufgenommen und den Text gemurmelt. Dann habe ich Karstein angerufen, und er hat Congas dazu gespielt.“ Nicht gerade der Versuch, sich großartig in Szene zu setzen.

DELABEL setzte die üblichen PR-Mittel ein – auf hohem Niveau: Der französische Starfotograf Jean-Baptiste Mondino übernahm die Regie eines Videos für „Closer To You". Er hatte auch schon mit Madonna und Prince gearbeitet. Und für Fotos wurde Anton Corbijn verpflichtet. Seine Schwarzweiß-Aufnahmen wurden nicht für das Album-Cover gemacht, sondern für Pressemappen eingesetzt – eine neue Erfahrung für JJ. Er gab Interviews und plante seine erste Europatournee seit 1977. Yves Bigot von der Zeitung „Libération" sprach ihn auf seine Wirkung auf Eric Clapton und „Dire Straits" an. Cale relativierte: „Selbstverständlich höre ich einen Einfluss, eine Wendung hier oder da, die daran erinnert, was ich gemacht habe. Das ist oft schwierig zu unterscheiden, was genau, denn Stil ist nicht etwas, was man erfindet. Mein Stil ist ganz plötzlich gekommen, als ich begonnen habe zu schreiben, nachdem ich Jahre damit verbracht habe, Stücke anderer in den Clubs zu spielen." Und er betonte, wie anstrengend es war, unangestrengt zu wirken: „Man braucht trotz alledem sehr viel Energie zum Komponieren, Aufnehmen und all dem, was in diesem Metier dazugehört. Der Trick ist nur, dass, wenn man es anschließend hört, man den Eindruck hat, dass es ganz entspannt abläuft." Schließlich bekannte er, wie wenig er mit seinen 55 Jahren mit der aktuellen Musikszene anfangen konnte: „Heute hat man Rap und Heavy Metal. Die Jungen mögen das Rock'n'Roll nennen, aber für mich ist das unmöglich. Das ist eine ganz andere Sache. Der Rock'n'Roll ist verschwunden. Alles vorbei. Das ist normal. Das ist eine Sache der Jungen, und für sie gibt es immer Neues. Das macht mich nicht traurig. C'est la vie. Aber nostalgisch macht es mich schon, ja!"

Zwar hatte er den Gedanken noch nicht ganz aufgegeben, irgendwie modern klingen zu wollen, wie das Titelstück oder „Devil's Nurse" zeigen, aber Cale war wieder Cale. Die Qualität des Albums war beeindruckend. Don McLeese vom „Guitar World" Magazin fand: „Auf Cales aktuellem Album ‚Closer To You' (Virgin) erreicht er eine perfekte

Mischung aus Backporch-Liedkunst und Technicolor-Produktion, indem er ein Netz aus verschiedenen Gitarrenspuren übereinanderlegt." In Cales Worten: „Ich habe eine Auswahl an Gitarren, und wenn ich eine in die Hand nehme, inspiriert sie mich, in einer bestimmten Weise zu spielen; eine andere Gitarre wird mich anregen, in einer anderen Art und Weise zu spielen. Ich plane da nicht wirklich etwas. Ich werfe es einfach an die Wand und sehe, was hängen bleibt."

Einige seiner Songs waren schon immer ein bisschen lasziv, schlüpfrig und anzüglich. Der Kritiker Phil Sutcliffe fand Cale direkter denn je: „In seinen Mittfünfzigern angekommen, verschwendet J.J. Cale nicht zu viel Zeit, sich in seinen Texten mit einem anderen Thema als Sex zu befassen. Obwohl ‚Rose In The Garden' geradlinige, treue Liebe in einem konventionellen ländlichen Setting beschreibt, schlittern und gleiten raffinierte Gitarren durch schlüpfrige Polyrhythmen, während Cale zweideutige Phantasien wie beim Titellied sondiert: ‚Wish I was your underwear hangin' from your waist/ Everytime you shake that thing I'd get a little taste'. ‚Slower Baby', ‚Devil's Nurse' und ‚Hard Love' sind ähnlich wirkungsvolle Beispiele für seinen After-Midnight-Modus, während sich sein elementarer murmelnder Shuffle im Laufe von elf Alben kaum geändert hat. Aber vielleicht findet er ein ganz neues Publikum unter all jenen, die eine klare Vorstellung davon haben, wie ihr Abend enden wird." Wie schon SILVERTONE zuvor bemühte sich auch DELABEL mit einer Reihe von Promo-CD-Singles, über die Medien ein neues Publikum zu erreichen. In England warb die Kette „Tower Records" in einer ganzseitigen Anzeige: „‚Closer To You' verbindet sein scheinbar müheloses Gitarrenspiel und anspruchsvolle Technologie, um eine kunstvolle Mischung aus natürlicher und Synthesizer-Musik zu schaffen, eine einzigartige und moderne Herangehensweise an ein traditionelles Gebiet."

Dem neuerlichen Trubel um seine Person begegnete Cale gleichgültig. Zwar stellte er sich den Interviews, gab sich offen über Produktionsweise und -ziel seiner Arbeit, aber er entmystifizierte geradezu alles, was ihm andere andichteten. Wie gehabt, beschrieben Kritiker seine Musik mit dem Begriff „laid-back", prompt fühlte er sich dazu verpflichtet aufzuklären, dass das nur der Sound seiner Musik sei, er selber sei ein total überdrehter Workaholic. Ganz typisch für seine Selbstdarstellung ist ein Zitat aus dem „Billboard"-Magazin: „Manche Leute werden es mögen und viele nicht – wie bei allen anderen Alben auch. Ich habe die Hälfte davon im CAPITOL Studio (in Hollywood) mit normalen Studiomusikern aufgenommen, die andere Hälfte zu Hause im Mehrspurverfahren – aber das habe ich schon immer so gemacht. Da ich auf dem Land wohne, klingt es vielleicht ein bisschen mehr wie meine alten Alben, die ich in Nashville aufgenommen habe. Die waren etwas romantischer und stärker laid-back unter dem Einfluss von Tennessee als meine Alben aus der mittleren Ära, die ich aufgenommen habe, als ich nach L. A. zog. Die waren urbaner, härter und etwas düsterer im Klang. Aber ich versuche nur, meine Musik bei anderen Musikern unterzubringen, die neues Material brauchen. Ich denke weniger ans öffentliche Publikum, so wie meine Plattenfirma es gerne möchte. Ich poliere meine Alben nie auf. Wenn jemand anderes meine Lieder aufnimmt, sind sie meistens zugänglicher für das breite Publikum als meine Alben."

Die „ganz normalen" Studiomusiker, mit denen Cale zusammenarbeitete, waren nicht nur seine alten Freunde, sondern die Crème de la Crème der Studio-Asse der 70er, 80er und 90er Jahre. Typen wie Jim Keltner, der gerade bei den „Traveling Wilburys" mit Dylan, Petty, Orbison und Lynne und bei „Little Village" mit Ry Cooder, John Hiatt und Nick Lowe für den richtigen Beat gesorgt hatte. Der war zwar nur noch auf zwei Titeln, „Ain't Love Funny“ und „Steve's Song“, dabei, aber dafür spielten Tim Drummond am Bass, Spooner Oldham an der Orgel, Bill Payne am Klavier und Don Preston an der Gitarre. Backing Vocals kamen von Christine Lakeland und Leslie Taylor. Cales Freund Jim Karstein, der ihn auch immer live begleitete, steuerte meistens Drums und Percussion bei, wurde aber auch mal von James Cruce ergänzt. Die größte Überraschung war wohl Garth Hudson von „The Band“, der auf „Ain't Love Funny“ Akkordeon spielte.

In der Vergangenheit waren Songs wie „Cajun Moon“ oder „Sensitive Kind“ noch von zahlreichen prominenten Musikern gecovert worden. Ihr Autor hatte ja auch immer wieder betont, es komme ihm darauf an, dass andere seine Songs übernehmen. Seit dem Album „Travel-Log“ blieb es in dieser Hinsicht recht still. Es gab nicht mehr die zündende Komposition, die Texte waren phantasieloser geworden. Stücke wie „Tijuana“ waren hübsch, doch nicht gerade originell. Aber gleichzeitig hatten Cales eigene Versionen auch längst nicht mehr den Sound simpler Demo-Aufnahmen. Sie lebten von der Raffinesse, die der Studiocrack- und Technikfreak ihnen verpasste. Er hatte sich auf die Perfektion des Klangs konzentriert. Das war HiFi, das nach LoFi klingen sollte.

Live-Aufnahmen

Schon lange verfolgte er einen ganz anderen Plan: ein Live-Album. Als er de Buretel ein Live-Album angekündigt hatte, war das nicht die Absicht, einen Schnellschuss abzuliefern, sondern ein lang gehegter Wunsch. Fast immer schnitt er seine Konzerte irgendwie mit. Aber als er später das Material sichtete, war die Aufnahmequalität nicht ausreichend. Zu Hilfe kam ihm Paul McManus als Techniker. Er erinnert sich an die Vorgeschichte: „Im Laufe der Jahre hatte er Dutzende und Dutzende von Live-Aufnahmen gemacht. Überall wo er spielte, haben sie zwei Mikros oder so aufgestellt. Sie benutzten jedes Format, das die Menschheit bis dahin kannte, von der Kassette bis zu Tonbändern. ADAT und DAT kamen zu der Zeit gerade erst auf. Er hatte sogar einiges Zeug mit einem PCM F-1 gemacht.“ McManus hatte Cale 1989 kennengelernt, als der jemanden suchte, der ihm seine Ampex 8-Spur-Bandmaschine reparieren konnte. Coast Recorders in Hollywood hatten ihm McManus empfohlen. So wurden die beiden Technikfreaks Freunde. Ohne dass McManus wirklich eine Aufgabe hatte, begleitete er Cale zu den Aufnahmen von John Hammonds CD „Trouble No More“. Und so fragte Cale ihn 1993 schließlich, ob er ihm helfen wolle, ein adäquates Live-Album auf die Beine zu stellen.

Nachdem die beiden das vorhandene Live-Material überprüft hatten, bat Cale McManus, das kleinstmögliche Equipment für die Aufnahmen zusammenzustellen. Chris J. Walker von dem Online-Magazin mixonline.com befragte den Techniker, wie das abgelaufen war: „Das ganze Equipment passte in vier Roadcases: Das grundlegende Zeug, das McManus dabei hatte, bestand aus einem TASCAM DA-88, einem Sony DAT und einem Mackie 1604-Mischpult. ‚Wir wählten das DA-

88 vor allem, weil man damit länger als 40 Minuten aufnehmen konnte,' erinnert er sich. ‚Die frühen ADATs waren dahingehend limitiert. Zuvor hatte ich nur live auf DAT gemischt. Das Mackie 1604, was heute ziemlich Standard ist, war damals total neu. Aber es hatte nur sechs Mikrofonvorverstärker. Um zehn weitere zu bekommen, mussten wir diese Kiste, einen XLR-10-Adapter kaufen und unter das Bord schrauben.'"

Im September und Oktober 1994 bereiste Cale mit seiner Band neun Städte in Europa. Als Opener hatte er den Bluessänger John Hammond dabei. In der Bundesrepublik waren die Konzerte in München, Hamburg und Berlin ausverkauft. Die Aufmerksamkeit, die er auf der Tour erfuhr, war gänzlich ungewohnt. Von „charmanten 90 Minuten in der Musikhalle" berichtete die „Hamburger Morgenpost": „Seine swingenden Songs schwebten in ihrer rollenden Vorwärtsbewegung fortan wie auf einem Wolkenteppich." Das Interesse in Europa war überwältigend. Zwar hatten ihn bei seinen Tourneen auch in Kanada Radio- und Fernsehstationen beachtet, aber noch bevor die eigentliche Konzertreihe am 22. September in Den Hague begonnen hatte, zeichnete jetzt das holländische Fernsehen ein zehnminütiges akustisches Konzert in einem winzigen Studio auf. „2 Meter Sessions", der Name der Showreihe, bezog sich auf die Intimität des Settings. Das Ganze erinnerte an die MTV-Reihe „Unplugged", in der sich Eric Clapton, Stevie Ray Vaughan und andere Gitarristen akustisch präsentiert hatten.

JJ spielte begleitet von Christine Lakeland, Rocky Frisco, Piano, Jim Karstein und James Cruce an der Percussion, Bill Raffensperger am Bass. Ob er seine Songs elektrifiziert oder akustisch ablieferte, hatte für ihn nie einen Unterschied bedeutet. „Ich mache das seit Jahren", zeigte er sein Unverständnis über den neuen „Unplugged“-Hype. Bei der TV-Show in Den Haag benutzten Christine und er statt der gewohnten elektrischen eben zwei akustische Gitarren der Marke Ovation. Die spezielle Bauart mit einem gewölbten Kunststoffkorpus und Piezo-Tonabnehmern lässt Ovation-Gitarren brillantere Höhen produzieren als andere herkömmliche Gitarrenmodelle. Doch Cales und Lakelands sanfte Spielweise betonte dieses manchmal auch unangenehme Charakteristikum nicht. Die Beiden hatten sichtlich Freude an ihrem Zusammenspiel bei den Songs der „2 Meter Sessions“: „After Midnight“, „Travelin’ Light“ und „Devil In Disguise“. Letzteres in einer besonders schönen Version, bei der Christine und JJ im Duett am Mikrofon liebevoll Blickkontakt hielten.

Und nachdem die Band die ersten Konzerte der Tour in Holland und Deutschland überstanden hatte, gab es in Paris die nächste Fernsehshow. Für den Sender „France 2“ wurde Cale interviewt, spielte mit voller Band in einem großen Studio mit Publikum „Hard Love“, gab seine üblichen Antworten und beschloss den Beitrag dann mit „Cocaine“. In England, wo er im Oktober im Hammersmith Apollo in London drei ausverkaufte Shows spielte, wurde ihm die größte Beachtung geschenkt: Die BBC zeichnete eine Stunde auf und strahlte sie nach Weihnachten aus. Cale war in bester Stimmung, freudig stellte er immer wieder unter großem Applaus die Bandmitglieder vor. Und bei „Don’t Cry Sister“ überließ er Christine Lakeland gesanglich hier und da die erste Stimme. Sie trug schließlich sogar noch ihre eigene starke rhythmische Komposition „Black Cat“ vor. Und auch Rocky Frisco, der Pianist mit dem Aussehen von Wille Nelson, sang den Elvis-Titel „I Feel So Bad“. Er erinnerte stimmlich ein bisschen an Leon Russell, wobei sein Gesang weitaus weniger affektiert wirkte als der Russells. Man konnte hören, wie Cale das Zusammenspiel und den frenetischen Applaus des Publikums genoss und ihn gern mit seinen Freunden auf der Bühne teilte. Die Auftritte der Europa-Tour wurden von Paul McManus mitgeschnitten, so dass Cale schließlich 2001 großartiges Material für sein „Live"-Album zur Verfügung hatte. Drei Aufnahmen davon schafften es auf die CD-Zusammenstellung: zwei Mitschnitte von einem der drei Konzerte im Hammersmith Apollo – und aus der Philharmonie in München vom 24. September seine berühmteste Nummer „Cocaine".

Mike Kappus und das DELABEL-Label hatten ganze Arbeit geleistet, ihren Star ins rechte Licht zu rücken, und der war bereit, sich professionell zu zeigen. So gab er in Berlin der Wochenzeitung „Die ZEIT" ein Interview – ein Novum für die deutsche Presse. Der Reporter Christoph Dieckmann war überrascht, den berühmten Musiker im „T-Shirt, Schmuddelparka" mit „trauergerandete(n) Finger(n)… in diesem räudigen Garderobenwagen hinterm Zelt des Berliner ‚Tempodrom'" vorzufinden. Immerhin: „freundlicher Gruß, was wohltut." Der Text war überschrieben „Unglaublich: Der mythenumwitterte Rock-Gitarrist J.J. Cale kam nach Europa und machte den Mund auf. Der Schweiger von Oklahoma". Das mit dem Mundaufmachen hatte da seine Grenzen, wo Dieckmann persönlich werden wollte. Der Frage nach Kindern wich Cale aus. Auch sonst widersetzte er sich dem Versuch, sich in ein Raster einordnen zu lassen: „Ich bin kein politischer Mensch!" Er habe viel Hippie-Idealismus, doch ein Häuschen und das Auto seien ihm allezeit wichtiger gewesen. Zu seiner Musik hatte er auch nur Übliches zu sagen: „Ich spiele, um mich zu unterhalten. Ich versuche, von Platte zu Platte ein bißchen was zu verändern, aber dann ... Wenn du den einen Leuten nachgibst und was veränderst, verlierst du die anderen, die's mögen, wie es ist." So weit, so bekannt. Und dann gab es doch noch ein Bekenntnis, das ein bisschen Privates rausließ. Auf die Frage, was ihn schon mal aus der Laid-Back-Haltung herausgerissen habe, war er erstaunlich offen: „Als ich dachte, mein Flugzeug stürzt ab. Als ich beinahe den Autounfall hatte. Wenn du lange lebst, kommst du auch in die Nähe des Todes. Jemand hielt mir eine Knarre ins Gesicht."

In dieser Zeit musste er immer wieder seine Flugangst überwinden. Bevor er auf Europa-Tournee ging, hatte er einen Anruf aus Tulsa bekommen. Steve Ripley, der bei „Shades" Toningenieur gewesen war und bei „#8" Gitarre gespielt hatte, wollte ihn bei einer Plattenproduktion dabei haben. Ripley hatte zunächst – ähnlich wie JJ Cale – bei Leon Russell als Toningenieur gearbeitet. 1987 kaufte er Russell The Church Studio in Tulsa ab. Dort waren auch die Aufnahmen für das Debütalbum seiner Band „The Tractors" geplant. Die Beziehung zu Cale war seit „Shades" bestehen geblieben, Ripley baute sogar eine Gitarre für ihn. Für das „Tractors"-Album hatte er 1994 unter anderem Russell, James Burton, Bonnie Raitt, für die er auch gespielt hatte, und Ry Cooder eingeladen. Im Studio zeigte er eine ähnliche Besessenheit wie Cale. Er wollte die Aufnahmetechnik der frühen Elvis-Presley-Platten mit modernen Mitteln kreieren. Für den „Tulsa Shuffle" setzte er nur zwei Mikrofone ein. „Da spielten so 14 Leute gleichzeitig zusammen: vier Drummer, drei Gitarristen, ein Harmonikaspieler und ein paar Leute an B-3-Hammonds." So erklärt sich, dass JJ auf der „Tractors"-Platte beim „Tulsa Shuffle" nicht wirklich als Gitarrist auszumachen ist. Aber es zählte wohl mehr, in der Tulsa-Szene bei diesem modernen Countryalbum mitzuwirken. Es wurde zu einem riesigen Erfolg für Steve Ripley. Zwar landete er mit „Baby Likes To Rock It" nur einen Hit in den Top 40 der Countrycharts, aber die LP wurde zweifach mit Platin ausgezeichnet und war das sich am schnellsten verkaufende Debüt-Album. Drummer Jamie Oldacker gehörte zur festen Besetzungen der „Tractors“, und auch Jim Keltner, Jimmy Karstein und Chuck Blackwell waren auf einzelnen Titeln zu hören. Das Album überzeugte durch das Talent der Musiker, und zwei actionreiche und farbenfrohe Videos halfen beim Verkauf.

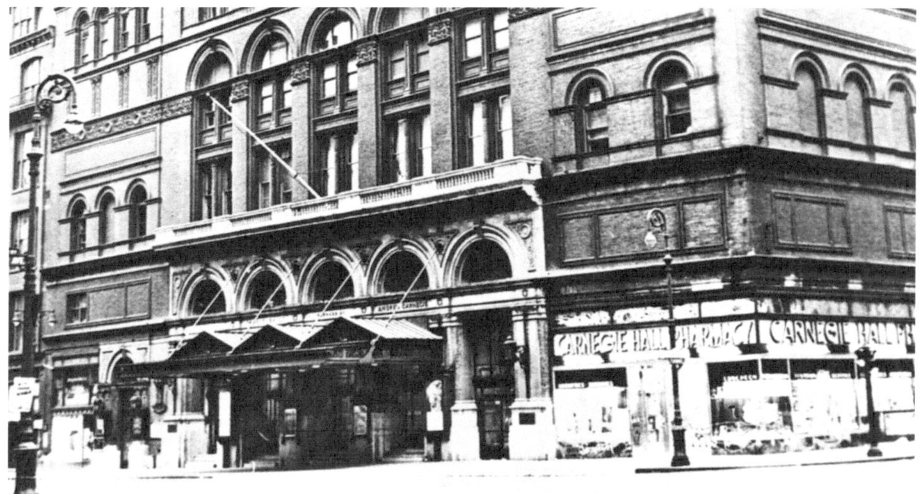

Die Carnegie Hall in New York

Mit „The Band“ in der Carnegie Hall

Nach 18 Jahren „wilder Ehe“ heiratete John Weldon Cale seine Christine, natürlich ohne öffentliche Aufmerksamkeit. Sie lebten seit 1977 zusammen, nahmen zusammen Platten auf und traten gemeinsam auf. Im März 1996 kündigte das „New York Magazine“ ein Konzert von „The Band“ in der Carnegie Hall an – mit dem Zusatz: „They play with the wonderful roots singer J. J. Cale.“ Am 29. 3. saß Barney Hoskyns vom englischen Independent im Publikum und erlebte Cales „hypnotisierende Widerspenstigkeit“, mit der er „offenen Emotionen“ bei Live-Auftritten misstraute. So empfand Hoskyns die Darbietung von „After Midnight“ auch als eher „zurückgenommen“ und „flüchtig“ – so als wolle Cale nicht alles geben. Als Show-Opener für Levon Helms „The Band“ nutzte der die Gelegenheit, sein neues Album „Guitar Man“ vorzustellen. Hoskyns fühlte sich in New York daran erinnert, dass JJ Cale und Levon Helm einst in ihren Anfängen in demselben Dunstkreis von Honky Tonks in Oklahoma und Texas gespielt hatten. Mit den Musikern der „Band“ verband ihn jetzt, dass die einen Monat zuvor sein „Crazy Mama“ auf ihrer LP „High On The Hog“ veröffentlicht hatten. Das Angebot, in der Carnegie Hall zu spielen, begeisterte ihn. Eigentlich bemühte er sich gerade, sämtliche Konzertangebote abzulehnen, aber da war diese großartige, weltberühmte Halle und obendrein die Aussicht, mit seinen Freunden von „The Band“ in einem Programm aufzutreten. Cale genoss den Abend mit der ihm eigenen Zurückhaltung, gab aber schon mal etwas mehr beim Gitarrensolo von „Call Me The Breeze“.

„Guitar Man“

Hoskyns hatte bereits ein Vorausexemplar von „Guitar Man“ gehört: „Wenn man sich ‚Death In The Wilderness’, den ersten ökologisch bewussten Song, auf seinem neuen Album Guitar Man anhört, fällt es schwer, den JJ Cale von ‚Call Me The Breeze’ oder ‚Same Old Blues‘ wiederzuerkennen. Die Hi-Tech-Programmierung und das digitale Gefühl sind sehr weit vom Sound der hippen Nashville-Picker der Vorjahre entfernt; wenn es eine Ähnlichkeit gibt, dann eher zu den späteren Produktionen der Dire Straits, jener Band, die mit Cales Sound eine Stadionkarriere hingelegt hatte.“
Bei der Produktion des neuen Albums hatte JJ sich, ähnlich wie schon bei „5“ in den 70er Jahren, ganz auf sich gestellt. Jetzt hatte er sich inzwischen sämtlicher analoger Technik entledigt. Rick Batey vom „Guitar“-Magazin gegenüber sprach er vom Dilemma dieser Entscheidung: „‚Ich bevorzuge den alten Kram’, sagt Cale voller Überzeugung. ‚Es verzerrt angenehmer. Darum benutzen Gitarristen Fuzz-Effekte und all diesen Kram, nicht weil wir altmodisch klingen wollen, sondern weil Verzerrung angenehm für die Ohren ist. Ist wirklich so. Wenn man Gitarre durch einen super-cleanen Verstärker spielt, klingt das fürchterlich. Digitales Zeug ist genauso, es ist hart. Und die Leute, die es bauen, wissen dass es hart klingt, weil wir Musiker einfach nicht aufhören, darüber zu reden.’“ Cale war richtig in seinem Element. Aufnahmetechnik, Klänge, das alles faszinierte ihn: „Aber warum ich schließlich mein ganzes analoges Homestudio-Zeug verkauft habe, war, dass ich mein ganzes Leben damit verbracht habe, es am Laufen zu halten. Sobald es alles lief und ich es so weit hatte, dass es gut klang, hatte ich keine Lust mehr, Musik zu machen!“ Dass „Guitar Man“ etwas ganz anderes war als sein Auftritt in der Carnegie

Hall erklärte er Barney Hoskyns: „Seit 1972 gab es immer ein paar Titel, die ich alleine aufgenommen habe, und dies hier ist praktisch der Apex davon. Ich habe es weitestgehend alleine hergestellt. Ich habe vor sechs oder sieben Jahren meine analoge Technik abgestoßen und bin ins digitale Reich vorgedrungen. Meine Live-Shows sind völlig anders. Ich versuche nicht mal, etwas derartiges im Studio nachzubilden. Platten zu machen ist eine Kunstform, und live zu spielen ist eine andere.“ Die später auf dem „J.J. Cale Live“-Album veröffentlichten Aufnahmen vom Konzert in der Carnegie Hall belegen das eindrucksvoll. Da griff er wieder auf seine altbewährte Band zurück, während bei „Guitar Man“ außer ihm nur zwei weitere Musiker zu hören sind: Christine Lakeland und James Cruce spielten bei „Death In The Wilderness“ mit. Bei den übrigen Titeln verzichtete er auf jegliche Unterstützung.

Und wieder fand das neue Album viel Resonanz in der Presse. Das Magazin der „FAZ“ hob seinen Minimalismus hervor: „„Meine Songs sind eigentlich nur ‚grooves‘ mit ein bisschen Gemurmel darüber. Ich mag es, wenn der Fuß dazu wippen kann.’ Soviel Understatement verschweigt, zu welch raffinierter Reduktion Cale imstande ist. Die kultiviert er auch auf ‚Guitar Man’, seinem zwölften Album. Die Stimmigkeit seines Gitarrenspiels – auch alle anderen Instrumente spielt er selbst – offenbart sich in der hypnotischen Eingängigkeit der Stücke. Den Vorwurf, nur ‚ein charismatisches Faultier’ zu sein, entkräftet er in Titeln wie ‚Days Go By’ oder ‚This Town’ mit beängstigender Bravour.“ Beeindruckend ist diesmal die thematische Bandbreite seiner Texte. Zwar bedachte er mit dem jazzig gehaltenen „Days Go By“ noch einmal seine Kifferfreunde, aber dann bezog er auch politisch Stellung und bewies, ein guter Beobachter zu sein. Gleich im Auftakt „Death In The Wilderness“ macht er sich für Flora und Fauna stark und spricht sich gegen die industrielle Ausbeutung aus:

Death in the wilderness
It's a hopeless case I guess
Who's looking out for the wilder side
It will soon all be gone
You can tell it won't be long
We'll find the wilderness has died
We'll be the lonely one
Concrete, plastic human throng
Tellin' one another have you heard the news
We'll mow it down, we'll rape the ground
'Til there's nothing left to abuse
The rabbit, he'll be gone
The bird will sing no song
The wolf, the bear, the lion too
The insect far and near, creatures like the deer
We'll put in cages a the zoo
Death in the wilderness
It's a hopeless case I guess
Who's looking out for the wilder side
It will soon all be gone
You can tell it won't be long
We'll find the wilderness has died
The stream will all dry out
The fish, gone no doubt
We'll have no animals to fear
The tree will be no more
We'll use it to build the store
Mountain scene will disappear
These changes takin' place

Will affect the human race
We'll all know it when it's gone
God save this planet now
We've got to help somehow
We've left it happen way too long
Death in the wilderness
It's a hopeless case I guess
Who's looking out for the wilder side
It will soon all be gone
You can tell it won't be long
We'll find the wilderness has died
We'll find the wilderness has died

In Interviews kam der Hundeliebhaber Cale auch auf sein Interesse an der Natur zu sprechen. Im Gespräch mit Richard Cromlin erklärte er 2009 seine Abkehr vom urbanen Leben: „Ich kenne niemanden hier. Alle meine Musikerfreunde sind nach Oklahoma zurückgezogen; sie sind alle alt oder schon gestorben. Wissen Sie, ich schreibe Songs oder repariere Gitarren… Ich habe drei Morgen Land. Die meiste Zeit bin ich damit beschäftigt, die drei Morgen instand zu halten und das Haus vor dem Auseinanderfallen zu bewahren. Ich mag Hasen und Eichhörnchen und Vögel. Es war schön, die meiste Zeit meines Lebens in großen Städten gelebt zu haben. Aber das habe ich jetzt hinter mir." Sehr drastisch formuliert er das im Song „This Town" auf „Guitar Man": „Diese Stadt ist nicht für Mensch oder Tier gemacht." Er beklagt darin die Verrohung der Gesellschaft, Kriminalität und Waffengewalt.

Unabhängig vom kommerziellen Erfolg wurde alles, was JJ Cale machte, ständig in der Musikwelt beachtet. Das war schon eine Selbstverständlichkeit für Eric Clapton, der ihm ja große Hits verdankte.

Von „Guitar Man“ coverte Clapton 2008 „Low Down“ bei einem Live-Konzert mit Steve Winwood im Madison Square Garden. Und in den Outtakes zum Film „To Tulsa And Back“ beschreibt er eindrucksvoll die Komplexität von Cales Musik, speziell von dessen Gitarrespiel: „Er hat diese unglaubliche Fähigkeit, eine Aufnahme zu machen. Und niemand kann nachvollziehen, wie er das gemacht hat. Selbst wenn wir Covers von seinen Songs aufgenommen haben… Gerade erst kürzlich – vor ein paar Jahren – wir spielten keinen seiner Songs, aber ich wollte einen so machen, als habe er ihn produziert. Also nahm ich den Song ‚Guitar Man’ mit ins Studio. Und ich sagte zum Techniker und zu meinem Co-Produzenten: ‚Hört euch das an. Wie macht er das?’ Und wir kamen einfach nicht dahinter. Jeder versuchte zu analysieren, was er getan hatte. Und sie wussten es wirklich nicht. Es ist wirklich einzigartig. Und so fragte ich ihn im Juni des vergangenen Jahres, wie er es fände, wenn wir eine Platte zusammen machen würden.“

In diesem Kontext erzählte Clapton auch von einem ganzen Album, das er bereits mit Cale aufgenommen hatte, bei dem Jim Keltner Drums gespielt hatte. Dabei beschrieb er, wie Cale im Studio mit der Band arbeitete und stellte einen interessanten Vergleich her: „Wir haben ein Album im Studio gemacht, das ich nie gehört habe. Er rief mich an, als ich in L. A. war, vor etwa 15 oder 20 Jahren. Und so fuhr ich zu einem Studio im Valley, und wir nahmen vielleicht 15 Titel auf. Live, jeder saß in seiner kleinen Kabine. Jim Keltner am Schlagzeug, und ich weiß nicht mehr, welche Musiker sonst noch dabei waren. Es war ein bisschen wie mit Dylan. Ich habe das Gleiche mal mit Dylan gemacht. Er erzählt dir nicht, was er machen will. Er fängt einfach an, er fängt an zu singen, und du springst auf, so schnell es geht, und findest den Teil richtig schnell, den du beisteuerst. Und am Ende war es einfach. Er sagt nicht, ob er noch einen Take machen will oder fragt jemanden, ob er es mochte oder ob es okay war. Er macht einfach den nächsten. Wir waren da für zwei oder drei Stunden und ich habe das Zeug nie wieder gehört. Ich nehme an, es liegt alles in der Garage oder so. Ich weiß es nicht."

Der Song „Guitar Man" hatte für Cale besondere Relevanz, wie er Rick Batey vom „Guitar"-Magazin erzählte: „„Das ist ein ganz alter Song,' grinst Cale. ‚Den hatte ich 20 Jahre rumliegen. Die Perspektive eines Gitarrenanfängers – ich dachte mir, dass sich vielleicht eine Menge Gitarristen darin wiederfänden, die nicht gerade Eric Clapton sind. Bei mir ist schon lange niemand mehr rumgekommen, der gefragt hat, ob er auch mal auf meiner Gitarre spielen darf! Überhaupt hänge ich ja auch nicht mehr so in Clubs rum wie früher. Wenn ich heute irgendwo spiele, bedeutet das ja auch immer gleich die Band, den Bus und den ganzen Firlefanz. In letzter Zeit war ich bei keiner Party, wo alle rumsaßen und Gitarre spielten, wie wir es in den 60ern gemacht haben. Ich glaube alle sind richtig alt und machen das nicht mehr. Ich vermisse das.'"

Nach Vollendung des Albums „Guitar Man" erläuterte Cale in einem 10-minütigen Beitrag für den Sender NBC in der Reihe „Talkin' Blues" wortreich, was ihn im Musikbusiness bewegt, wie sich sein Verhältnis zur künstlerischen Tätigkeit verändert hat und welche Sorgen ihn auch über die Produktion hinaus begleiten. Die zentrale Aussage war, dass Songwriting für ihn nach Hunderten von Songs und Aufnahmen zu einem Klempner- oder Bauarbeiterjob geworden ist, auch wenn er versucht, es von einer künstlerischen Warte aus zu betrachten. „Der erfreulichste Teil am Songwriting ist für mich, wenn ich damit fertig bin und ich es mir anhören kann. Dann trete ich einen Schritt zurück und höre den Song an wie jemand anderes: Oh, das habe ich gemacht. Das mag ich nicht. Oh, das mag ich wirklich sehr. Das ist für mich der beste Teil!"
Und tatsächlich wirkte das Album ein bisschen so, als sei die technische

Seite bedeutender als das Songwriting gewesen. Rick Batey schwärmte er von seiner anhaltenden Begeisterung für Technik vor: „‚Von der Technologie geht eine Faszination aus,' erklärt Cale seinen neuesten Studio-Ausflug. ‚Es ist eine ganz eigene Kunstform. Ich mache jetzt eine Menge elektronisches Zeug', sagt Cale über sein aktuelles Album, das er im Homestudio aufgenommen hat und auf dem er fast alle Instrumente selbst gespielt hat. Man kann vermuten, dass seine Begeisterung dafür, im eigenen Studio aufzunehmen, eine Menge damit zu tun hat, dass er in seiner eigenen Geschwindigkeit vorgehen kann und dass er sich nicht auf andere verlassen muss." Wie man sich Cales „Studio" vorzustellen hatte, beschrieb Mike Kappus Johannes Waechter vom SZ-Magazin: „Sehr ungezwungen. Es war nicht so, dass sich dort im Haus ein echtes Studio befand. Cale besaß die technischen Geräte, die er benötigte, aber normalerweise waren die irgendwo in einem Hinterzimmer verstaut. So wie Möbelstücke, die man gerade nicht braucht. Wenn er Aufnahmen machen wollte, holte er alles hervor und baute es auf dem Wohnzimmertisch auf, manchmal auch in der Küche. Auch an der Akustik der Räume hat er nichts verändert."

Nicht nur die technischen Geräte hatten keinen festen Platz, auch die Aufnahmen, die er damit gemacht hatte. Christine Lakeland bekennt offen: „Na ja, seine Sachen waren eigentlich überall – auf das ganze Haus verteilt. Es gab überall Regale oder Ablagen, wo sich irgendwelche Demos von ihm fanden. Einfach, weil John und ich nicht super organisiert waren. Wir hatten eher eine Art kontrolliertes Chaos." Zu diesem Laisser-faire passte auch, dass Cale sein Homestudio den professionellen Studios vorzog. Mike Kappus: „Morgens aufzustehen, ins Wohnzimmer zu gehen und anzufangen ist eben viel einfacher, als Ausrüstung zu mieten, einen Toningenieur anzustellen, die Musiker zusammenzutrommeln und dann unter Zeitdruck in einem Studio zu arbeiten. Hinzu kam, dass er viel Spaß an der technischen Seite des Aufnahmevorgangs hatte, vielleicht mehr als an allem anderen. Auf diese Weise konnte er jederzeit loslegen und so lange er wollte an den Aufnahmen feilen, ohne dass irgendwelche Kosten anfielen."

Zu seinem Minimalismus gehörte auch, dass er keinen Wert auf lange Stücke legte und sich mit dem, was er zu sagen hatte, kurz fasste. Brian Wise von „addicted 2 noise" hatte die Spieldauer von „Guitar Man" gestoppt: 38 Minuten. „Darüber hat sich die Plattenfirma bei mir beschwert", gestand Cale ein, „ich bin so darauf ausgerichtet, Drei-Minuten-Songs zu machen. Das hat mit meiner Vergangenheit zu tun. Ich komme aus einer Zeit, in der du in drei Minuten rüberbringen musstest, was du zu sagen hattest, sonst wurde die Aufnahme ausgeblendet. Ich muss mich wohl den modernen Zeiten anpassen und werde das beim nächsten Mal tun!" Erstmals hatte er auch wieder einen Song für das neue Album gecovert. Wie der „Byrds"-Song „Old Blue" auf dem Album „Guitar Man"-Album gelandet war, erzählte er Wise: „Ich habe den Song mein ganzes Leben lang gehört, ist ein alter Folksong. Ich habe ihn nicht ganz so gemacht, wie das Original. Ich habe ein paar Textzeilen meinem Stil angepasst. Ich bin ein großer Hunde- und Tierliebhaber. Ich habe den Song in meinem Unterbewusstsein im Laufe der Jahre wieder und wieder gehört."

„The Anthology: anyway the wind blows“

„Guitar Man“ hatte JJ in eine Sackgasse geführt. Alles allein zu produzieren und ohne viel Unterstützung aufzunehmen kam zwar seiner Mentalität entgegen, ergab aber nur wieder eine beliebige Cale-Platte. Es dämmerte ihm, dass er ein kritisches Gegenüber brauchte, wie er es in seinen Anfängen gehabt hatte. Es waren 13 Jahre vergangen, seit er sich von Audie Ashworth getrennt hatte. Als einzige Verbindung blieben die Verlagsrechte bei Audigram Songs. Das war dann der gemeinsame Nenner, als Ashworth sich meldete und eine längst überfällige Best-Of-Zusammenstellung ins Gespräch brachte. Damit war die Eiszeit zwischen den beiden beendet. Was immer an Missverständnissen und Kränkungen gewesen war, spielte nach all der Zeit jetzt keine Rolle mehr. Barney Hoskyns vom „Independent“ wurde Zeuge eines für ihn überraschenden Telefonats: „Wie durch einen Zufall klingelt das Telefon in diesem Moment unserer Konversation, und es stellt sich heraus, dass es Audie Ashworth ist, der Nashville DJ, der Plattenproduzent wurde, und Cale einst vorschlug, Kapital aus Claptons Cover von ‚After Midnight‘ zu schlagen und auf Verdacht ein eigenes Album aufzunehmen. Cale und Ashworth sind gerade dabei, eine CD-Box zusammenzustellen, die kommendes Jahr von Phonogram veröffentlicht wird – Aufnahmen und Outtakes von alten Meisterwerken wie ‚Naturally‘, ‚Really‘, ‚Okie‘ und ‚Troubadour‘. ‚Audie hat all die hippen Musiker ausgewählt, die auf diesen Alben gespielt haben’, sagt Cale. ‚Sie waren die Demo-Musiker in Nashville, und sie hatten ein bisschen mehr Rock’n’Roll-Feeling. Wir haben gemeinsam Grooves hinbekommen, die vielleicht keiner von uns alleine geschafft hätte – das Gesamte war größer als die einzelnen Teile.’“

Dieser nostalgische Rückblick galt nicht nur der „Anthology", die Audie Ashworth mit ihm zusammenstellte. Für Cale sollte die wiederbelebte Beziehung mit seinem ehemaligen Produzenten auch einen Neuanfang bedeuten. Zunächst aber erschien 1997 dieser Überblick über sein bisheriges Werk – bis zu „Closer To You" – unter dem Titel „anyway the wind blows – The Anthology". Der Begriff Anthologie, der aus der Literaturwissenschaft stammt, war der Bedeutung seiner Songs angemessen. Und tatsächlich war sie mit dem ausführlichen Booklet vom in Nashville lebenden Autor Colin Escott ein echter Gewinn. Sein Text brachte den ersten kompetenten Überblick über JJ Cales Laufbahn. Und völlig überraschend erschien zur Illustration eine Reihe von Fotos aus dem Privatleben des Künstlers – kombiniert mit Impressionen amerikanischen Lebens. Fotograf war James R. Minchin III, der zur selben Zeit Aufnahmen für Platten von Stevie Wonder, Robert Cray, Tony Joe White und Jimmie Vaughan machte. Auch das „Anthology"-Coverbild stammte von ihm: ein leicht verschattetes Cale-Porträt. In der Retrospektive, die Cale seinen Eltern widmete, gab es sechs bisher unveröffentlichte Songs, darunter „Wish I Had Me A Dollar", eine Live-Aufnahme von 1981, und je ein Outtake von „Really", „Okie", „Troubadour", „5" und „#8". 1972 war das Instrumental „Midnight In Memphis" bei der Auswahl für „Really" durchgefallen. Entstanden war es bei der Session in Muscle Shoals, und vier Jahre später hatten Cale und Ashworth die Bläser hinzugefügt – eins der vielen Beispiele für ihre kongeniale Zusammenarbeit. Jetzt planten sie, mit einem neuen Album an die erfolgreiche Zeit anzuknüpfen.

Das begann schon bei der „Anthology". Der Techniker J. R. McNeely, der auf Audie Ashworths Geheiß an der Zusammenstellung der Master für die Sammlung mitarbeitete, berichtete von neuen Gesangsspuren, die er für das Outtake „Santa Cruz" von Cale bekam. „Santa Cruz" hatte es 1983 ursprünglich nicht auf das Album „#8“ geschafft: „Als ich die Mehrspuraufnahme abspielte, um ein Gefühl für den Song zu bekommen, bemerkte ich, dass es keine fertige Gesangsspur gab! Da war nur ein Gesangsentwurf, der unvollständig und unglücklicherweise unbrauchbar war. J.J. hatte beabsichtigt, den Gesang zu overdubben, nachdem die Instrumentalspuren aufgenommen waren, hatte es aber nicht gemacht, nachdem entschieden worden war, dass der Song nicht aufs Album käme. Ich berichtete Audie, was los war, und er sagte: Mal sehen, ich werde versuchen, Cale dazu zu bekommen, uns eine neue Gesangsspur aufzunehmen.’ Cale stimmte zu, und so machte ich einen Rohmix des Songs, damit er seinen Gesang in seinem Homestudio in Kalifornien aufspielen konnte.“

„J.J. Cale Live“

J. R. McNeely wurde von Audie auch gebeten, sich für die Aufnahmen eines neuen Albums mit Cale bereitzuhalten. Doch daraus wurde nichts mehr. Mit 63 Jahren starb Audie Ashworth im August 2000 in Nashville an einem Herzinfarkt. Im Interview mit Dan Forte für das „Vintage Guitar“ Magazin erklärte Cale Ende 2003: „Ein paar Jahre bevor Audie starb, sagte ich: ‚Ich habe Synthesizer-Platten gemacht; niemand mag sie außer mir. Ich komme nach Nashville, und wir engagieren all die Typen, die noch leben, die bei den ersten Alben dabei waren.’ Audie sagte: ‚Großartig!’ Ich sagte ihm, er solle schon mal Zeit im Studio buchen. Aber dann starb er, und ich legte die Sache auf Eis. Schließlich entschloss ich mich für das gleiche Programm, nur statt nach Nashville zu gehen, ging ich nach Tulsa. David Teegarden von Teegarden & Van Winkle ist ein Schlagzeuger, der dort ein Studio hat. Also bat ich ihn, all die Typen in Tulsa zusammenzutrommeln, mit denen wir gespielt haben, als wir noch Kids waren. Ich nahm ein paar Stücke dort auf, machte ein paar Demos hier zu Hause und schickte sie zu Bas und Mike… Normalerweise wählte Audie die Songs aus: ‚Das ist ein guter Song, John… Lass uns diesen hier wegtun.’ Diesmal haben Bas Hartong von SANCTUARY Records, Mike Kappus und ich gemeinschaftlich dreizehn Titel ausgewählt.“ Ironisch merkte er an, „To Tulsa And Back“ sei von einem Komitee gemacht worden.

Der Tod von Audie Ashworth hatte Cale schwer getroffen. Und statt die Arbeit an dem neuen Studioalbum zu beginnen, beschloss er, sich endlich den langgehegten Wunsch eines Live-Albums zu erfüllen, das er de Buretel anfangs angekündigt hatte. Es sollte aber nicht wie bei vielen Musikern üblich einen einzigen Auftritt wiedergeben. Paul

McManus hatte Cale ja bei einigen Gigs, 1993, auf der Europa-Tournee 1994 und in die Carnegie Hall 1996, begleitet und die Konzerte komplett mitgeschnitten. Chris J. Walker befragte McManus für das Magazin mixonline.com, wie die Aufnahmen zustande kamen: „Alles in allem war die ganze Geschichte eher ein bisschen hausbacken. Qualität stand dennoch im Vordergrund und ist einer der Gründe, warum es drei Jahre dauerte, in denen McManus beteiligt war, die CD zusammenzustellen: ‚Wir gingen alle paar Monate mal für eine Woche auf Tour oder so', erinnert sich der Techniker. ‚Wir konnten ja buchstäblich überall sein, wenn er spielte, in einem kleinen Club, Open Air, in einem Zelt, auf einem Festival oder in einer großen Konzerthalle. Man wusste nie, wo man als nächstes landen würde, und dadurch blieb es interessant.'" Für McManus war auch interessant, dass Cale die Songs jeden Abend ein bisschen anders spielte und abhängig vom Spielort auch gerne musikalische Gäste auf die Bühne bat, die er dem Mischer nur kurz zuvor ankündigte. Das alles war für den Techniker kein Problem: „Die Anordnung der Spuren bestand aus je einer für J.J.s Gesang und Gitarre, Schlagzeug, Bass, Rhythmusgitarre und Keyboards. Und dazu hatte ich zwei Neumann U87-Großmembranmikrofone auf beiden Seiten der Bühne. Die waren immer zwischen den Monitoren und der Hausanlage aufgestellt. Im Grunde habe ich versucht, den ganzen Raum in einer Stereo-Perspektive, einer Art allumfassender Raum-Perspektive zu erfassen."

Das Ergebnis der Bemühungen ist ein großartiges, atmosphärisch geschlossenes Album. Und das, obwohl die Aufnahmen sich über einen Zeitraum von drei Jahren erstrecken, ein Titel, „Ride Me High", sogar älteren Ursprungs ist und von anderen Playern und mit anderer Technik aufgenommen worden war. Dabei waren unter anderem Spooner Oldham und Steve Douglas mit von der Partie. „J.J. Cale Live" ist der

Erinnerung an Audie gewidmet und wurde von einem mysteriösen Mike Test produziert. Chris J. Walker erfuhr von John Wooler von VIRGIN Records, wer das war: „Auf dem Cover ist der Produzent Mike Test benannt, eines aus einer langen Liste von Pseudonymen, die Cale für sich und manche seiner Musiker benutzt hat.“ Wooler: „Es ist ihm zu peinlich zuzugeben, dass er es selber gemacht hat. Er ist wirklich ein bescheidener Mann.“

Eine Besprechung des Albums im „Vintage Guitar“ Magazin vom Oktober hob Cales klassische Qualität hervor: „Nach einer fünf Jahre anhaltenden Auszeit von Aufnahmen im Studio ist diese Sammlung von 14 alten und neuen Titeln – dargeboten von dem Mann, der sie geschrieben hat, und einer Gang gleichgesinnter unterbewerteter Spieler – ein wirklicher Genuss. Abgesehen von ‚Ride Me High’, das von einer All-Star-Truppe inklusive Keyboarder Spooner Oldham, Bassist Tim Drummond und dem verstorbenen Steve Douglas am Saxophon gespielt wurde, wurde das Material an verschiedenen Orten von der gemütlichen Great American Music Hall in San Francisco bis zur Carnegie Hall zwischen 1993 und 1996 aufgenommen. Unterstützt wird er dabei von solch alten Kumpeln wie Jimmy Karstein (Schlagzeug), Bill Raffensperger (Bass) und Christine Lakeland (Rhythmusgitarre und Gesangsduett bei ‚Money Talks’, das sie gemeinsam mit Cale geschrieben hat). Durchgängig vertraut Cales Gitarre mehr auf Geschmack und Ton als auf großen Effekt. Wie die Songs selber, ist auch sein Solospiel eine Meisterleistung darin, mit wenig Aufwand eine Menge zu sagen (und seine Gedanken rüberzubringen). Und selbst wenn er ein bisschen Verzerrung zufügt, wie bei ‚Living Here Too’, ist das Ziel klar, mehr Intensität hinzuzufügen, ohne eine Menge Noten oder Energie zu verschwenden. Und wie immer ist er erfolgreich. Ein Must-Have.“

Als Beilage gab es einen Bilderbogen mit Tourszenen und einem Gruppenfoto der Beteiligten. Die Stücke des Albums, die an diversen Orten und in verschiedenen Jahren aufgenommen worden waren, klangen so, als seien sie bei nur einer Show entstanden. Und die Reihenfolge der Songs hätte eine Setlist eines Cale-Gigs sein können. Paul McManus: „Es ist aufgebaut wie eines seiner Stagesets, auch wenn es auf der ganzen Welt aufgenommen worden ist. Das war etwas, was er wirklich erreichen wollte. Und das war auch tatsächlich das, worauf es ankam. Mit dem Tempo und der Stimmung der Songs ist es beim Zuhören so, als sei man bei einer seiner Shows." Das Live-Album ersparte es Cale, wieder auf Tour zu gehen: Man konnte ihn ja live hören, wenn man die Platte auflegte. Er lebte sein zurückgezogenes Leben, fuhr immer mal in Escondido zur Buchladenkette Barnes & Noble's, um sich Lesestoff zu suchen. Einen Plattenladen gab es zu seinem Bedauern in seiner Nähe nicht mehr. „Ich höre auch nicht mehr so viel Musik wie früher, weil die Radiosender seltsam geworden sind. Vielleicht, weil ich alt bin… Ich liebe einiges von dem Zeug, das aus Nashville kommt." Gefragt, welche Platten er sich aus einer Sammlung häufiger anhöre, fiel ihm „Highwayman" ein. „Es gibt eine Platte, die Waylon Jennings und Willie Nelson, Johnny Cash und Kris Kristofferson gemacht haben. Die nehme ich mir jedes Jahr wieder raus und lege sie auf. Das ist eine großartige Platte – mit dem Song ‚Highwayman'".

Mit der beschaulichen Ruhe war es im Herbst 2003 vorbei, als in Kalifornien wieder einmal verheerende Feuer ausbrachen. Von dem „Cedar Fire" war das San Diego County besonders betroffen. Eine riesige Rauchwolke verdunkelte die Region. Die Santa Anna Winde entfachten die Flammen immer wieder aufs neue. Über 2000 Häuser wurden vernichtet. Die Brände kamen JJ Cales Haus bedrohlich nah, so dass er seine Flucht vorbereitete: „Wir hatten schlimme Brände hier. Ich habe mein Auto vollgeladen und es auf die Ausfahrt gestellt. Ich dachte, das Feuer käme über die Berge. Es hat viele Häuser verbrannt. Das waren die schlimmsten Feuer, die ich gesehen habe – und ich habe die letzten 30 Jahre mit Unterbrechungen in Kalifornien gelebt."

BLUE NOTE: „To Tulsa And Back“

Jetzt waren seit der Veröffentlichung des letzten im Alleingang aufgenommenen Studio-Albums „Guitar Man“ bereits wieder fünf Jahre vergangen. Auch nach Audie Ashworths Tod hielt Cale an dem Vorhaben fest, wieder an die gemeinsame Zeit mit ihm anzuschließen, eine Platte im alten Stil zu machen – mit tollen Mitspielern und Freunden, zumindest teilweise. Doch statt wie mit Audie geplant, wieder Sessions in Nashville mit den Spitzenmusikern vor Ort zu vereinbaren, ging Cale zurück, nach Hause, nach Tulsa. Als erstes luden Christine und er „alle Leute, die ich von früher kannte“ an einem Sonntag im Juni 2003 zu einem Barbecue ein. Einige hatte er Jahre nicht gesehen. In ihrer Umgebung fühlte er sich locker und entspannt. Er war unter seinesgleichen, kannte ihre Musik, und sie kannten seine Platten. Rocky Frisco, der – wie er sagte – niemanden kannte, der je schlecht über Cale gesprochen habe, schwärmte von einer „big reunion“. JJ erzählte Derek Halsey von swampland.com, wie er mit ihnen seine Vorstellungen für das neue Album verwirklichte. Wie immer ging er vor allem auf die Bedeutung seiner Freunde ein: „Ich kehrte nach Tulsa zurück, um Steve Ripley zu treffen und die übrigen Leute aus Tulsa. Zwei oder drei Titel, die wir mit dreizehn oder vierzehn Musikern aufgenommen haben, sind auf dem Album gelandet. Ich habe viel mehr aufgenommen, als auf dem Album gelandet ist. Insgesamt sind nur fünf Stücke von der Tulsa-Session.“ Selbstverständlich gehörten Jim Karstein, Bill Raffensperger und Rocky Frisco zu der Runde. Besonders hob er den Keyboarder Walt Richmond als Teilnehmer hervor, der mit Ripley die „Tractors“ gegründet hatte. Und Gitarrist Don White. „Ich habe für Don Gitarre gespielt, als ich pleite aus Kalifornien zurück gekommen bin. Don hat mir damals einen Job gegeben. Er war ein Country-Singer-Songwriter und er ist richtig gut…"

So weit zurück reichte auch die Freundschaft mit David Teegarden, der zur selben Zeit wie John Cale in Tulsa aufwuchs und zur selben Zeit in L. A. mit Leon Russell zusammenarbeitete. Er spielte sogar als Drummer bei „Slow Motion" mit, dem Stück auf der Rückseite der Liberty-Single „After Midnight". Als Mitglied von Bob Segers Silver Bullet Band gewann er 1981 einen Grammy für „Against The Wind". Die Session für das Cale-Album fand jetzt in seinem Natura Digital Studio statt, nur wenig entfernt von Steve Ripleys „The Church", das ursprünglich Leon Russell gehört hatte. Teegarden produzierte fünf der Titel. „To Tulsa And Back" erschien 2004 beim britischen SANCTUARY Label und in den USA bei BLUE NOTE, dem berühmten Jazzlabel, das inzwischen auch Künstler wie Nora Jones im Programm hatte und ein Sublabel des Giganten CAPITOL-Records-EMI war. Der clever gewählte Titel ließ mehrere Deutungen zu: Auf der CD ist eine Straßenkarte Oklahomas mit Oklahoma City und Tulsa abgebildet. Aber für JJ Cale, der auf dem Cover am Steuer eines Autos gezeigt wird, ging es nicht um die Fahrt in seinen ehemaligen Wohnort. Tulsa war seine musikalische Heimat, in der er jetzt wieder mit seinen langjährigen Wegbegleitern Musik machen wollte. Alle Beteiligten wussten, dass „To Tulsa And Back" aber auch eine Anspielung auf einen in Oklahoma berühmten Bob-Wills-Song war: „Take Me Back To Tulsa".

„My Gal", der Auftakt des Albums, war noch eine Reminiszenz an die Partnerschaft mit Audie Ashworth. „Diesen speziellen Song habe ich vor einigen Jahren in Nashville geschrieben. Als ich mich darauf vorbereitete, das Album zu machen, schrieb ich ihn nicht neu, sondern benutzte nur den Text davon. Das Original-Demo klingt überhaupt nicht so…. Das war der einzige alte Song, alles andere habe ich im vergangenen Jahr oder so geschrieben," erzählte Cale Derek Halsey im Oktober 2004. Die Entscheidung für „My Gal" war perfekt, denn es hat den schleppenden Beat, den man immer mit Cales „Laid-back"-Stil verband. Das Zusammenspiel von Karstein und Raffensperger gibt die Stimmung vor. Auch die künstlichen Bläser aus Walt Richmonds Keyboard stören nicht, sondern wirken so gut integriert, dass sie fast wie echt rüberkommen. Thematisch sind die Songs von „To Tulsa And Back" so breit aufgestellt wie bei „Guitar Man" und knüpfen an diese Platte an. Cale mahnt nicht nur den bewussten Umgang mit der Umwelt („Stone River") an und weist auf soziale Ungerechtigkeiten („Homeless") hin, sondern attackiert auch den aktuellen Präsidenten George W. Bush („The Problem"). Und er kehrt mit „Rio" zum Grundthema seines einstigen Comeback-Albums „Travel-Log" zurück: Bei dem Track bediente Jim Karstein bei JJ zu Hause das Schlagzeug.

Hinter diesen Produktionen mit den Sessionmusikern blieben diesmal seine Soloaufnahmen, die er „back" in Kalifornien aufnahm, qualitativ nicht zurück. Durchgängig spielte er dabei alle Instrumente selber, auch die Bläsersätze auf Synthesizern. „To Tulsa And Back" schließt mit „Another Song", einer dieser Solonummern, mit Banjo-Begleitung. Cale schämte sich nachträglich für sein Gepicke auf dem Banjo, manch Kritiker sah darin eine Meisterleistung. Wie immer lag die Wahrheit irgendwo dazwischen. Als Derek Halsey Cale fragte, wann er Banjo spielen gelernt habe, antwortete der: „Ich habe nicht gelernt, wie man das spielt und mir ist die Aufnahme peinlich. Ich bin ein Freizeit-Banjo-Spieler. Ich habe immer auf dem Banjo rumgenudelt, aber niemals öffentlich oder vor irgendjemandem. Ich habe den Song hier in der Küche geschrieben, Mann. Ich hatte mein Mikrofon aufgestellt und meinen DAT-Recorder an, und bei der Plattenfirma mochten sie alle den

Song. Also habe ich sie machen lassen und das Stück aufs Album nehmen lassen. Aber das Banjospielen ist ziemlich schlecht. Also möchte ich nicht über Banjospielen reden."

Seine Selbstkritik wurde von den Rezensenten nicht geteilt. Die Kritiken waren durchweg positiv. Sylvie Simmons vom „Mojo"-Magazin etwa gab dem Album vier von fünf Sternen und hob die Fiddle des jungen Shelby Eicher auf „My Gal" hervor sowie die „big latin horns" bei „Rio". Schließlich ging sie auch auf Cales Produktionsweise als Solist ein: „Die übrigen (Songs) wurden in seinem kalifornischen Studio gemacht, inklusive ein paar weniger zu erwartender Nummern: der ökologische Protestsong ‚Stone River' (klingt wie eine aufgeblasene Version von ‚Crazy Mama') und der simple Folk-Americana-Abschlusssong ‚Another Song', bei dem sich Cale selbst auf dem Banjo begleitet." Die „Manchester Evening News" befanden: „Das Ergebnis ist klassischer Cale, warm, rhythmisch, entspannt und total einzigartig in seiner heimeligen Wohlfühlatmosphäre." James Calemine von swampland.com war da schon etwas differenzierter in seiner begeisterten Besprechung. Zwar schrieb er, dass die allgemeine Wahrnehmung von Cale die eines Künstlers sei, der nur einen einzigen Trick beherrsche, fand aber, dass die Allgemeinheit sich da irre: „Cale hat ‚Stone River' für die Earthjustice-Kampagne geschrieben. ‚The Problem', die vielleicht stärkste Komposition auf dem Album, entpuppt sich zugleich auch als Cales bisher deutlichste politische Stellungnahme, mit starker Bedeutung im Wahljahr. ‚Homeless' reflektiert das Leben jener armer Menschen, die auf unseren Straßen leben, während ‚These Blues' an Jazz angrenzt. ‚Blues For Mama' ist ein melancholisch bluesiger Countrysong, der absolute Gitarrenmeisterschaft präsentiert." „To Tulsa And Back" zeigte auch ein neues Phänomen auf: Hatte man bisher immer Cales Einfluss auf den Sound von Playern wie Eric Clapton oder Mark Knopfler betont, so war jetzt nicht mehr zu überhören, dass das keine Einbahnstraße war. Bei einigen Song klang Cales Gitarre, als habe sie Knopfler mit seinem Gitarren- und Verstärker-Setup eingespielt.

Auch ohne die kongeniale Hilfe seines verstorbenen Freundes Audie war es ihm gelungen, ein gutes, zum Teil sogar sehr gutes Album zu kreieren. Es war nicht der große Wurf, konnte aber mit den ersten acht aus den Siebzigern und frühen Achtzigern durchaus mithalten. Lyrisch und thematisch war Cale sogar reifer geworden, hatte sich vom Auf-Ex-Trinken und Cocaine-Gebrauch entfernt und stattdessen zum Beispiel die menschgemachte Dürre oder einen verhassten Präsidenten thematisiert („The man in charge has to go“). Da er wirklich im Rentenalter angekommen war, kamen ihm erotische und explizit sexuelle Texte wie noch in „My Gal“ aus seiner Nashville-Zeit nicht mehr unbedingt passend vor. Nach wie vor sang er über die Beziehung zu Frauen („Chains Of Love“, „New Lover“, „Fancy Dancer“), aber jetzt griff er die gesamte Bandbreite der Singer-Songwriter-Themen auf.

Musikalische Hooklines wie das Gitarrenriff von „Cocaine“ liegen nicht zuhauf auf der Straße, sie sind Glücksgriffe wie etwa „(I Can’t Get No) Satisfaction“ bei den Rolling Stones. So gab es auf „To Tulsa And Back“ auch keines dieser musikalischen Wunder zu hören. In den 70er Jahren hatte Cale mit Titeln wie „After Midnight“, „Call Me The Breeze“, „Cajun Moon“, „Cocaine“, „Sensitive Kind“ zum Soundtrack einer wirklich musikinteressierten Generation beigetragen. Anfang des neuen Jahrtausends, gab es dieses Publikum noch, aber es brauchte keinen neuen Soundtrack mehr. Sogar die „Dire Straits“ gehörten bereits der Vergangenheit an, und Michael Jackson hatte schon sein letztes Album aufgenommen. In dieser Zeit lieferte Cale noch ein aktuelles und musikalisch gutes Album.

Zwar erreichte „To Tulsa And Back“ in den US-Charts keine Notierung mehr, aber in einigen europäischen Ländern gelangte das Album in die Top 100. In Deutschland, wo der Vertrieb über die EMI lief, stand in deren PR-Newsletter zu lesen: „Angeblich ist keiner der Begleitmusiker jünger als 60.“ Wen man mit solchen Aussagen hinterm Ofen hervorlocken wollte, blieb Geheimnis der Promotionabteilung. Platz 82 in den deutschen Charts war aber ein Achtungserfolg. JJ Cale, den solche Notierungen ohnehin nur peripher interessierten, hatte an der Zusammenarbeit mit seinen alten Freunden aus Tulsa wieder Geschmack gefunden, und so begab er sich auf die bis dahin größte US-Tournee seiner Karriere.

Der Auslöser für die Tour mit rund 35 Stationen war eine Einladung von Eric Clapton, am 5. Juni 2004 auf dessen Crossroads-Festival im Cotton Bowl Stadion von Dallas zu spielen. 27 Jahre waren vergangen, seit sich die beiden im Victoria Theatre in London erstmals begegnet waren. In den 80er Jahren trafen sie sich wieder bei Albert Lee in Calabasas bei Los Angeles. JJ war dort mit seinem Freund Danny Ferrington zu Besuch, und Eric, der dazu kam, beobachtete überrascht, wie locker die beiden miteinander plauderten. Clapton: „Wir haben fast den ganzen Tag miteinander verbracht, und er war völlig anders, als ich angenommen hatte. Er war witzig, und er redete gern. Er redete wie ein Wasserfall, wenn er in angenehmer Gesellschaft war. Ich war begeistert. Ich habe viel gelacht.“ 2004 kam es zum längst überfälligen gemeinsamen Auftritt. Im Interview mit Swampland erzählte JJ von dem Festival und den Folgen: „Was für ein Trip! Das war der Grund, warum ich dann auf Tour gegangen bin. Als ich den Gig angenommen habe, hat die Booking-Agentur gleich fünfundreißig weitere Gigs dazu gebucht.“ Für sein kurzes Set vor Tausenden von Festival-Besuchern hatte er wieder keinen einzigen Titel vom aktuellen Album gewählt. Er begann mit „Low Down“ von der LP „Guitar Man“. Bei den bekannten Titeln „After Midnight“, „Cocaine“ und „Call Me The Breeze“ stieg Gastgeber Clapton sichtlich nervös mit ein. Dann entwickelten sie erkennbar eine gemeinsame Freude am Spiel mit der Band. Im Nachhinein hob Cale die Begegnungen mit den anderen Stars des Festivals hervor, nicht sein eigener Gig schien ihm erwähnenswert: „Ich traf Santana. In den Siebzigern hatte ich als Opener für ZZ Top gespielt. Sonny Curtis war da. Ich bin ein großer Fan von ihm. James Burton war da, ich habe James getroffen. Joe Osborne, der Bassist. Ich habe Pat Metheny getroffen. Steve Vai und Sonny Landreth waren da.... Es war ein Traum für Gitarristen. Es kam einfach ein großartiger Gitarrist nach dem anderen. Jeder spielte eine halbe Stunde. Das Ganze ging über drei Tage.“

Der Auftritt beim Festival bedeutete den Beginn einer intensiven Zusammenarbeit der Beiden über viele Jahre. Darum hatte sich Eric Clapton bislang vergeblich bemüht. Zuvor waren sie sich nur zufällig Anfang des Jahres 2000 bei Aufnahmen anlässlich eines Tribute-Albums für Buddy Holly and The Crickets begegnet. Jerry Allison hatte Cale mit ins Studio gebracht, wo auch Johnny Rivers mit von der Partie war. Das Treffen blieb wie die Platte ohne Resonanz. Selbst wenn er seine Emotionen nicht öffentlich äußerte, ließ JJ jetzt doch erkennen, wie sehr er durch Claptons Einladung nach Dallas animiert war. Die schönen Tage mit den alten Freunden und der Band in Tulsa hatten ihn auch angeregt. So hatte er seinen Widerstand gegen Mike Kappus’ Vorschläge zu touren aufgegeben. Und er traf eine glückliche Entscheidung. Kappus hatte ihm die Möglichkeit einer TV-Dokumentation über die Tour angedeutet. Überraschenderweise hatte Cale keine Einwände und sagte zu. Der Münchner Regisseur und Filmemacher Jörg Bundschuh bekam dadurch die einmalige Chance,

Cale, Lakeland und die Band zu begleiten, Interviews zu machen und Konzertaufnahmen zu filmen. Bundschuh war dafür prädestiniert. Er hatte schon 2001 mit Mike Kappus die Biographie „That's My Story" über John Lee Hooker mit Beteiligung von Eric Clapton produziert. Über JJ Cale gelang ihm ein einfühlsames musikalisches Porträt, das denselben Titel wie das Album „To Tulsa and Back" bekam.

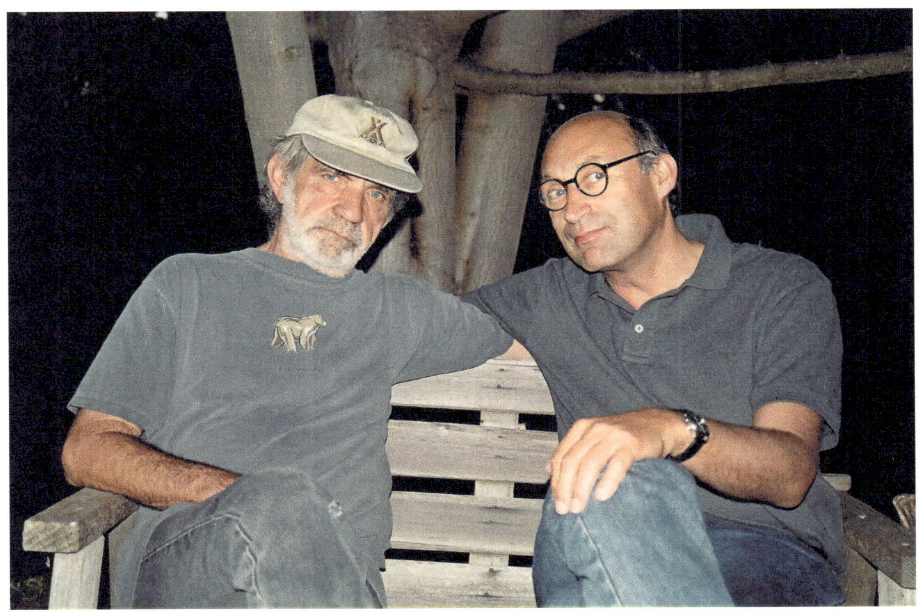

Cale mit Regisseur Bundschuh (Foto: J. Bundschuh)

Der deutsche Dokumentarfilm „To Tulsa and Back“

Im Interview erzählt Bundschuh, dass Mike Kappus ihn angerufen hatte: „Hättest du nicht Lust, einen Film über Cale machen. Der spielt zum ersten Mal seit Jahren wieder in seiner Heimatstadt Tulsa. Das wäre doch eine gute Gelegenheit, ihn kennenzulernen.“ Skeptisch, weil Cale ihm als großer Schweiger bekannt war („natürlich bin ich ein JJ-Cale-Fan“) und ohne eine Finanzierung für den Film zu haben, flog Bundschuh mit einem Vier-Mann-Team nach Tulsa, wo er JJ traf. „Wir haben kurz miteinander gesprochen, und dann schlug ich ihm vor: Lass uns dahin fahren, wo du aufgewachsen bist. Und er hat uns vor der Kamera von seiner Jugend erzählt. Das hat er tatsächlich spontan mitgemacht, und er war erstaunlich locker und vertrauensvoll von Anfang an.“ Durch den Film über John Lee Hooker, den Bundschuh vorher gemacht hatte, war wohl Vertrauen bei ihm entstanden. Mike Kappus hatte ihm den Film gezeigt.

Der „große Schweiger von Tulsa“ präsentierte sich dem deutschen Regisseur gesprächig und in gelöster Stimmung. Zeitweise betätigte er sich als Reiseführer in seine Vergangenheit, nahm die Filmcrew mit zu seinem Elternhaus, auf einen Platz vor seiner Highschool und brachte sie zu einem alten Hochhaus, in dem er vor Jahrzehnten als Fahrstuhlführer gejobbt hatte. Sichtlich stolz lud er sie zu einer Tour durch Cain’s Ballroom ein, das Konzerthaus, das für viele Musiker und für seine eigenen Anfänge so bedeutend gewesen war. Ein musikalischer Höhepunkt von „To Tulsa and Back“ wurde dann der Auftritt an diesem historischen Ort, zu dem Cale viele Musiker zum Mitspielen eingeladen hatte. Mit seiner Crew hat Bundschuh aufgenommen, „wie das Equipment hereingetragen wurde und wie die

Proben abliefen. Ich hab immer gern meinen Chefkameramann mit auf der Bühne, damit er nahe an den Musikern dran ist. Das haben wir schon bei den Proben so gemacht, und Cale fühlte sich nicht so wohl dabei, und die Band fand es auch ein bisschen seltsam. Ich habe ihm gesagt, du wirst es nicht bereuen, und es lief dann auch wunderbar. Unser Kameramann Roland Wagner macht das immer so engagiert, dass es selbst der Band imponiert hat und er am Schluss sogar einen Sonderapplaus vom Publikum bekam". Cale mochte es, wenn Leute ihren Job mit Leidenschaft machten. Der Film zeigt auch, wie unangenehm ihm die Beachtung seiner Person war, als ihm am 5. Juli, dem Tag des Konzertes, von der Tochter des Bürgermeisters eine Urkunde verliehen wurde. Anlass war die Ehrung des Sohnes der Stadt mit einem „JJ Cale Tag".

Ort und Zeitpunkt wären ideal gewesen, das aktuelle Album zu bewerben, das ja sogar den Namen der Stadt im Titel trug. Aber Cale blieb trotz neuer Offenheit seiner alten Anti-Promotion-Linie treu. In dieser Hinsicht gab es keinen Sinneswandel bei ihm. Nach dem Konzert wollten die Münchner wieder ihre Sachen einpacken und zurückfliegen. Der Regisseur plante, sich erst einmal um die Finanzierung des Projekts zu kümmern. Als er Cale fragte, ob sie demnächst mal etwas mehr zusammen machen könnten, entgegnete der: „Wollt ihr etwa schon wieder weg? Ihr seid doch jetzt schon hier, und wir fahren morgen mit dem Tourbus weiter nach Colorado. Hängt euch doch einfach dran und dreht weiter." Die Filmer haben sich darauf einen Wagen gemietet, sind hinter dem Teambus hergefahren und haben auch im Bus mit Cale und den Musikern gedreht. Es war einer dieser großen Luxusbusse mit Badezimmer, Küche, Wohnzimmer und Bar. Im Gang gab es Schlafkojen für die Musiker. Jörg Bundschuh: „Seine Schwester war auch dabei. Er hatte der Band überhaupt nichts von uns erzählt, und so haben sie uns anfangs sehr argwöhnisch betrachtet. Am zweiten Tag war das Eis gebrochen, und alle haben von ihren Erlebnissen mit Cale erzählt. Bis auf Christine Lakeland waren sie schon Freunde seit der Highschool-Zeit. Und ich hatte den Eindruck, dass er, von ein paar bekannteren Musikern in der Band abgesehen, die Tournee auch gemacht hat, um seine alten Kumpel über Wasser zu halten. Eine Eigenschaft, die ich an ihm besonders schätzte und die im Mittleren Westen typisch ist – Erfolg darf eine Freundschaft nicht belasten, im Gegenteil. Es gibt dort eine Kultur im menschlichen Umgang miteinander, die sehr von gegenseitigem Respekt geprägt ist. Cale hat sich nie auf seinen Ruhm etwas eingebildet."

Hinter dem Bus fuhr in einem Wohnmobil auch ein weiblicher Cale-Fan her, eine junge Saxophonspielerin, die sich mit ihrem Freund drangehängt hatte. Er machte zwischendurch den Roadie, und sie durfte immer mal mit auf die Bühne. Bundschuh: „Cale konnte nie nein sagen – er hat sich immer wieder für andere Musiker eingesetzt, die es nicht so weit gebracht hatten wie er." Es ging nach Colorado, dann über New Mexico nach Kalifornien. Im Film ist zu sehen, wie Cale während einer Konzertankündigung beim Radiosender KBCO in Boulder, Colorado, im Studio zur akustischen Gitarre greift und singt. Nicht etwa ein Stück von der neuen Platte, sondern wie schon in Dallas den älteren Titel „Low Down". Nur kurz ist das Album „To Tulsa And Back" ein einziges Mal im Bild zu sehen. Auch spielte er die Songs seiner neuen Platte nicht auf den Konzerten seiner Tournee. Seine Erklärung: „Wir hatten gar keine Zeit dazu, das gemeinsam einzustudieren. Ich hab' die Band getroffen, und wir sind losgefahren." Der Star der Show kümmert sich während des ganzen Films nicht um sein Image. Zeitweise trägt er eine Mütze mit der Abbildung eines Tatzenkreuzes, in Deutschland als Eisernes Kreuz bekannt, das in den USA die Biker als Symbol für ihre

Szene gewählt haben. Das hätte eher zu einem Trailer-Park gepasst. In einer kurzen Sequenz im Bus erklärt er seine Haltung und die Schwierigkeiten, die er hatte, sich daran zu gewöhnen, ein Star zu sein: „Ich war immer jemand in der zweiten Reihe. Ich wusste nicht, wie man das macht: ‚Geh' da raus, leite die Band und sing' den Song, den du geschrieben hast!' Das war ein bisschen hart für mich. Hat eine Weile gedauert, ein paar Jahre, mich daran zu gewöhnen, dass die Leute mich ansehen. Ich wollte immer nur ein Teil der Show sein. Ich wollte nicht die Show sein."

Jörg Bundschuh plante, nach der Tournee nach ein paar Wochen wieder zu kommen, um den Film zu drehen, sobald die die Finanzierung gesichert war. „Aber er sagte, wieso denn noch was drehen? Ihr habt doch alles im Kasten, warum wollt ihr denn noch mal kommen? Für ihn war das damit erledigt. Kappus meinte, so offen hat Cale nie zuvor über sich gesprochen. In der Tat, hatte ich selbst nicht damit gerechnet, dass er, der in seiner ganzen Karriere kaum ein Interview gegeben hatte, sich uns gegenüber so offen verhalten würde. Er hat bei den Dreharbeiten auch alles mitgemacht, was wir von ihm wollten – für uns auf der Straße gespielt, die verrücktesten Kameraperspektiven – es hat ihm Spaß gemacht – , aber der Film war nach der Tournee dann für ihn beendet. Wir waren zwei Wochen gemeinsam unterwegs, und Kappus sagte: Ich glaube, das war's jetzt für ihn." Um das Bild abzurunden hat der Regisseur dann Interviews mit Weggefährten von ihm gemacht, mit Eric Clapton und anderen.

Jörg Bundschuh nannte John Cale am Telefon „den nettesten und unaffektiertesten Menschen", den er je kennengelernt habe. Und so war auch der Tenor aller Musiker und Freunde, die in dem fast 90-minütigen Roadmovie zu Wort kamen, ob Mike Kappus, Eric Clapton,

Rocky Frisco oder Jim Karstein, sie alle fanden keinen Makel an ihrem Freund und Mentor John „JJ“ Cale. Besonders schön ist dabei vielleicht das Kompliment von Kappus, der zugleich auch einen Leidensweg mit Cale erlebte: „Die Leute fragen sich, ob es mich nicht in den Wahnsinn treibt, mit Cale zu arbeiten. Acht Jahre zwischen Studioalben, wovon er auch sechs Jahre lang nicht ein einziges Angebot angenommen hat, live aufzutreten, was wirklich unglaublich ist in diesem Geschäft. Besonders wenn die Gelegenheiten da sind und es sogar großartige Angebote sind. Und auch wenn das für mich als Booking-Agent nicht sehr profitabel ist, ist es für ihn großartig. Und ich freue mich für ihn. Er ist einer meiner liebsten Menschen auf Erden. Punkt.“

Viele aus dem Bandbus gefilmte Landschaftssequenzen unterstreichen den Charakter von Cales Musik: Americana – viel Natur, große Weite, dazwischen Industrie und sterbende Städten. Als Cale unterwegs im Tourbus von seinem Überraschungserfolg durch Claptons „After Midnight“-Aufnahme erzählt hat, untermalt der Filmemacher diesen Moment mit Aufnahmen von einem durch Blitze zerrissenen nächtlichen Himmel. Konzertausschnitte von Claptons Crossroads Festival, von anschließenden Konzerten in Boulder und Englewood in Colorado, aus dem Orpheum Theater in Flagstaff in Arizona, aus Cain’s Ballroom und von einem Stadtfest in Copper Mountain mit einer Hüpfburg für Kinder und anderen Kirmesattraktionen vermitteln die Atmosphäre vom Leben des umherziehenden Musikers – oder wie Cale es nennt, des „Zigeuners“. Und der Techniker Paul McManus erzählt, wie sie sich über die unterschiedlichen Events amüsierten. Hatten sie eben noch vor 50 000 bis 60 000 Leuten auf dem Crossroads Festival gespielt, ging es am nächsten Tag nach Houston in einen Club namens „Mucky Duck“. Da passten gerade mal 125 Leute rein: „Im Bus witzelten wir, dass wir Eric Claptons Festival genutzt haben, um uns auf das Mucky Duck vorzubereiten." Bedeutung und Größe der so unterschiedlichen Spielorte zeigen auch, wie wenig es Cale um Prestige ging. Zwar hatte er die Tour wegen des Crossroads Festival angenommen, aber für den „Mucky Duck" Club waren er und seine Band sich auch nicht zu schade. Bassist Bill Raffensberger: „Wir fahren zusammen im Bus, quatschen, und ich schlafe viel. Wir sprechen nicht viel über die Musik, das lassen wir ziemlich offen. Manchmal essen wir wirklich schrecklich schrottiges Essen und manchmal wirklich großartige Mahlzeiten. Wir genießen uns einfach gegenseitig, wie eine Truppe alter Säcke im Urlaub. Und dann kommt die Arbeit. Du duschst, machst dich sauber, wir fangen langsam an und gleiten langsam hinein. Es läuft einfach so, und ziemlich bald rocken und rollen wir, und dann sind wir plötzlich alle wieder zwanzig Jahre alt. Es ist einfach eine Menge Spaß! Und John sorgt mit seiner Art dafür, dass es Spaß bleibt!" Genau diese entspannte Atmosphäre hat Jörg Bundschuh eingefangen, gezeigt, wie jeder seinen Beitrag zum positiven Miteinander leistet. Die „Süddeutsche Zeitung" urteilte: „Der Film ist so unaufgeregt wie der Musiker selbst: Nur das Notwendigste reden, den Rest macht die Musik. Kein Kommentar aus dem Off erklärt dem Zuschauer diese Welt aus Tourbusreise, Konzerten und Kindheitserinnerungen in der Mitte der USA. Die Informationen kommen durch Bilder und Musik und die paar Male, wenn der knorrige, aber gleichwohl charmante J. J. Cale anfängt zu erzählen… Eines der wenigen Male, dass sich J. J. Cale ... vor einer Kamera erklärt hat."

Zu den Mitreisenden gehörten neben der Band und Cales Schwester Joan Cale Summers auch der Techniker Paul McManus und streckenweise David Teegarden. In Interviewsequenzen machten seine Freunde und Musikerkollegen ohne Pathos klar, wie sehr sie ihn mögen. Clapton ist – in eingefügten Sequenzen – voller Ehrfurcht, spricht von Cale als seinem Vorbild. Es war gegenseitige Bewunderung, die die beiden Gitarristen verband. Und aus dem großen Tour- und Videoprojekt erwuchs auch der Plan für den größten Erfolg von Cales Karriere: „The Road To Escondido“, ein Album mit Eric Clapton. Im Interview mit Jörg Bundschuh machte Clapton etwa ein Jahr nach dem Crossroads Festival deutlich, welche Bedeutung die Zusammenarbeit mit Cale für ihn hatte: „Wie sehr ich mich auch immer bemüht habe, es ist mir nie wirklich gelungen, dass eine Platte so klang wie er. Bevor ich unter die Erde komme, möchte ich ein JJ-Cale-Album machen, mit ihm am Ruder. Und er hat ja gesagt. Ich bin sehr glücklich darüber.“ An dieser Stelle verriet er auch, dass JJ einen Song von Claptons Album „Backless“ gecovert hatte, der bisher nicht veröffentlicht worden war.

Eigentlich wollte Cale jetzt nichts mehr unternehmen. „An sich bin ich im Ruhestand, ich habe schon alles gemacht“, resümierte er gegenüber der „San Diego Union-Tribune“. „Die Idee mit dem Album kam von Eric. Ich habe mich schon paar Mal zurückgezogen, öfter als Frank Sinatra! Aber ich bin nicht wirklich in Rente, ich sage mir nur: Dies Jahr arbeite ich nicht.“ In der glücklichen Situation, „semi-retired“ zu sein, war er so aktiv wie eh und je. Und er genoss es, gefragt zu sein. Jody White, der seinen Vater Tony Joe White managte, trat 2006 an Cale heran und bat ihn, bei einem Track für dessen neues Album „Uncovered“ eine Gitarre einzuspielen. White war als Musiker mit Songs wie „Polk Salad Annie“ und „Rainy Night in Georgia“ Ende der sechziger Jahre halbwegs erfolgreich gewesen. Als Vorband von „Creedence Clearwater Revival“ hatte er Europa bereist, doch die großen Hits hatten andere mit seinen Songs: „Rainy Night in Georgia“ wurde 1970 zum Comeback für den Crooner Brook Benton, Elvis Presley machte „Polk Salad Annie“ zum Hit. Und als Songwriter kam der Mann aus den Sümpfen Louisianas noch einmal zur Geltung, als er für Tina Turner Ende der 80er „Steamy Windows“ und „Undercover Agent Of The Blues“ schrieb. Er selbst, ein passabler Sänger und Gitarrist mit einem eigenen Stil, tourte und tingelte um die Welt, meistens im Duo mit seinem Drummer und spielte in Clubs und kleinen Hallen. Seit den 90er Jahren nahm er regelmäßig weiter Platten auf. Mit seinem Song „Louvelda“ für das neue Album war er unzufrieden. Da machte Jody den Vorschlag, JJ zu involvieren. „Du hast ja Recht“, antwortete Tony Joe, „aber den kriegst du nie dazu. Der ist ein Einsiedler und spielt mit niemandem.“ White schickte dann doch eine Aufnahme von „Louvelda“ zu Cale und „ungefähr zwei Wochen später bekamen wir sie zurück, und JJ hatte nicht nur dazu gespielt… er hat *fünf* Gitarrenspuren draufgelegt, ein elektrisches Banjo, eine elektrische Fiddle und dann hat er noch zwei extra-Strophen dazu geschrieben“. Edd Hurt vom online-Magazin „americansongwriter.com“: „Cale mag ein Einsiedler sein, aber er spielt mit Tony Joe White. Das Ergebnis ist vermutlich das Highlight von *Uncovered*.“

„Road To Escondido“

Zeitgleich mit „Uncovered“ erschien auch Cales größtes Erfolgsalbum, „Road To Escondido“, die Zusammenarbeit mit Eric Clapton. Bereits kurz nach der Veröffentlichung des Films „To Tulsa And Back“ hatten die Sessions für das Album stattgefunden, aber mit der Produktion und der Promotion ließen sie sich Zeit, gaben Interviews und ließen Vorabexemplare an die Presse verschicken.

Sie waren ein paar Jahre lang praktisch Nachbarn gewesen, zumindest gab es eine Straße, die Claptons Anwesen in Escondido mit Cales kleiner Farm im Valley Center verband: die Valley Center Road. Begegnet waren sie sich in dieser Zeit trotzdem nur sporadisch, bei gemeinsamen Freunden wie Albert Lee. Wie es zum Titel des Albums kam und welche Folgen das für ihn hatte, erzählte Cale der „L. A. Times“. Er hatte den Namen nämlich eigentlich nicht gewollt: „Ich sagte, ‚Eric, ich lebe in dieser Stadt, hier kaufe ich ein.’ Diesmal hat er gewonnen. Und als das Album erschien, rief der Bürgermeister an. Wegen Eric Clapton verbreitete sich das Gerücht in Windeseile. Also kamen die Stadtobersten an: ‚Wir wollen mit J.J. sprechen.’ Sie wussten nicht, wer J.J. war, aber J.J. war mit Eric Clapton zusammen, und die haben diese Platte namens ‚Escondido’ gemacht. Also musste ich das eine Weile umgehen. Was wollten die? Sie wollten, dass ich mit der Handelskammer spräche. Da habe ich ihnen gesagt: ‚Wisst ihr, ich bin nicht so der Handelskammer-Typ.’“

Mike Kappus musste alle Anfragen nach dem genauen Wohnort seines Klienten abwimmeln. Obwohl kein Song über Escondido auf dem Album vorkam, verkündete die Bürgermeisterin stolz: „Jetzt ist

Escondido eine Attraktion geworden. Das hat uns auf die Landkarte gesetzt." Aber die Promotion-Fotos und das Coverbild entstanden weder auf Cales Farm noch in Escondido, sondern auf der Paramount Ranch vor den Toren von Los Angeles. Es war eines der wenigen Cover, auf denen Cale zu sehen war. Neben einem gestrandeten alten Pick-Up-Truck, auf dessen Ladefläche Eric Clapton Gitarre zupft, hält er am Straßenrand als Anhalter ein Schild mit dem Ziel ESCONDIDO hoch. Zusätzlich zu einer Reihe weiterer Bilder vom selben Fototermin war das Booklet der CD angefüllt mit Fotos der Aufnahmesession mit all den großartigen Mitmusikern, Fotos, die die Musiker größtenteils selber gemacht hatten – ein Zeichen, wie locker und familiär es auch in großer Runde zuging.

Es waren ungewöhnliche Wochen für JJ. Noch nie hatte er mit einem anderen Musiker so eng an einem Album zusammengewirkt, sieht man einmal von Christine Lakeland ab. Die Art und Weise, in der die Beiden die Platte produzierten, die Songs auswählten, war entspannt und zielstrebig zugleich. Wollte Clapton endlich ein „Cale-Album" machen, war er jetzt am Ziel angekommen, und doch verspielte er letztendlich seine Chance: Nicht Cale produzierte Clapton, wie anfangs vorgesehen. Neben Clapton wirkte noch Simon Climie mit, der schon bei „Pilgrim" und „Riding With The King" für ihn gearbeitet hatte. „Ursprünglich hat mir John ungefähr neun Songs geschickt," berichtete Clapton später im gemeinsamen Making-Off-Video. Statt sich jetzt einfach hinzusetzen, die Songs zu lernen, fuhr er zu Cale, und gemeinsam erarbeiteten sie in „informeller Atmosphäre", wie Clapton es beschrieb, die insgesamt 14 Titel des Albums. Zusätzlich zu den neun neuen Cale-Kompositionen wählten sie mit „Anyway The Wind Blows" und „Don't Cry Sister" noch zwei seiner älteren Titel aus. Die neugeschriebenen Songs wurden jetzt in Claptons Musikverlag E.C.

Music Limited herausgebracht, die Platte erschien wie andere Clapton-Alben by REPRISE Records. Eric steuerte seine Eigenkomposition „Three Little Girls“, den Titel „Hard To Thrill“, den er gemeinsam mit John Mayer geschrieben hat und Brownie McGhees „Sporting Life Blues“ bei. „Wir versuchen, Musik zu machen, die wir mögen. Und wenn wir sie mögen, stehen die Chancen gut, dass jemand anderes sie auch mag,“ erklärte Cale das gemeinsame Konzept.

Wie die Beiden sich angenähert haben, erzählte er Maureen Cavanaugh vom Sender KPBS:„Beim ‚Escondido'-Album haben wir ungefähr einen Monat gebraucht, um das zu produzieren. Wir waren jeden Tag zusammen. Wir lernten uns richtig gut kennen. Wir sind enge Freunde geworden.“ Und Eric Clapton erinnert sich in seiner Autobiographie: „Wir hatten eine tolle Zeit zusammen. haben Musik gehört, über die alten Zeiten geredet... Viel Arbeit ist dabei nicht rumgekommen, aber darum ging es auch gar nicht.“ Zuvor hatte Jörg Bundschuh Eric Clapton zu einem Gespräch über Cale für seinen Dokumentarfilm „To Tulsa And Back“ in London besucht. „Ich würde so gern mal eine Platte mit John aufnehmen“, hatte Eric zu ihm gesagt. Irgendwann rief Mike Kappus Bundschuh an und fragte, ob er Cale das ungeschnittene Interview mit Clapton schicken könne. „Er versteht gar nicht, was Clapton von ihm will!“ Bevor es dann dazu kam, mussten sich die Beiden einigen, wo man ins Studio gehen würde. Clapton wollte die Platte erst in London machen, aber Cale wollte nicht fliegen. Bundschuh: „Und so haben sie sich darauf geeinigt, die Platte im CAPITOL Records Studio in Hollywood aufnehmen. Ich hatte Clapton gebeten, wenn das Projekt zustande kommt, dann würde ich gerne mit der Kamera dabei sein. Aber er meinte, das mache ich nie, ich kann nicht arbeiten, wenn ein Film-Team dabei ist.“

Dann ist Cale nach Hollywood aufgebrochen. Wie unterschiedlich die Beiden waren, verdeutlicht eine Begebenheit, als sie sich trafen. JJ kam mit seinem Pick-up angefahren. Der Auto-Freak Clapton, der Porsche und alle möglichen Autos sammelt, hatte von Warner Bros. vor Ort ein ganz bestimmtes Modell erwartet, aber es war ein falscher Porsche. Und dann sind sie beide mit dem Pick-up von einem Porschehändler zum nächsten gefahren, um den richtigen Typ für Clapton zu finden. Schließlich begann die Arbeit im Studio in Los Angeles. Es war ein großes Treffen von Freunden, sowohl von Eric Clapton als auch von Cale. Es entstanden die letzten Aufnahmen mit Billy Preston, der seit seiner Zeit als Keyboarder bei den Beatles berühmt war. Mit Walt Richmond gab es noch einen weiteren Pianisten. Taj Mahal spielte ein bisschen Mundharmonika. Und natürlich hatten die beiden Gitarristen weitere Ikonen ihres Handwerks um sich versammelt: Albert Lee, Doyle Bramhall II, John Mayer und Derek Trucks. Trucks übernahm dabei auf sehr geschmackvolle Weise Mac Gaydens Rolle als Slide-Spieler. Immer wieder blitzte sein Spiel auf, aber besonders präsent und eindrucksvoll bei „Who Am I Telling You?“, einem Song, der inhaltlich an die Auseinandersetzung mit der Geliebten an Bob Segers „Still The Same“ erinnert. Hier wechseln sich Clapton und Cale beim Gesang der Strophen ab und setzen unterstützt von Christine Lakeland zum Refrain an. Ernüchtert zieht Cale Lebensbilanz bei „Last Will And Testament“. Von erotischen Beziehungen gibt es noch Andeutungen bei „Danger“ und „Missing Person“, allerdings hier auch bereits aus einem eher rückwärtsgewandten Blick. Ironisch wirkt dagegen der Song „It’s Easy“, während „When This War Is Over“ sich ernsthaft mit dem Weltgeschehen beschäftigt. Im Ganzen bietet das Album, auch mit Claptons väterlichem Text im Song „Three Little Girls“ oder bei „Hard To Thrill“, den Eindruck großer altersgemäßer Abgeklärtheit.

Cales Bandmitglieder Karstein und Cruce bedienten die Drums ebenso wie Steve Jordan und Abraham Laboriel Jnr. In der Riege der Bassisten fehlte Bill Raffensperger, der an MS erkrankt war. Hier hatte Clapton mit Willie Weeks, Gary Gilmore, Nathan East und Pino Palladino allerdings für hochkarätigen Ersatz gesorgt. Und David Teegarden, der die Sessions zum Album „To Tulsa And Back“ organisiert hatte, lieferte etwas Percussion. Während der Aufnahmen überdachte Clapton noch einmal die Bitte des deutschen Filmemachers, der ja nicht ganz unbeteiligt am Zustandekommen des Projekts gewesen war. Bundschuh: „Eines Tages im August bekam ich dann einen Anruf von den Beiden: ‚Wir sind jetzt nur noch wenige Tage im Studio, vielleicht ist es besser, wenn du jetzt gleich kommst.‘ Ich bekam innerhalb von zwei Tagen einen Vertrag von Warner – die sagten, das ist uns auch noch nie passiert. Und dann bin ich von einem Tag auf den anderen mit meinem Team nach Hollywood geflogen. Dort haben wir die letzten Tage mit Cale und Clapton im Studio verbracht. Da aber nur noch Cale, Clapton und Taj Mahal im Studio waren, sagte ich: Wir brauchen eine Band, so bekommt man doch keinen richtigen Eindruck von der Platte, die ihr eingespielt habt. Die Leute von Warner wurden ganz nervös, aber Clapton fand das völlig nachvollziehbar und hat dann seine Band, mit der er immer auf Tournee geht, gebeten, ins Studio zu kommen. Und dann waren da plötzlich acht Leute im Studio – nicht die, mit denen er die Platte eingespielt hatte, die waren längst abgereist –, aber die acht Mann seiner Band haben in bester Laune losgejammt. Es war wirklich toll, und Clapton meinte, am liebsten würde ich noch mal von vorne anfangen.“

In unmittelbarer Nähe konnte Jörg Bundschuh beobachten, wie verschieden Cale und Clapton waren. „Clapton war total durchorganisiert, und er hatte seine festen Tagesabläufe: Jeden Tag um 5 Uhr nachmittags war Tea Time. Die Essenszeiten wurden eingehalten und so weiter. Cale dagegen hat immer aus dem Bauch heraus seine Sachen gemacht und sich liebevoll etwas über Claptons Disziplin amüsiert. Cale hat seine Musik fast immer ganz alleine eingespielt und oft bis in die Nacht gearbeitet. Trotzdem kamen sie miteinander gut klar, und sie haben sich sehr gemocht. Aber unterschiedlicher hätte man sich zwei Musiker nicht vorstellen können. Clapton hat an Cale sehr bewundert, dass er sich ein Leben lang so treu blieb und nie verführbar war durch Erfolg oder die Versprechen der Musikindustrie.“

Entscheidend für den Gesamtsound des Albums war Eric Claptons Schatten, der Co-Produzent und „Pro Tools“-Spezialist Simon Climie. Zwar übernahm Cale gemeinsam mit Mick Guzauski und dem Aufnahmeleiter Alan Douglas das Mischen, aber Climie hatte die Herrschaft über das Computerprogramm. Und die Handschrift dieses Popmusikers mit dem 80er-Jahre-Feeling war unüberhörbar. Mike Rea hob in seiner Kritik den Grund für das Scheitern des Albums hervor: „…und es ist elendig überproduziert, bis hin zur absoluten Glattheit von Claptons langjährigem Öler/Verderber Simon Climie. Obwohl es sicher viel erfreulicher ist als Claptons letztes Album ‚Back Home’ und viel energiegeladener als Cale normalerweise wird, knirscht diese Scheibe in dem Raum, den sie jedem einzelnen Künstler lässt. Dies schien so eine tolle Perspektive, und jetzt, da Climie gemacht hat, was er gemacht hat, ist es eher eine abstoßende Perspektive.“ Die Kritiker waren, speziell in Bezug auf Climies Produktion nicht euphorisch, als „The Road To Escondido“ im November 2006 erschien. Das Magazin „No Depression“ fand, man könne nicht unterscheiden, wer gerade singe und es fehle an emotionaler Sprache. „Das kann frustrierend sein, es sei denn man nimmt sich die Zeit, nach den verborgenen subtilen Wahrheiten unter der lockeren Oberfläche zu suchen.“ Der „Stern“

fand, dass das, was amerikanische Kritiker bemängelten, eher eine Empfehlung war: „Die Perfektion von Harmonien und Sound ist makellos, atemberaubend die Leichtigkeit, mit der die Musik fließt. Als hätten sie drei solcher Platten nach dem Frühstück aufnehmen können. . . . Jeder Song strahlt gute Laune und Spaß am Musizieren aus. Dem Musikkritiker der ‚New York Times' war es zu viel. Selbst bei eher traurigen Stücken wie ‚When This War Is Over' sei kein Schmerz zu spüren, beschwerte er sich."

Wann aber eine Platte erfolgreich ist, entscheiden ja nur selten die Kritiker, sondern vor allem die Käufer. Und „The Road To Escondido" wurde weltweit beachtet, erreichte überall hohe Charts-Notierungen, beispielsweise in Deutschland Platz 2 der Charts. In den USA spielten die Radiostationen „Ride The River" in Dauerschleife. Vor allem aber schaffte „The Road To Escondido" etwas, was Cale noch nie gelungen war. 2007, als Amy Winehouse bei den Grammys abräumte, wurde die Kollaboration als das „beste Bluesalbum mit Gegenwartsbezug"/„best contemporary blues album" ausgezeichnet. Das war zwar an sich etwas absurd, waren doch bis auf den Brownie-Mc-Ghee-Titel höchstens Bluesspuren erkennbar und stand vor allem Cales eigenes Sound- und Stilkonglomerat im Zentrum des Albums, aber für Clapton und Cale war es dennoch ein großer Erfolg. Offensichtlich hatten sie damit auch nicht gerechnet, denn bei der Zeremonie waren sie abwesend. Der ganze Hype um das Album und vor allem der Titel brachten für den „Eremiten" aus dem Valley Center das befürchtete Resultat. „Immerhin heißt es nicht ‚Road To Valley Center'", erklärte er der „San Diego Union-Tribune", aber sein tägliches Leben änderte sich jetzt. „Ich fahre fast jeden Tag nach Escondido, um zu tanken oder einzukaufen. Und die Leute dachten, das ist ein Rentner, der hier rumläuft. Und in der Woche, in der Eric hier war, gingen wir zu Denny's oder dem

International House Of Pancakes, um zu essen. Und wo immer wir waren, erkannten ihn die Leute und wollten Autogramme. Wir konnten nicht essen. Das war einer der Gründe, warum ich den Titel ‚The Road To Escondido‘ nicht mochte, weil ich damit nichts zu tun haben wollte.“ Eric Claptons Berühmtheit färbte auf ihn ab. Jetzt konnte er sich nicht mehr als Trucker John tarnen.

Live in San Diego

Die Pressetermine anlässlich der Veröffentlichungen des Albums verlangten ein hohes Maß an Beherrschung von Cale. Clapton saß daneben und amüsierte sich, wie JJ sich innerlich sträubte und „mehr und mehr die Geduld verlor, als immer wieder dieselben lächerlichen Fragen gestellt wurden“. Zwar absolvierten sie tagelang gemeinsam Interviews, aber eine gemeinsame Promotions-Tour war nicht angedacht. Stattdessen war Clapton zu einer Tournee nach Japan aufgebrochen. Er hatte gehofft, Cale für seine 2006er Konzertreihe nach Asien und Australien und anschließend im Frühjahr 2007 eine USA-Tour begeistern zu können. Doch Cale war strikt in seiner Ablehnung, wie er der „San Diego Union-Tribune“ erzählte: „Ich gehe nicht mehr auf Tour.“ Als Clapton ihn aber am 15. März 2007 zum Konzert in San Diegos Pechanga Arena einlud, war die Verlockung, nahe seinem Zuhause gemeinsam mit Eric Clapton, Doyle Bramhall II und Derek Trucks vor gut 10 000 Fans aufzutreten groß, und er sagte zu. Es wurde ein beglückendes Erlebnis für ihn. Die vier Spitzengitarristen saßen entspannt nebeneinander am Bühnenrand. Man sah Cale an, dass er aufgeregt war, doch die Band funktionierte hervorragend. Doyle und Derek tourten gerade gemeinsam, und Clapton tat alles, um seinen Freund zu stützen. Mit „Anyway The Wind Blows“, in A-Dur gespielt, das ausschließlich vom Laid-back-Beat lebt, eröffneten sie die Show. Sie ließen sich Zeit, fast eine Minute, bis sie gemeinsam zu singen begannen. Es passierte nicht viel in diesem ersten Song auf der Bühne – es reichte der unwiderstehliche Cale-Groove, um das Publikum mitzureißen.

Die Ehrfurcht der Profis vor JJ Cale war alle fünf Titel hindurch spürbar. Er selbst brachte weniger Bühnenroutine und Sicherheit mit als

Spielfreude und Spontanität. Als zweiten Titel stimmte Clapton „After Midnight“ an – begleitet von der Spitzenband mit Willie Weeks und Steve Jordan als Rhythmustruppe und dem großartigen Chris Stainton an den Keyboards. Wieder bemühten sich die Freunde unisono zu singen, allerdings gab es hier und da Unklarheit, welche Textzeile dran war. Aber das tat dem Erlebnis dieser Zusammenkunft keinen Abbruch, sondern machte deutlich, wie schön es sein kann, jenseits von Professionalität zu musizieren, wenn man mit solch einem Talent gesegnet ist, wie alle Mitspieler auf dieser Bühne. Derek Trucks brillierte mit seiner Slide-Gitarre bei „Who Am I Telling You“, wie bereits auf dem Album „The Road To Escondido“, und Eric Clapton setzte mit einem gefühlvollen Solo gleich noch nach. Bei „Don’t Cry Sister“, ursprünglich aus dem Album „5“ und als Remake auf „Escondido“ veröffentlicht, spielten sie parallel zueinander Gitarrenparts, sangen wieder zweistimmig unterstützt von den versierten Backing-Sängerinnen, aber immer war Clapton ein wenig mehr in Vordergrund – und Cale derjenige, der seinem Freund die Bälle zuspielte.

JJs großes Finale für den Abend wurde „Cocaine“. Wie bei einer Jam spielte jeder Gitarrist ein Solo und präsentierte seinen ganz eigenen Stil. Diesmal überließ Eric seinem Freund die letzten Runden. Der fragte immer wieder, ob es denn jetzt genug sei, aber Clapton kitzelte noch zwei Runden für ein begeistertes Publikum heraus, bevor sich alle Gitarristen erhoben und Cale im Applaus des Publikums mit seiner roten Stratocaster von der Bühne verabschiedeten. Die Atmosphäre glich einem Familientreffen inmitten eines Stadionkonzertes. Erst zehn Jahre später – zum Jubiläum – wurde das Konzert, bei dem auch Robert Cray einen Gastauftritt hatte, auf CD und DVD veröffentlicht. Voller Freude erinnerte sich Christine Lakeland Cale an diesen einzigartigen

Abend: „Ich bin mit ihm zu dem Konzert gefahren. Und wenn ich Bilder von dem Abend sehe, erinnere ich mich, wie viel Spaß John hatte. Es war so besonders für ihn, dort zu sein, und Eric ist der Grund. John hat die Gemeinsamkeit genossen und mochte es, wenn sie zusammen Musik machten. Ich glaube, diese Wärme ist in diesem Gig festgehalten.“

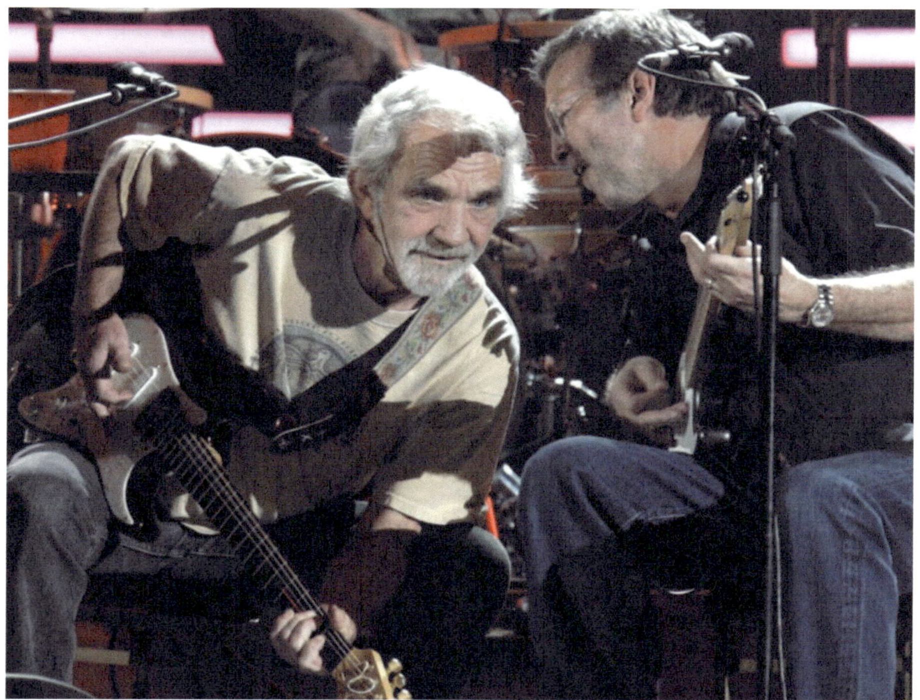

In Concert mit Clapton in San Diego (Foto: San Diego Tribune)

„Rewind“

Während der Rummel um die Kollaboration mit Clapton noch voll im Gang war, schob Bonnie Ashworth, Audies Witwe, ein besonderes Projekt an. Sie hatte sich mit der Hilfe von Chad Hailey und Curt Perkins daran gemacht, das Archiv aus dem Keller des Crazy Mama's Studios zu sortieren. Audie war in den 80ern mit dem ganzen Studio innerhalb Nashvilles auf ein großes Gelände mit einem Stall umgezogen. Dort hatte Cale eigentlich ein neues Studioalbum aufnehmen wollen, woraus dann nach Audies Tod „To Tulsa And Back“ entstanden war. Bas Hartong, der als A & R-Mann von SANCTUARY-Records diese Platte noch bei BLUE NOTE untergebracht hatte, vermittelte nun die Ergebnisse von Bonnie Ashworths Arbeit an TIME LIFE Records. „Rewind“ war ein hervorragend aufbereiteter Rückblick auf Aufnahmen, die Cale und Audie zwischen 1973 und 1983 produziert hatten. Alle 14 Songs hatten es damals nicht auf die aktuellen Alben geschafft, galten sozusagen als Ausschuss. Aber „unreleased“ hieß weit mehr als nur Ausschuss oder Outtakes. Sie ergaben nach Jahrzehnten ein neues JJ-Cale-Audie-Ashworth-Album und mehr noch, eines, das Cale noch einmal von einer anderen Seite zeigte. Hatte er bisher von Zeit zu Zeit höchstens mal einen Coversong auf einem seiner Alben herausgebracht, waren hier mit Waylon Jennings' „Waymore's Blues“, Randy Newmans „Rollin'“, Eric Claptons „Golden Ring“ und Leon Russells „My Cricket“ gleich vier zu hören. Für ihn ging es dabei allerdings nicht darum zu covern, sondern um eine Hommage an die Kollegen: „Ich mochte Randy Newman auch schon immer, und ‚Rollin'' war mein Lieblingssong von ihm.“ In der Kritik kamen sie allesamt nicht gut weg.

Entsprechend der Zeitspanne, über die die Aufnahmen entstanden waren, tauchen hier unterschiedlichste Begleitmusiker aus Cales Nashville-Zeit auf. Alte Bekannte wie Tommy Cogbill, Kenny Buttrey, Mac Gayden oder Karl Himmel waren auf brillanten Aufnahmen wie „Since You Said Goodbye" oder „Ooh La La" vertreten. Und natürlich gab es mit „Bluebird" auch eine Aufnahme, auf der JJ alle Instrumente selbst gespielt hatte. Bei der Auswahl für das „Okie"-Album war sie durchgefallen. Cale überließ das „Rewind"-Projekt seinen Freunden aus Nashville. Das Mastering, also die letzte musikalische Bearbeitung, erledigten Eric Conn, Don Cobb und Chad Hailey. Chad Hailey hatte schon bei den Alben „Shades", „Grasshopper" und „#8" als Aufnahmeleiter gearbeitet und war auf „#8" sogar im Song „Taking Care Of Business" verewigt worden.

Bonnie Ashworth hatte auch noch ein paar schöne, unveröffentlichte Fotos für das Booklet gefunden und mit Colin Escott den richtigen Autor für einen interessanten Begleittext ausgewählt. Escott: „Wie alle Cale-Aufnahmen sind auch diese akribisch kunstvoll gefertigt, mit einem profunden Verständnis davon, wie Aufnahmen gemacht werden müssen." Dass das Album im Oktober 2007, nicht einmal ein Jahr nach „The Road To Escondido" und wenige Wochen vor den Grammy-Verleihungen erschien, war perfektes Timing, um viel Aufmerksam in der Presse zu bekommen. Und die reagierte unterschiedlich, von echter Begeisterung bis zu gelangweilter Ablehnung. So war Eric Thom vom kanadischen Magazin „Exclaim!" sehr angetan. Er beschließt seine Kritik mit den Zeilen: „Sein minimalistischer Stil liefert genau, was er verspricht, jedes Mal. *Rewind* hält genau dieses unausgesprochene Versprechen, und Fans dieses einzigartigen Stils werden 14 weitere Gründe finden, sich zurückzulehnen, zu entspannen und sie zu genießen wie eiskaltes Bier an einem heißen Nachmittag. Dies ist eine würdige

Ergänzung für jede Cale-Bibliothek.“ Weniger begeistert zeigte sich Lou Thomas von der BBC: „Obwohl man das Album als Ganzes sicherlich ein bis zwei Mal hören kann, ist es schwer, eine Kaufempfehlung für *Rewind* auszusprechen, außer für wirklich hartgesottene Fans. All jenen, die lediglich neugierig sind, einen Einblick in das packende, aber bitter-süße Werk des großen Künstlers über Liebe, Frauen und Trinken suchen, seien seine beiden herausragenden Alben aus den 70ern *Naturally* und *Troubadour* empfohlen.“ In den Charts landete „Rewind“ zwar nicht, aber Cale konnte mit dem Ergebnis des Albums zufrieden sein, zumal er keine Arbeit damit gehabt hatte und er sich voll und ganz auf sein nächstes neues Studioprojekt stürzen konnte.

Und wie bisher ließ er sich nicht vom Trubel um „The Road To Escondido“ beeindrucken. Auf Claptons Frage, was er mit seiner Zeit anfange, erklärte er: „Ich kaufe Gitarren und spiele sie.“ Er hatte Freude an der Tierwelt, die ihn umgab – Eichhörnchen, Kaninchen, Waschbären und Vögel: „Es ist wie in einem Disney-Comic!“ Bei einem Radiointerview mit dem Sender KPBS konnte man sogar Enten in Hintergrund schnattern hören. Sein alter Airstream Trailer stand ungenutzt vor der Tür. „Ich halte das Grundstück in Ordnung“, erzählte er der „Welt“. „Ich genieße diese Dinge. Ich mähe den Rasen. Ich bin ein passionierter Gärtner. Ich habe ziemlich viel Zeugs gepflanzt. Tolle Tomaten.“ In der Hitze des Sommers kam es vor, dass das Wasser rationiert wurde. Als es wieder regnete und die Trockenheit beendet wurde, habe er sich erkältet, erzählte er Max Bell und gab zu, ein Hypochonder zu sein. „Für einen alten Mann geht’s mir ganz gut. Ich lebe noch. In meinem Alter ist das schon was!“ Dennoch kam er jetzt immer wieder auf Gesundheitsfragen zu sprechen. Der „Los Angeles Times“ zählte er auf, was das Alter mit sich gebracht habe: schlechteres

Sehen, schlechteres Hören, Arthritis. Unglücklich machte ihn der Tod seines Spaniels Buddy. „Das Leben ohne ein Tier ist schrecklich. Ich liebte diesen alten Hund. Und Foley vor ihm. Ich denke, ich besorge mir wieder einen Hund."

„Roll On“

Ihm war es jetzt noch lieber als schon früher, in seinem Haus aufzunehmen, als es zu verlassen und in ein Studio zu gehen. So entstanden solo acht der zwölf Titel seines Albums „Roll On“. Zusammen mit Chad Hailey suchte er noch Aufnahmen aus, die von den Sessions zu „To Tulsa And Back“ übrig geblieben waren. Dabei ging er wie immer extrem perfektionistisch vor. „Tatsächlich hat er sehr viel Mühe und Zeit verwendet, um den richtigen Sound zu finden“, berichtete Co-Produzent Mike Kappus. „Manchmal hat er sich regelrecht damit gequält. Ich weiß noch, wie er mir beim Album *Roll On* einen Mix nach dem anderen geschickt hat. Die Unterschiede waren so gering, dass wahrscheinlich niemand außer ihm sie wirklich hätte hören können.“ Auffällig ist gleich beim ersten Hören, dass sich Cales Stimme verändert hat, dass er plötzlich mehr singt und beim ersten Titel „Who Knew“ sogar scattet. „Es ist nichts Neues. Ella Fitzgerald war vermutlich die berühmteste Scat-Sängerin. Louis Armstrong und ’ne Menge mehr Leute. Aber, ich habe es probiert, und es hat mir Spaß gemacht. Ich kann einfach scatten und muss nicht rumsitzen und dumme Gedichte und so’n Zeug schreiben. Es hat mich zum Lachen gebracht, als ich damit fertig war.“ Wie immer hat er sich bemüht, jeden Song zu einem Erlebnis zu machen, indem er Soundspur über Soundspur legte. So sind zwar bei „Who Knew“ David Teegarden am Schlagzeug, Christine Lakeland mit akustischer Gitarre und David Chapman am Bass grundlegend für den Swing der Nummer verantwortlich, aber sämtliche Gesangs-, Gitarren- und Keyboardspuren hat er dann wieder selbst eingespielt.

In den Texten wird schon ab dem zweiten Titel „Former Me“ klar, dass es ein Abschied ist, dass Cale sich erhobenen Hauptes und nach einem ausgefüllten Leben zurückzieht. Macht er bei „Who Knew“ noch klar, dass die Welt für seinen Geschmack zu „kompliziert“ und zu „automatisiert“ geworden ist, wird er im Rückblick „Former Me“ persönlich:

Yes I used to know a fellow
He was lighter on his feet
Just as quick as a sparrow
That was the former me

In „Where The Sun Don’t Shine“ besingt er enttäuscht und wütend eine gescheiterte Beziehung. Bei „Down To Memphis“, „Cherry Street“ und „Fonda-Lina“ geht es um körperliche Liebe, um käufliche Liebe, um Verlangen, und doch klingt auch hier nicht echte Erotik an, aber immerhin kommt das Wort „love“ noch vor. Mit „Strange Days“ macht er deutlich, wie weit er sich von gesellschaftlichen Entwicklungen der Gegenwart entfernt hat. Zum ersten Mal verabschiedet er sich dann mit dem Song „Leaving In The Morning“, und er lässt keinen Zweifel daran, dass sein bisheriges Leben beendet ist. Nicht nur verteilt er großzügig seine Gitarre, seine Harley und sogar seinen Hund, auch seine Frau gibt er frei, und schließlich verschenkt er sogar seine Zukunft an andere:

If you see them fools shooting pool
Tell 'em I had to go
They can have all my tomorrows
Give 'em my watch and chain
I'm leaving in the morning
And I won't be back again

„Oh Mary“ stammt noch aus der Session in Tulsa. Cale, alias Mike Test, blendet den fröhlichen Song aus dem Off ein. Großartig und unverkennbar schwungvoll spielt Jim Karstein das Schlagzeug, Bill Raffensperger den Bass, Christine die akustische Gitarre und Walt Richmond haut in die Tasten des Pianos. Künstliche Bläsersätze wie bei „Who Knew“, die an die harmonische Tonaliät von „His Band and The Street Choir“ des jungen Van Morrison erinnern, und ein feines Cale-Solo machen den Song zu einem der unbeschwerten Höhepunkte des Albums. Auch sein Gesang über eine mögliche neue Liebe klingt frisch und verhältnismäßig kräftig. Von derselben Session stammt „Old Friend“. Die Truppe der Mitspieler ist hier noch umfangreicher, die ganze Live-Band und Freunde aus Tulsa sind dabei: Rocky Frisco ergänzt Walt Richmonds Klavier an den Keyboards. Don White, Cales ehemaliger Arbeitgeber, spielt Gitarre, Jim Markham Harmonica, und prominent ist die Mandoline von Shelby Eicher. JJ bewunderte den Humor und die Pointen in den Texten des Nashville-Stars Roger Miller, der einen melancholischen Song „Old Friends“ geschrieben hatte. „Old Friend“ ist deutlich von dessen wehmütiger und zugleich romantischer Sehnsucht geprägt.

Those crowded days are behind us now
May your backside catch the wind
May you have many more days to spend
I'd like to see you again
My old friend

Er genieße es, auf Tourneen mit den „old guys“ seiner Band zusammen zu sein, hatte er Steve Newton berichtet, „wir sitzen zusammen, wie alte Männer das machen, sitzen rum und erzählen Geschichten aus der

Vergangenheit. Das machen alte Männer gewöhnlich so. Und wir haben Spaß daran, über vergangene Dinge zu reden“.

Von jetzt an bedeutete die Freundschaft mit Eric Clapton, dass sich die beiden häufiger trafen und auch in L. A. im Studio gemeinsam vor dem Mikrofon saßen. So entstand das Titelstück „Roll On“, ein Cale-Standard, den er seit Jahrzehnten bei Konzerten sang. Bei dieser Studioversion spielte Clapton Sologitarre. Die Besetzung, die für den Song im Britannia Studio in Los Angeles zusammenkam, war zum Teil auch auf dem 2010er Album „Clapton“ zu hören: Wieder mal war der großartige Jim Keltner am Schlagzeug, und Glen D. Hardin spielte das Klavier (in den Liner-Notes nur als Glen Dee erwähnt). Offensichtlich war „Roll On“ zeitgleich mit Cales Aufnahmen für das „Clapton“-Album entstanden, wenn auch in einem anderen Studio. Eigentlich hatte Eric versprochen, zu einem weiteren gemeinsamen Album mehr eigene Kompositionen beizutragen. Ehrlich erzählte er, wie er daran scheiterte, für sich und Cale zu schreiben. Schließlich glaubte er, eine Lösung gefunden zu haben: „Ich hatte die Idee, Standards aufzunehmen. Und JJ kam rein, und es ging ihm nicht gut, ich wusste nicht, wie schlecht es ihm ging. Wir nahmen ‚River Runs Deep’ auf. Das war ein Song, auf den wir uns geeinigt hatten.“ So war Cale dann mit zwei alten eigenen Kompositionen und dem Blues-Klassiker „That’s No Way To Get Along“ von Robert Wilkins auf dem „Clapton“-Album dabei. Als er zeigte, dass er die Idee, Coversongs aufzunehmen nicht so toll fand und nach einer Woche aus Los Angeles abreiste, fragte sich Clapton, ob er ihm in irgendeiner Weise zu nahe getreten war. „Wenn noch was ist, schick es’ mir nach Hause“, hatte er zum Abschied gesagt. Clapton: „Es stellte sich raus, dass er zu dieser Zeit bereits eine Reihe milder Herzinfarkte erlitten hatte.“ Darüber war er nicht etwa von JJ selbst informiert worden, sondern David Teegarden hatte es ihm erzählt. Als Eric bei ihm anrief, um zu erfahren, wie es ihm gehe, bekam er zur Antwort: Es geht schon besser. Mehr nicht.

Der deutschen Journalistin Christiane Rebmann gegenüber hatte er bereits im Jahr 2004 prophezeit, er werde wohl nicht 70 werden. Jetzt beantwortete er ihre Frage, was er mit 75 mache: „Ich nehme mal an, bei dem ungesunden Lebensstil, den ich in der Vergangenheit geführt habe, werde ich die 75 nicht erreichen.“ Er mache sich keine Gedanken über den nächsten Tag. „Für mich ist es schon ein ganz großes Ding, dass ich morgens aufwache und lebe. Alles andere ist trivial. Immerhin: Ich habe bisher ein gutes Leben gehabt.“ So war es keinesfalls erstaunlich, dass Cale sein Album nach dem lebensfrohen „Roll On“, dessen Text noch aus den 70er Jahren stammte, mit einem Abschieds-Song schloss: „Bring Down The Curtain“. Er spielte alle Instrumente selbst, Banjo, einige Spuren mit elektrischen und akustischen Gitarren, Klavier, Bass und mehrere Gesangsspuren plus Bläsersätze aus dem Synthesizer.

Hieß es in „Roll On“ noch:

Come on down to the corner
We’re having a party there
You can dance naked
Nobody really cares.,

zog er jetzt Bilanz:

Enough is enough
Can't do it no more
Bring down the curtain
Close the door.

Von der „Los Angeles Times“ darauf angesprochen, dass die Texte in gewisser Weise von Reflexion und Introspektion geprägt seien, räumte er ein: „Speziell auf diesem Album hier gibt es eine Reihe von 70-Jahre-alter-Mann-Songs, die ich vor 20 Jahren nicht geschrieben hätte. Sie sind nachdenklich, das ist eine gute Beschreibung.“ Ob er sich damit offenbare? „Ich versuche, es nicht zu tun.“ Das betonte er auch Max Bell gegenüber, der ihn gefragt hatte: „Ist es jetzt vorbei? Adios, amigos?“ Man solle ihn nicht zu wörtlich nehmen. Er sei nicht nur ein Songwriter, der sich mit der Wirklichkeit beschäftige, er sei auch ein Autor von Fiktion. Er wolle niemanden mit seinem Song deprimieren. „Ich bin in einem Alter, in dem ich das Ende der Lebensuhr sehe. Eine Ahnung von der Sterblichkeit? Ich glaube schon. Aber bedenken Sie: Willie Nelson ist älter als ich es bin, und er ist noch immer unterwegs.“

Auf dem Cover der CD, die bei dem Independent Label ROUNDER veröffentlicht wurde, verbirgt er sein Gesicht zur Hälfte hinter einer Gitarre. Bis auf den Titelsong wurden alle Stücke wieder bei E.C. Music verlegt. In den Charts war der Clapton-Faktor von „The Road To Escondido“ allerdings nicht mehr spürbar. „Roll On“ erreichte bei „Billboard“ nur noch Platz 113, in England Platz 90 und in Deutschland immerhin Platz 32. Rechnet man „The Road To Escondido“ und „Rewind“ mit, hatte Cale jetzt 16 Studio-Alben rausgebracht. Und noch einmal ging er auf Tournee – an der Westküste von San Diego bis Vancouver – und spielte 16 „one-nighters“. Das mache er für die Plattenfirma, erzählte er Maureen Cavanaugh: „Ich bin nicht wirklich wild darauf.“ Er nahm seine Band mit, „einen Roadie, einen Busfahrer, und wir übernachteten in Holiday Inns, die übliche Geschichte.“ Auffallend war die Abwesenheit von Christine Lakeland. Bereits bei der Tour zu „To Tulsa And Back“ hatte Jörg Bundschuh sich gewundert: „Wir haben alle nicht so ganz verstanden, wie intensiv diese Ehe noch war. Sie sind sehr respektvoll und liebevoll miteinander umgegangen. Aber Cale war sehr verschlossen, was sein Privatleben betraf. Er war, glaube ich, ein Einzelgänger und Eigenbrötler, der gerne auch immer wieder alleine war. Er war extrem verschlossen, was sein Gefühlsleben betrifft... er hat alles in seine Songs verpackt." Jörg Bundschuh hatte auch nach seiner Rückkehr nach Deutschland den Kontakt zu ihm gehalten: „Trotz seines extrem guten Humors, hat ihn immer ein gewisse Melancholie umgeben. Ein einsamer Wolf. Er war ein sehr intelligenter Mensch, ohne seine Klugheit nach außen zu kehren. Ein erdverbundener Typ, ohne Allüren, der letztlich, glaube ich, es sehr genossen hat, ein Leben lang immer nur das tun zu können, was er wollte. Es war immer eine Freude, mit Cale zusammen zu sein. Es gibt keinen anderen Menschen aus der Musikbranche, der mich so beeindruckt hat."

Wieder sammelte er seine alten Freunde um sich, sogar der inzwischen gesundheitlich schwer angeschlagene Bill Raffensperger war mit dabei. Außerdem James Cruce am Schlagzeug, unterstützt von David Teegarden, der synthetische Percussions spielte, und am Piano Walt Richmond. Den Auftakt zu der Tour machten sie am 27. und 28. März bei McCabe's praktisch vor seiner Haustür in Santa Monica. Und nach zwei weiteren Konzerten in Solana Beach und San Juan Capistrano führte die Tour Cale bis nach Petaluma, nördlich von San Francisco. Neun der 16 Dates absolvierte er in Kalifornien. Das Publikum feierte ihn jeden Abend, und er forderte es sogar auf mitzusingen. Einen Teil der Einnahmen jedes Konzertes spendete er einer lokalen Tierschutzorganisation.

Bereits am zweiten Abend in Santa Monica gesellten sich zwei berühmte Fans zu ihm auf die Bühne: Mike Campbell von den „Heartbreakers", der schon bei Aufnahmen von Christine Lakeland mitgewirkt hatte, spielte Gitarre. Und Tom Petty, „Heartbreakers"-Boss und Ex-SHELTER-Kollege von Cale, ließ sich die Gelegenheit auch nicht nehmen, mit seinem großen Vorbild auf der Bühne in die Saiten zu greifen. Zwischendurch waren zwei Shows in Seattle, Washington, angesetzt, und noch einmal war Mike Campbell, diesmal am 7. April, für ein ganzes Konzert dabei. Für zwei Gigs in verließ Cale sogar noch einmal die USA und trat in Kanada auf. Das letzte Konzert der Tournee, fand dann am 15. April 2009 – zurück in Kalifornien – in Fresno statt. Er war erschöpft, und das hatte man ihm auch im Laufe der Tour angesehen. Doch das tat der Begeisterung der Gäste in den meist kleinen Clubs keinen Abbruch, auch wenn sie nicht wussten, dass es die letzte Gelegenheit war, JJ Cale live zu erleben.

Nach der 2009er Tour zog er sich endgültig ins Privatleben zurück, genoss das ländliche Idyll, das ihn umgab. Zum letzten Mal in seinem Leben war er mit einem Song an einer neuen Platte beteiligt, als im März 2013 Eric Claptons Album „Old Sock" erschien. Darauf war Cale mit seinem alten, aber bisher unveröffentlichten Titel „Angel" zu hören. Die Aufnahme stammte noch von der Session für das vorhergehende Clapton-Album. Wie es dazu kam, berichtete Eric im Interview mit Dan Forte: „Ein Teil des Prozesses, die Zeit totzuschlagen war es, diese Titel zu vervollständigen, und ‚Angel' war einer von denen, die wir ein paar Jahre zuvor aufgenommen hatten. Wir hatten ihn nie wirklich zu Ende gebracht. Also haben wir ihn praktisch noch mal gemacht. Aber wir hatten JJs Stimme und alles da drauf. Also war es eine weitere Hommage an ihn, mit ihm dabei. Und ich mochte den Song sehr." Der Titel wurde sogar als Promo-Single vorab veröffentlicht und am 5. März zum „Pick Of The Week" bei der Starbucks-Kette gewählt. An diesem Erfolg konnte sich Cale noch erfreuen, doch die vielen kleinen und großen gesundheitlichen Rückschläge zermürbten ihn. Schließlich lehnte er auch weitere OPs ab. So wurde am 26. Juli 2013 im

Krankenhaus des Küstenortes La Jolla wahr, was Cale bereits im Interview angekündigt hatte. Er wurde keine 75 Jahre alt. Er starb mit 74 an einem Herzinfarkt. Mike Kappus, der die Nachricht bekannt gab, schlug vor, zur Erinnerung an den „legendary singer“ an Tierheime zu spenden – „he was a great lover of animals“. In zahllosen Nachrufen bekam er jetzt die längst überfällige Beachtung der Medien – auch in Deutschland –, die ihm zeitlebens nicht zuteil geworden war. Joachim Hentschel von der „Süddeutschen Zeitung“ beschrieb präzise Cales Spannungsfeld zwischen musikalischer Höchstleistung und Bescheidenheit: „Den großen Applaus hat sich dieser einzigartige Mann sein Leben lang einfach dazu gedacht.“

Eric Clapton erfuhr von Cales Tod, als er von Europa aus bereits wieder neue Aufnahmen in den USA plante. Sein Ziel war Columbus in Ohio, die Stadt, aus der seine Frau stammte und in der er ein Haus besaß. Einen echten Plan, was er da aufnehmen wollte hatte, er nicht: „Weißt du, manchmal gehe ich einfach ins Studio und schreibe da vor Ort.“ Er änderte seine Pläne ad hoc und flog zu Cales Beerdigung nach Kalifornien. Während des Fluges begleiteten ihn die Gedanken an seinen verstorbenen Freund. Spontan entstand die Idee, ihn mit einer Platte zu würdigen, „und während die Stunden auf dem Flug vorbeizogen, fing ich sozusagen an, das Album zu arrangieren“. Zunächst überlegte Clapton, sein ganz eigenes und persönliches Tribute-Album aufzunehmen: „Aber das fühlte sich egoistisch an.“ Er erkannte schnell, wie viele Freunde sich von Cale auf diese Weise verabschieden wollen würden: „Schließlich mussten wir es sogar auf ein paar Leute beschränken, die wirklich wichtig in seinem Leben gewesen waren.“

Auf dem Weg zur Beerdigung hörte er den Song „Homeless“ und war noch einmal von Cales gitarristischem Minimalismus zu Tränen gerührt. Für Clapton war Cale „der ältere Bruder, den ich nie wirklich hatte. Musikalisch wirkte es so, als kämen wir aus derselben Ecke“. Bei der Bestattung waren laut Clapton nur etwa zwölf Leute anwesend: „Ich fand das phantastisch. Da war keine Presse, niemand, der nicht in irgendeiner Weise mit Johns Leben in Verbindung stand.“ Die kleine Gesellschaft zog vom Friedhof weiter nach Santa Monica zu McCabe's, wo Cale 2009 auch die ersten Konzerte seiner letzten Tournee gespielt hatte. Dort gab es ein offenes Mikrofon, und es wurde gemeinsam musiziert. Don White sang „Sensitive Kind“, einen Song den Eric Clapton, wie er sagte, bisher noch nicht kannte. Damit war für ihn die Entscheidung völlig klar, dass das Album eine Kollaboration vieler werden müsse.

Und ein Jahr später war es so weit: 15 Cale-Kompositionen und eine seiner Coverversionen von „Okie“ erschienen als Hommage an den verstorbenen Freund. Verblüffend, wie aus dem Jenseits kommend, wirkt JJ Cales Stimme im Einstieg der Platte: Bei „Call Me The Breeze“, das Clapton hier interpretiert, hatte er Cales Original-Einzähler „one, two, three“ und die Drummachine von „Naturally“ verwendet. Namhafte Fans wie Tom Petty, Mark Knopfler und John Mayer kamen ins Studio ebenso wie Country-Superstar Willie Nelson und Cales Freund Don White. Natürlich sang auch seine Witwe Christine Lakeland bei ein paar Songs mit. Die übrige Besetzung war wie schon wie bei „Road To Escondido“ eine Mixtur aus Clapton- und Cale-Cronies. Allein schon die Reihe der erstklassigen Gitarristen, die Cale die Ehre erwiesen, liest sich wie eine Liste der Top-Gitarristen im „Rolling Stone“: Clapton, Knopfler, Mayer, Willie Nelson, Don White, Reggie Young, Derek Trucks, Albert Lee, David Lindley, Don Preston, Christine Lakeland, Doyle Bramhall II und dann noch Greg Leisz an der Pedal Steel.

Für Eric Clapton bedeutete dieses Projekt mehr als nur eins der üblichen Tribute-Alben. Mehrfach hatte er betont, wie dankbar er JJ Cale war. In den 70er Jahren, als ihm der Super-Star-Hype über den Kopf wuchs, er in Drogen und Alkohol zu versinken drohte, wollte er das Gitarren-Legende-Image hinter sich lassen und zu den Fundamenten zurückkehren: „In dieser Zeit kamen die frühen Sachen von JJ raus … und er war mit Sicherheit ein Fundamentalist. Er war mein Leuchtturm." Cale habe ihn auf einen anderen Weg geführt: „Er war das Licht in der Dunkelheit". Das Minimalistische an JJs Musik begeisterte ihn: „Ich begann, seinem Beispiel zu folgen." Seine Dankbarkeit drückte er noch einmal in einem Video zu seiner Version von „Call Me The Breeze" aus. Er drehte einen rührenden Film, in dem er sich als Anhalter mit Ziel Escondido in einem alten Daimler durch eine englische Landschaft kutschieren lässt. Mal sind Bilder und Filmschnipsel von Cale, meistens aus dem Film „To Tulsa And Back", zu sehen, mal wie Clapton auf einer alten Gibson L5 spielt. Bei JJ zu Besuch hatte er sie einst in einer Garage entdeckt, und der hatte sie ihm spontan geschenkt. Im Video erklärt er seinem Chauffeur, wer Cale für ihn gewesen ist: „Sein Name war JJ Cale, er war ein phantastischer Musiker und er war mein Vorbild, mein Held."

Epilog

Christine Lakeland und Mike Kappus haben sich viel Zeit gelassen, das Erbe Cales auf verborgene Schätze zu durchsuchen. „Christine hat sich bis heute nicht wirklich vom Verlust ihres Mannes erholt," erzählte Jörg Bundschuh. Für sie war es belastend, ihren Mann wieder so lebendig zu hören und noch Neues zu entdecken, das er ihr hinterlassen hatte. So viele Erinnerungen waren damit verknüpft, dass es ihr schwerfiel, sich Tag für Tag damit zu beschäftigen. Erst 2016 begann sie, alles zu katalogisieren – ein Prozess, der zwei Jahre dauerte. 2019 war es so weit: „Stay Around", die erste posthume Platte erschien, – ein authentisches Cale-Album. Alles sei genauso, wie John es hinterlassen hatte, betonte sie gegenüber Marcel Anders von „Gitarre & Bass". „Ich habe lange darüber nachgedacht, noch ein paar gute Freunde hinzuzuziehen oder es von anderen Musikern überarbeiten zu lassen. Aber davon habe ich dann letztlich abgesehen. Ich wollte, dass ihn seine erste posthume Veröffentlichung so zeigt, wie er war. Deswegen habe ich alles so gelassen, wie er es gesungen, gespielt und gemischt hat."

Der Prozess der Produktion und die Wahl des Labels sollte in seinem Sinn geschehen. Im Interview mit Geoff Hanson vom Sender „Koto" beschrieb sie ihre Vorgehensweise: „Mein erster Parameter war, dass ich Musik finden wollte, die noch niemand gehört hatte… Ich wollte den Cale-Faktor maximieren. Er hat sie geschrieben, er hat sie gespielt, er hat sie gemischt, er hatte den größten Einfluss darauf, wie sie waren. Es spielte keine Rolle, wo sie aufgenommen worden sind. Wenn er sie vollendet hat und seine Overdubs gemacht hat und seine Special Sauce hinzugefügt hat, dann würde es die Leute am meisten freuen. Es ist Cale, Cale und Cale. Das war mein Kriterium." Das klingt nüchterner, als es war. Christine Lakeland: „Als ich ‚Stay Around‘ hörte, brach ich zusammen. Es hat mich umgehauen.“ Sie fragte sich, warum er diesen Song zurückgehalten hatte. Und sie war überglücklich, dass die Plattenfirma dem Album diesen Titel gab.

„Stay Around“ ist das 17. echte Cale-Album. Schon die ersten Klänge von „Lights Down Low“ zeigen Cale at his best. Und auch der Titelsong reiht sich nahtlos ein in die Reihe des Schönsten, was Cale je produziert hat, wenn man Superlative verwenden möchte. Liest man die Liste der Mitmusiker, so sind es bis auf Mac Gayden all die alten bekannten Namen, die ihn in Tulsa, Nashville und Kalifornien begleitet haben, auf Tour dabei waren, seine Freunde: Rocky Frisco, Jim Karstein, Bill Raffensperger, Jim Keltner, Reggie Young, Spooner Oldham, David Teegarden, Jim Cruce, Tim Drummond und noch eine Handvoll mehr. Auf diesem Album gibt es keine qualitativen Ausfälle. Bis auf „My Baby Blues“, das Christine Lakeland geschrieben hat, stammen alle Kompositionen vom Schöpfer des Laid-back-Sounds. Der Autorin fiel es nicht leicht, sich für diesen Song zu entscheiden: „Es ist der erste Song, den wir zusammen 1977 im Studio aufgenommen haben. Und dann hat er seine Version 1980 aufgenommen, und sie wurde ein Outtake – ungenutzt. Als ich das auf der Festplatte fand und sah, dass er dazu zurückgegangen war und alles überarbeitet hatte und Overdubs gemacht hatte und es sang, dachte ich: ‚Oh mein Gott, er hat sich das alte Demo noch mal rausgekramt.’“

Was sie und Mike Kappus für diese Kollektion zusammengestellt haben, wurde gemeinsam entschieden. Sie hatte einen „Möglich-zu-nutzen-Stapel“ vorbereitet. Von dieser Liste hatte Kappus „My Baby Blues“ ebenfalls als Anwärter für „Stay Around“ eingekreist. Lakeland antwortete: „Ich bin mir nicht sicher, ob wir es benutzen sollen, weil ich es geschrieben habe.“ Aber Cales Ex-Manager bestand darauf, es auszuwählen. Er übernahm die kommerzielle Seite des Projekts, kümmerte sich um die Veröffentlichung. Drei Plattenfirmen zeigten Interesse, und die Witwe entschied sich für das französische DELABEL-Unterlabel BECAUSE MUSIC, das JJ schon zu Lebzeiten gut vertreten hatte. Sehr wahrscheinlich wird „Stay Around“ nicht die letzte posthume Veröffentlichung unbekannter Cale-Songs bleiben, wenn man Christine Lakeland Cale glauben darf. Ihre Botschaft an die Nachwelt: „Er war einmalig – es gab niemanden, der so relaxt geklungen hat wie er.“ So wird John Weldon Cale, ein besonderer Mensch, außergewöhnlicher Songwriter, Spitzengitarrist und Flüsterer, die menschgewordene Steigerung des Cool noch lange für seine Fans und Freunde erhalten bleiben: Cool Cooler Cale!

Quellen und Bibliographie

„addicted 2 noise“
americansongwriter.com
Arts Guardian *(14. 9. 76)*

Billboard 20. 10. 1973
Billboard 17. Juli 1982, S. 61, Juli 1994
Bundschuh Jörg, Interview am 16. Juni 2020

JJ Cale: troubadour in de woestijn, Bulckaert Hall, 2018
Capitol Music News, 5.4.2004
Clapton/Forte-Video zu The Breeze: https://www.youtube.com/watch?v=6-XKkIvNAgw&t=1538s
CrazyWolfentertainment.com

Earofthenewt.com, 2009, 2015
„Eric Clapton The Autobiography“
Colin Escott, „Rewind“, „Anthology-Booklet“
„Exclaim!“

Facebook „Deep Dive“
„Frankfurter Allgemeine Zeitung“, 4.10.1996, 17.7.2004
Fretboard Journal, 2013

„The Georgia Straight“ vom März 1990
„Gitarre und Bass“ https://www.gitarrebass.de/stories/interview-witwe-christine-lakeland-ueber-j-j-cale/
„Guitar“, 10/13

„The Guitar Magazine", Nr. 10 September 1996
„Guitar Player", April 1978
„Guitar World"

„Huffington Post"

https://www.independent.co.uk/arts-entertainment/twenty-five-years-from-tulsa-1346475.html

https://jjcale.org/jjreport.htm
Johnny's home Video

Koechli, Richard, JJ Cale. Der stille Meister, https://www.richardkoechli.ch/index.php/de/news/110-das-j-j-cale-buch-jetzt
www.kpbs.org Maureen Cavanaugh
https://www.koto.org/purple-house-on-pine/2019/6/11/stay-around-an-interview-with-christine-lakeland-cale
kulturSPIEGEL, 8.2009

„L. A. Times"
https://www.loudersound.com/features/cult-heroes-j-j-cale-rocks-ultimate-best-kept-secret

„Manchester Evening News"
ME/Sounds Mark Cooper
mixonline.com (https://www.mixonline.com/recording/tractors-fresh-breeze-tulsa-372828)
„Mojo"

NBC

„No Depression“ https://www.nodepression.com/album-reviews/j-j-cale-eric-clapton-the-road-to-escondido/
NME „New Musical Express“
(Review by Max Bell, *New Musical Express*, 25. September 1976)
„New York Times“, 25.7.2014

https://www.okmag.com/blog/2018/06/21/ending-a-string-of-bad-luck/

Performing Songwriter http://performingsongwriter.com remembering-jj-cale/
„Pure Music“ http://www.puremusic.com/pdf/jjcale.pdf

Rolling Stone, 3/1972, 2/1990
„Rough Guide To Rock“, Lexikon

„San Diego Reader“ (https://www.sandiegoreader.com/weblogs/jam-session/2013/jul/29/locals-pay-tribute-to-valley-centers-jj-cale-pt-1-/#)
„San Diego Union-Tribune“
Sounds 12/76
„Stern“
Sunday Times, 27. 2. 2000
Sun Herald https://www.sunherald.com/entertainment/article165000427.html#storylink=cpy
Süddeutsche Zeitung (2.5.2006), /1.2.2007). (5.12.2008), (29.7.2013).
SZ-Magazin, Magazin der Süddeutschen Zeitung 30. April 2019
swampland.com/articles/view/title:jj_cale

Talking Blues Interview

Jonathan Wingate, TMonline
theartsdesk.com
http://thislandpress.com/2012/04/13/the-making-of-longhair-music/
http://thislandpress.com/2013/09/11/the-making-of-longhair-music-2/
https://www.thomasconner.info/clips/leon-russell-founded-shelter-records-in-the-70s-and-with-it-a-local-scene
„The Telegraph“
„To Tulsa And Back“, Kick Film, Jörg Bundschuh, 2005
„Tulsa World“, 24.2.2019

Vintage Guitar, 12/2003
The Virginmusician

„Die Welt“, 11.10.2009

„Die ZEIT“, 21.9.1979, 20.3.1981

Danksagung

Kathrin Bloemeke, Harald Bluschke, Jörg Bundschuh, Sylvie und Sascha Bunz

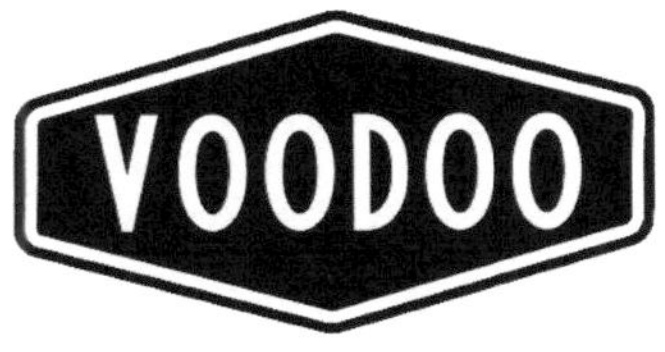
VOODOO

Vom selben Autor erschien im Voodoo Verlag:

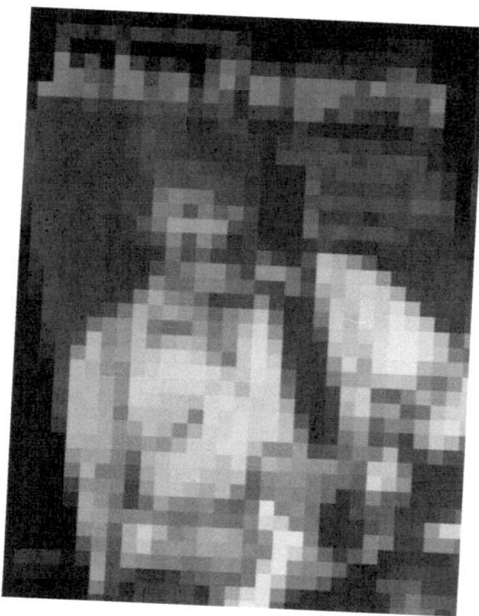

Mark und Rüdiger Bloemeke

„John Fogerty und das Drama Creedence Clearwater Revival"

308 Seiten plus viele Schwarzweiß-Abbildungen, Hamburg 1999, 2004

Die Biographie des Mannes, der CCR war

Er wollte Elvis Presley sein, was er wirklich wurde, war nicht schlechter: Mit Creedence Clearwater Revival schaffte John Fogerty es, die Beatles vom Thron zu stoßen. Auf der Höhe des Erfolgs brachen CCR auseinander. Aus zwei Brüdern und zwei besten Freunden wurden Feinde. Dieses aktuelle Buch schildert, wie John Fogerty gegen das Musikbusiness kämpfte, bis er sein Comeback schaffte: als Songschreiber, als Gitarrist, als politischer Aktivist.

ISBN 978-3-00-003885-3

www.voodoo-verlag.com

Vom selben Autor erschien im Voodoo Verlag:

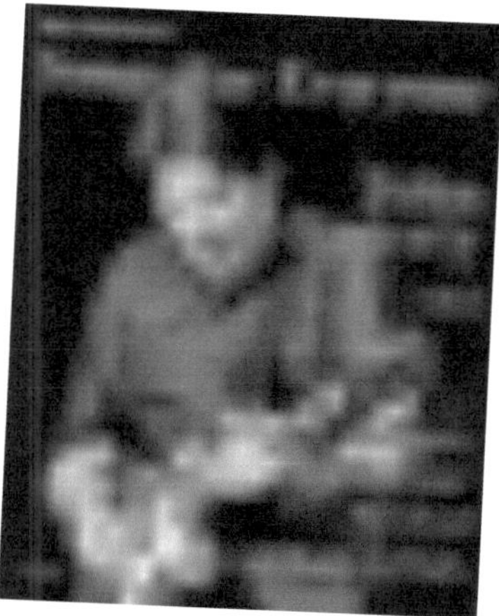

Mark Bloemeke

„Songs For Everyone – John Fogerty und Creedence Clearwater Revival – das musikalische Werk“

248 Seiten plus viele Farb- und Schwarzweiß-Abbildungen, Sankt Dionys 2015

In fünf Jahrzehnten hat John Fogerty ein musikalisches Werk geschaffen, das seinesgleichen sucht. President Clinton hat ihn „den Hank Williams unserer Zeit“ genannt. Von „Proud Mary“ bis „Mystic Highway“ wird hier zum ersten Mal erzählt, wie die Lieder für Creedence Clearwater Revival und seine Solo-Alben entstanden sind.

ISBN 978-3-00-049687-5

www.voodoo-verlag.com